AF524131

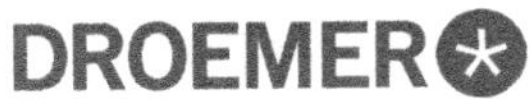

FREDERIC FRIEDEL
CHRISTIAN HESSE

SCHACH GESCHICHTEN

Geniale Spieler – Clevere Probleme

Mit einem Vorwort von
Garri Kasparow

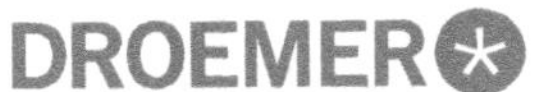

Besuchen Sie uns im Internet:
www.droemer.de

Aus Verantwortung für die Umwelt hat sich die Verlagsgruppe Droemer Knaur zu einer nachhaltigen Buchproduktion verpflichtet. Der bewusste Umgang mit unseren Ressourcen, der Schutz unseres Klimas und der Natur gehören zu unseren obersten Unternehmenszielen.
Gemeinsam mit unseren Partnern und Lieferanten setzen wir uns für eine klimaneutrale Buchproduktion ein, die den Erwerb von Klimazertifikaten zur Kompensation des CO_2-Ausstoßes einschließt.
Weitere Informationen finden Sie unter: www.klimaneutralerverlag.de

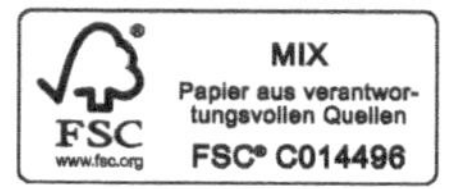

Originalausgabe Oktober 2022

Ein Imprint der Verlagsgruppe
Droemer Knaur GmbH & Co. KG, München

Redaktion: Claudia Krader, München
Covergestaltung: totalitalic, Thierry Wijnberg
Coverabbildung: Alexey Boychenko/istock
Satz: Daniela Schulz, Gilching
Druck und Bindung: GGP Media GmbH, Pößneck
ISBN 978-3-426-27876-5

2 4 5 3

Frederic Friedel ist eine Kultfigur in der Schachwelt. Es gibt ihn schon so lange, dass es mich nicht überrascht hätte, eine Geschichte über seine Begegnung mit Paul Morphy zu finden. Frederic ist freundlich und warmherzig, und es war mir in den dreißig Jahren, die wir uns kennen, immer ein Vergnügen, mich mit ihm zu treffen. Christian Hesse ist ein Mathematikprofessor mit großem Interesse am Schach. Seine unterhaltsamen Beispiele zeigen uns die Schnittmenge zwischen seinem Fachgebiet und dem königlichen Spiel, das wir alle so lieben. Ich habe dieses Buch mit Vergnügen gelesen und kann es jedem wärmstens empfehlen.

Vladimir Kramnik, 14. Schachweltmeister

Die Fähigkeit, Phänomene und Zusammenhänge zu erkennen und zu interpretieren, ist beeindruckend, und der einzigartige Schreibstil ist fesselnd. Dank der Autoren, die eine tiefe Leidenschaft für das Schachspiel hegen, bietet dieses Buch eine einzigartige Perspektive auf den Reichtum des Schachs und seine Weltklassespieler wie Fischer, Kasparow und Anand. Durch die Geschichten gibt uns Frederic einen Einblick in die Entwicklung der größten Schachmeister, wie sie sich mit der Technologie vertraut machten und wie sich das Schachspiel in den letzten Jahrzehnten entwickelt hat. Christian, ein großer Schachenthusiast, zeigt inspirierende Aspekte der schillernden Beziehung zwischen Schach und Mathematik. Dieses Buch ist eine faszinierende und unterhaltsame Reise durch die Schachwelt.

Judit Polgar, die beste Spielerin aller Zeiten

Ich habe Frederic Friedel zum ersten Mal getroffen, als ich dreizehn war, und wir genießen seitdem eine dauerhafte persönliche Freundschaft. Seine Fähigkeit, außergewöhnliche Talente zu erkennen, und seine Beschreibungen, wie er sie auf ihrem Weg zur Spitze der Schachwelt begleitete, sind einzigartig. Christian Hesses mathematische Schachprobleme waren für mich ganz neu und haben mich sehr fasziniert. So etwas hatte ich vorher noch nicht gesehen.

Hou Yifan, vierfache Frauenweltmeisterin im Schach

Die Begegnungen des Wissenschaftsjournalisten Frederic Friedel mit den größten Spielern der letzten Jahrzehnte und die faszinierende Gratwanderung zwischen Schach und Mathematik von Professor Christian Hesse zeigen uns die Wunderwelt des königlichen Spiels in seiner ganzen Schönheit.

Helmut Pfleger, Großmeister und ZEIT-Kolumnist

Inhalt

Vorwort von Garri Kasparow

So komplex und faszinierend mein geliebtes Schachspiel auch ist, die Schachwelt um es herum ist unendlich viel größer und reicher als die vierundsechzig Felder. Dank einzigartiger Beiträge wie dieses bemerkenswerten Buchs von Frederic Friedel und Christian Hesse wächst und gedeiht sie unaufhörlich weiter.

Schachgeschichten zeigt, wie zutiefst menschlich die Welt des Schachs ist. Es offenbart die Leidenschaft und Schönheit, die Schach seinen Fans und Spielern, vom Amateur bis zum Weltmeister, bietet. Das Buch zeigt die Bandbreite der Erfahrungen, die das Schachspiel beinhaltet, und wie es sowohl Verstand als auch Geist und Gemüt in höhere Sphären heben kann. Es zeigt, wie unsere Vorstellungen von Mathematik, Philosophie und Kunst durch ein uraltes Spiel repräsentiert und herausgefordert werden.

Frederic Friedel hat jeden Weltmeister seit Max Euwe getroffen und sich mit den meisten von ihnen angefreundet. Ich freue mich, sagen zu können, dass ich zu dieser Gemeinschaft gehöre. Wir kennen uns, seit es Dinosaurier gab. Mein Freund Frederic erzählt viele Dinge, die wir gemeinsam erlebt haben, einige davon zum ersten Mal. Von langen Zugfahrten zu den Wettkämpfen um die Weltmeisterschaft bis hin zu meinen Mensch-gegen-Maschine-Turnieren gegen den Computer *Deep Blue*. Frederics gesellige Persönlichkeit, seine Intelligenz und seine Schlagfertigkeit ziehen die Menschen an und sorgen dafür, dass sie gerne Zeit mit ihm verbringen. Er hat die Fähigkeit, aus jeder Begegnung etwas Unvergessliches zu machen, Material, das sich für Legenden eignet.

Christian Hesse ist ein international bekannter Professor für Mathematik mit einem Doktortitel von Harvard. Seit Jahrzehnten denkt er über die Beziehung zwischen Schach und Mathematik nach. Es ist faszinierend, wie tief die Verbindungen zwischen diesen beiden Herausforderungen des menschlichen Geistes sind, vom Damenproblem über die Springertour bis hin zu den atemberaubenden Zahlenwundern, die das Schachspiel in sich birgt. Die von ihm erfundenen *Schach-Logicals* verleihen den Schachstudien und der mathematischen Logik eine ganz neue Dimension. Wenn Sie Ihren Verstand auf das Thema einstimmen wollen, empfehle ich *Das erste Zen-Logical* in diesem Buch.

Frederic und Christian sind ein Dream-Team, dem es gelungen ist, ein Schachbuch wie kein anderes zu schreiben. Es ist voll von unterhaltsamen und herzerwärmenden Geschichten am und neben dem Brett, und es führt ein neues Genre von wunderbar unterhaltsamen logischen Schachrätseln ein.

Garri Kasparow
13. Schachweltmeister
16. Mai 2022
New York City

Einführung

Man hat uns schon lange gebeten, ein Buch mit Geschichten über Begegnungen mit berühmten Spielern, mit Rätseln und schachlichen Kuriositäten zu schreiben. Ein Teil des Materials im vorliegenden Buch ist auf der *ChessBase-Nachrichtenseite* erschienen, einige Geschichten vor Jahrzehnten in der Zeitschrift *CSS* (Computerschach und Spiele). Aber die Artikel sind fast alle in der Dunkelheit der Archive verschwunden. Deshalb fragten viele nach einer Sammlung in gedruckter Form. Zur Information und zur Unterhaltung.

Aber wie sollen wir dabei mit den Schachpartien und Zügen umgehen? Das gewohnte Schachbuch enthält eine große Anzahl von Partien und Zügen. Normalerweise schaut man sich die Diagramme an und versucht, die nächsten drei bis fünf Züge im Kopf nachzuvollziehen. Das war's dann aber auch schon. Es sei denn, Sie sind ein sehr starker Spieler: Großmeister lesen Schachbücher wie Agatha-Christie-Romane. Viswanathan Anand als Teenager zum Beispiel schnappte sich immer den neuesten Schachinformator, zog sich in eine Ecke zurück und verbrachte Stunden, kichernd und lachend, mit Partien, die er im Kopf nachspielte. Später wurde er fünf Mal Weltmeister.

Aber nicht einmal Schachenthusiasten verfügen über solche Fähigkeiten. Auch sie holen sehr selten das Schachbrett aus dem Schrank, um Partien nachzuspielen. Es ist also nur ein sehr kleiner Prozentsatz der Schachspieler, der tatsächlich ganze Schachbücher oder Schachzeitschriften liest.

Die Situation hat sich durch das Aufkommen von nachspielbaren Partien auf dem Computerbildschirm verschärft. Dieses neue Medium ist so einfach und so bequem, dass es schwer ist, einen angemessenen Platz für Bücher in der Schachlandschaft zu finden. Sind Schachbücher und -zeitschriften also auf dem absteigenden Ast? Weil man Züge nicht nachspielen kann, wie auf jeder guten Website? Nein, das glauben wir nicht, und dieses Buch ist ein Versuch, die Nachteile von gedruckten Schachpartien auszugleichen.

Jeder, der ein Schachbuch kauft, hat das ultimative Gerät zum Nachspielen in der Hosentasche oder auf dem Couchtisch. Es ist ein Smartphone oder ein Tablet. Mit ihnen lassen sich gedruckte Partien wunderbar nachspielen, ohne Fehler, ohne mühsame Versuche, zur Hauptvariante zurückzufinden, nachdem man sich die Analyse angeschaut hat. Alles läuft automatisch ab, genau wie auf einem Spielbrett auf dem Computerbildschirm. Und es funktioniert im Garten, im Bett, im Zug …

Das einzige Problem ist, wie man die gedruckten Partien und Stellungen in dem gedruckten Buch auf sein Handy oder Tablet bekommt. Wie können wir den Lesern sofortigen Zugang zu diesen Schachpartien geben? Die Antwort: mit QR-Codes.

Ein QR-Code ist ein Matrix-Barcode, ein maschinenlesbares optisches Etikett, das Informationen enthält, die Computer abrufen und ausführen können. Auf einigen Smartphones ist QR-Lesesoftware schon vorinstalliert. Falls Ihr Smartphone dies nicht hat, lässt sich das leicht beheben: Gehen Sie einfach in den App-Store und laden Sie eine der angebotenen QR- oder Barcode-Apps herunter. Das dauert nur ein oder zwei Minuten und verbraucht sehr wenig Speicherplatz auf Ihrem Gerät. Und es ist kostenlos. Sie brauchen keine zusätzliche Software zu installieren, um die Partien nachzuspielen.

Probieren Sie es aus: Starten Sie den QR-Code-Scanner und richten Sie Ihr Handy oder Tablet auf den folgenden QR-Code. Es zeigt Ihnen sofort, wie das funktioniert, wie eine Schachpartie auf Ihrem Gerät aussieht.

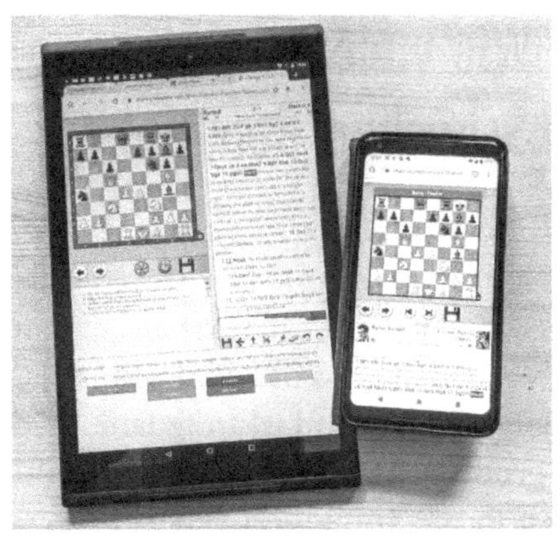

Sie können die Züge (und die Analyse) durchspielen, indem Sie auf die Wiedergabesymbole oder sogar auf die Notation tippen. Es wird ein anspruchsvolles Nachspiel-Programm verwendet. Dort können Sie sogar eine Engine (Ventilator-Symbol) starten, die Ihnen bei der Analyse hilft – um alle »Was wäre wenn...?«- und »Warum nicht...?«-Fragen zu beantworten, die Sie vielleicht haben. Es gibt sogar ein »!«-Symbol (auf der rechten Seite des Engine-Fensters), das Ihnen die Bedrohung anzeigt, die ein Zug darstellt. Das Programm wird sich in Zukunft verändern und verbesserte Funktionen erhalten. Sie müssen nichts tun, um Zugang zu den neuen Tools zu erhalten, wenn sie vorliegen. Durch einfaches Scannen des QR-Codes wird Ihnen jeweils die neueste Version mit allen Verbesserungen und Erweiterungen zur Verfügung gestellt.

Die QR-Links in diesem Buch werden nicht nur zum Aufrufen von Webseiten verwendet, sondern können auch zu YouTube-Videos mit Berichten und Interviews führen.

Wir wünschen Ihnen viel Vergnügen dabei!

Frederic Friedel und Christian Hesse

Wie viele verschiedene Schachpartien gibt es?

Wie viele verschiedene Schachpartien sind möglich? Jeder kann sich vorstellen, dass das eine sehr, sehr große Zahl ist. Sie hat nur wenige Ziffern und ist trotzdem unvorstellbar groß. Unvorstellbar groß? Der berühmte Wissenschaftler Enrico Fermi meinte, man müsse zumindest versuchen, exorbitante Zahlen zu verstehen, um abzuschätzen, was sie bedeuten.

Enrico Fermi war einer der berühmtesten Physiker des 20. Jahrhunderts und arbeitete während des Zweiten Weltkriegs in Los Alamos an der Entwicklung der Atombombe. Er fand es wichtig, dass jeder gebildete Mensch in der Lage sein sollte, plausible Überschlagsrechnungen anzustellen. Weil so jeder Sachverhalt, egal welcher Größenordnung und Schwierigkeit, eingeordnet werden kann.

Er stellte seinen Studenten deswegen oft Fragen wie diese: Wie viele Sandkörner hat die Sahara? Wie viel wiegt der Mount Everest? Wie viele gestapelte Blätter Papier reichen bis zum Mond? Uns helfen seine Überlegungen bei der Beantwortung der Frage, wie viele unterschiedliche Schachpartien überhaupt möglich sind.

Partien mit mehr als 60 Zügen sind selten. Im Durchschnitt gibt es 30 zulässige Züge in jeder Stellung auf dem Brett. Das bedeutet, dass es 30^{120} mögliche Partien gibt. Natürlich ist die überwiegende Mehrheit dieser Partien völlig unsinnig. Aber es bleibt die Tatsache, dass es 10^{180} verschiedene Partien sind. Dies ist eine Zahl, die für unsere alltägliche Existenz absolut keine Bedeutung hat. Die Zahl der Elementarteilchen in den Hunderttausenden von Billionen von Sternen im bekannten Universum ist unvorstellbar viel kleiner.

Versuchen wir also, die Zahl zu modifizieren, um sie handhabbar zu machen. Zu diesem Zweck definieren wir, was wir unter einer »sinnvollen« Schachpartie verstehen. Wir nehmen an, dass es in einer durchschnittlichen Schachstellung nur fünf sinnvolle Züge gibt. In vielen Stellungen könnten es natürlich mehr sein und in vielen weniger. Der Durchschnitt von fünf Zügen pro Stellung scheint vernünftig.

Dann gehen wir davon aus, dass die überwältigende Mehrheit der vernünftigen Schachpartien nicht länger als 60 Züge ist, d. h. maximal 120 Halbzüge. Mit diesen beiden Annahmen kommen wir auf eine Zahl sinnvoller Schachpartien, die viel kleiner ist: 5 x 5 x 5 … x 5 mit 120 Faktoren. Multipliziert erhält man ein Ergebnis von 10^{80} sinnvollen Schachpartien. Mathematisch ausgedrückt, sind das hundert Tredezillionen Schachpartien.

Was bedeutet das? 10^{80} anstelle von 10^{180}. Was für eine Erleichterung! Das ist sicherlich eine handlichere Zahl. Sie entspricht in etwa der Anzahl der Atome im beobachtbaren Universum, das aus schätzungsweise einer Billion Galaxien besteht, mit einigen Hundert Milliarden Sternen in jeder Galaxie.

Ist 10^{80} tatsächlich eine Zahl, die wir im Sinne von Fermi begreifen können? Lassen Sie es uns versuchen.

Warnung: Die folgenden Passagen könnten Schwindel und schwere geistige Erschöpfung hervorrufen. Daher ist ein wenig Vorsicht geboten. Vielleicht sollten Sie sie lieber auf dem Sofa lesen, falls Sie ohnmächtig werden sollten.

Inspiriert durch Fermi und moderne Datenanalytiker wie zum Beispiel Scott Czepiel, werden wir versuchen, die Anzahl plausibler Schachpartien etwas herunterzubrechen. Auf eine Größenordnung, die wir Erdbewohner gerade so begreifen können. Etwa auf die Anzahl der Sandkörner in der Sahara, das Gewicht des Mount Everest oder die Entfernung zum Mond.

Wir beginnen damit, einen Computer einzurichten, der eine Million Partien pro Sekunde durchspielen kann, und beauftragen ihn damit, hundert Tredezillionen (10^{80}) Partien zu absolvieren.

Nachdem wir ihn gestartet haben, machen wir uns auf den Weg zur Sahara. Dort heben wir ein Sandkorn auf. Dieses transportieren wir nach Arizona, überqueren den Atlantik in einem Ruderboot, und werfen das Sandkorn in den Grand Canyon. Wohlgemerkt, wir sind gemächliche Wanderer und nehmen uns für jeden Schritt die Zeit, die wir brauchen. Ebenso sind wir langsame Ruderer, und jeder Ruderschlag verbraucht viel Zeit und Kraft. Der Transport dieses einen Sandkorns dauert hundert Jahre.

Sobald wir mit dem Sandkorn beim Grand Canyon angekommen sind, beginnen wir mit einer zweiten Aufgabe. Wir gehen hinüber zum Mount Everest und schaben einen Teelöffel voll davon ab. Diesen transportieren wir mit der gleichen Geschwindigkeit (ein Teelöffel pro Jahrhundert) nach Kanada. Dort deponieren wir ihn auf dem Boden. Dann kehren wir zum Everest zurück und holen einen zweiten Teelöffel voll. Das wiederholen wir so lange, bis der gesamte Berg in Kanada steht. Danach kehren wir den Prozess um und bringen den Everest Teelöffel für Teelöffel zurück nach Nepal. Sobald das erledigt ist, kehren wir zu unserem Computer zurück. Hat er die 10^{80} Partien durchgespielt, die mit einer Million Partien pro Sekunde laufen? Nicht einmal annähernd!

Jetzt laufen und rudern wir mit der gleichen »atemberaubenden« Geschwindigkeit zurück nach Afrika. Wir nehmen ein zweites Sandkorn in der Sahara auf und transportieren es zum Grand Canyon. Danach kehren wir zum Mount Everest zurück und transportieren den gesamten Berg, Teelöffel für Teelöffel, nach Kanada und dann zurück nach Nepal. Erst dann sind wir bereit für das dritte Sandkorn. So machen wir weiter, ein Sandkorn nach dem anderen, und nach jedem Sandkorn transportieren wir den gesamten Mount Everest hin und her, bis der Grand Canyon mit Saharasand gefüllt ist.

Dann folgt die umgekehrte Reise: Wir bringen den ganzen Sand, Korn für Korn, zurück nach Afrika. Und immer zwischen zwei Körnern transportieren wir den Mount Everest mit einem Teelöffel nach Kanada und zurück. Das machen wir so lange, bis der Grand Canyon leer ist. Ich gebe zu, das dauert sehr, sehr, sehr lange.

Was die Sahara und den Everest betrifft, sind wir wieder in der Ausgangsstellung angekommen. Um dies zu notieren, nehmen wir ein Blatt Papier, einen Quadratmeter groß, und machen mit einem Bleistift einen Punkt in der linken oberen Ecke. Dann wiederholen wir den gesamten Zyklus: Wir füllen den Grand Canyon, Korn für Korn, leeren ihn wieder, und zwischen zwei Körnern bewegen wir den gesamten Everest, Löffel für Löffel, und bringen ihn dann an seinen ursprünglichen Platz zurück. Wenn der Zyklus beendet ist, machen wir einen zweiten Punkt auf dem Papier, direkt neben dem ersten. Danach wiederholen wir die Prozedur: wir holen ein erstes Sandkorn, den ganzen Mount Everest hin und her, ein zweites Sandkorn, usw. Das machen wir so lange, bis das ganze Papier mit Punkten gefüllt ist. Hat der Computer nun endlich mindestens ein paar Tredezillionen Spiele durchgespielt? Nein, hat er nicht!

Also wiederholen wir den ganzen Vorgang mit einem zweiten Blatt Papier, und wenn dieses voll ist, mit einem dritten und einem vierten, wobei wir ein Blatt auf das andere legen. Wir machen das so lange, bis wir einen Stapel Blätter haben, der bis zum Mond reicht.

Dann fangen wir an, die Punkte wegzuradieren, einen nach dem anderen, füllen und leeren den Grand Canyon, bauen den Everest nach jedem Sandkorn ab und wieder auf, bevor wir jeden Punkt entfernt haben. Langsam werden wir müde.

Sie fragen sich vielleicht, ob der Computer nun endlich alle 10^{80} Partien durchgespielt hat. Nein, aber wir nähern uns dem Ziel. Wir müssen den Vorgang wiederholen, mit einem neuen Stapel von Blättern, die bis zum Mond reichen, mit Punkten gefüllt und dann radiert werden – und das immer wieder. Wie oft? Zehnmal oder tausendmal? Nein, tatsächlich müssen wir

200.000 solcher Stapel bis zum Mond erbauen und herniederreißen, bevor wir fertig sind. Erst dann hat der Computer endlich seine Aufgabe erfüllt und alle sinnvollen Schachpartien durchgespielt, die möglich sind.

Was ist der Zweck dieser zutiefst abwegigen Geschichte? Sie soll Ihnen einen Eindruck davon vermitteln, was wirklich große Zahlen bedeuten. Die Vorstellung von 10^{80} möglichen Schachpartien ist wahrscheinlich eine größere Sache, als Sie erwartet hätten.

Max Euwe – Schachlogik braucht keine Worte

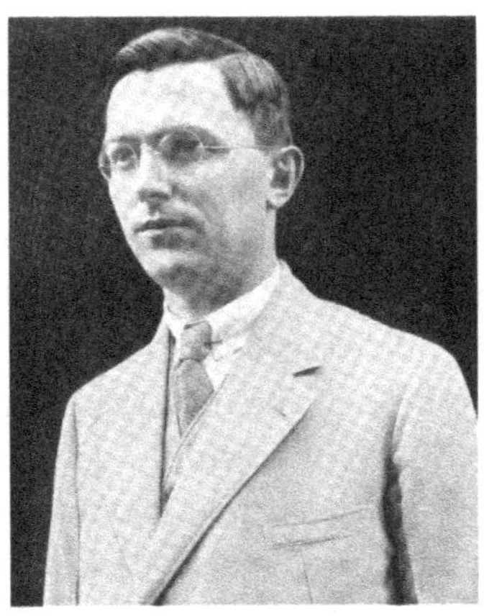

Herausragende Schachspieler kommunizieren auf einer anderen Ebene. Das zeigt sich auch an den Erfahrungen, die ich mit vielen Schachspielern machte, zum ersten Mal mit Max Euwe.

Mit Professor Machgielis Euwe verbrachte ich nur einen einzigen Tag Ende der 1970er-Jahre. Er sagte mir, ich solle ihn Max nennen: »Wie alle anderen.« Als Präsident des Weltschachbundes FIDE besuchte Euwe damals ein Turnier in Hamburg. Als er entdeckte, dass ich mich in meinem Studium der Philosophie auf Logik und wissenschaftliche Methoden spezialisiert hatte, lud er mich in die Cafeteria ein und verbrachte den ganzen Nachmittag damit, entsprechende Themen mit mir zu diskutieren. Allerdings war ich es, der viel von ihm gelernt hat, und nicht umgekehrt.

Abends fuhr ich ihn nach Hause, und unterwegs sprachen wir über seine Schachkarriere. Vor seiner Wohnung saßen wir dann noch zwei Stunden im Auto, während er unser Gespräch fortsetzte. Max erzählte mir hauptsächlich von seinen Niederlagen gegen Capablanca und Bogoljubow. Nicht jedoch von seinem Sieg 1933 über Aljechin, der ihm den Titel des fünften Schachweltmeisters einbrachte. Mein Gesamteindruck war äußerst positiv: Was für ein freundlicher und kultivierter Mann!

Es gibt ein kleines Experiment, das ich bei dieser Begegnung durchgeführt habe. Zwei Jahre zuvor hatte ich den sechsmaligen US-Champion Walter Browne am Flughafen von Los Angeles getroffen. Aus einer Laune heraus zeigte ich ihm ein Schachdiagramm, in dem jede Seite die gleiche Anzahl von Bauern und Figuren hatte. Für mich sah alles ziemlich symmetrisch aus, perfekt ausbalanciert. Nach einem kurzen Blick auf die Stellung sagte Walter jedoch: »Weiß gewinnt.« Ich fragte ihn, warum, und er fing an, mir von möglichen Durchbrüchen für Weiß zu erzählen, von denen es mehr gab als für Schwarz, und von schwarzen Bauernschwächen.

Ich bat ihn, »Durchbruch« und »schwach« zu definieren. Ich wandte ein, dass Schwarz gemäß seiner Definition die gleichen Durchbruchschancen und Weiß die gleiche Anzahl von »schwachen« Bauern habe. Er erwiderte, dass es einen Unterschied in der Schwäche der schwarzen und weißen Bauern gebe, und führte andere Kriterien an, um seine Einschätzung zu rechtfertigen. Am Ende hatte ich das Gefühl, dass er sinnlose Dinge sagte, um mich samt meiner Fragerei loszuwerden.

Zurück zu Max Euwe. Ich hatte bei unserem Treffen mein Notizbuch mit der Stellung dabei und zeigte sie ihm. »Oh, Weiß gewinnt, eindeutig«, sagte der große Mann und erklärte das Ergebnis auf fast dieselbe rätselhafte Weise wie Walter.

Für mich war das eine wichtige Erkenntnis. Für einen viel schwächeren Schachspieler ist das, was die beiden sagten, unverständliches Kauderwelsch. Hätten sie miteinander gesprochen, wären sie sich sofort vollkommen einig gewesen.

Ich habe Schachgroßmeister erlebt, die keine gemeinsame Sprache sprechen und sich eine Stunde lang über ein Schachspiel unterhalten, Figuren bewegen und sich nur mit den Gesten »großartig« und »hoffnungslos« austauschen können. Es geht nicht um einfache Taktik, sondern um ihre Einschätzungen, die schwächere Spieler nicht verstehen. In diesen Einschätzungen sind sie sich vollkommen einig.

Übrigens stammte die Stellung, die ich den großen Spielern zeigte, aus einer Partie, die Weiß tatsächlich auf für mich unerklärliche Weise gewonnen hatte. Schach ist einfach ein wunderbar mysteriöses Spiel!

Mikhail Botwinnik – der Beginn des Computerzeitalters

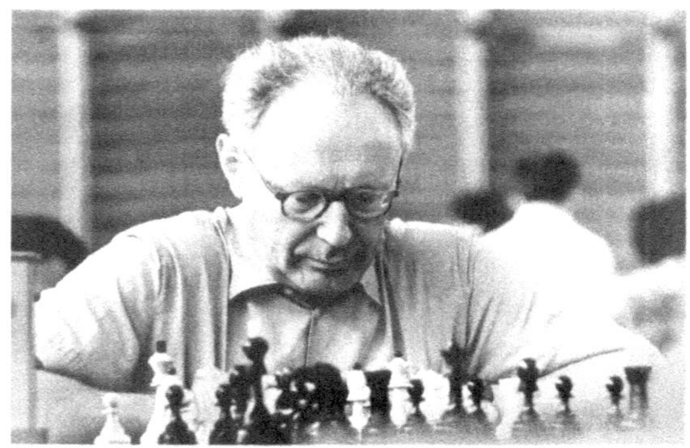

Im Jahr 1979 war ich als frischgebackener Wissenschaftsjournalist an einer Dokumentarsendung des ZDF beteiligt, die zeigte, dass Computer inzwischen Schach spielen konnten. Als Teil des Projekts reiste ich zuerst nach Chicago, wo das damals fortschrittlichste Schachprogramm entwickelt wurde, und von dort nach Russland, um einen legendären Weltmeister zu interviewen. Mikhail Botwinnik war dabei, eine alternative Strategie zum Brute-Force-Ansatz zu entwickeln, den andere Teams bei der Schachprogrammierung verfolgt hatten.

Ich kam mitten im Winter in Moskau an und besuchte Botwinnik in seiner Wohnung. Das Zimmer, in dem wir saßen, hatte einen gemütlichen Kamin. Eine Decke und Kissen lagen daneben. Irgendwann wollte Botwinnik mir etwas zeigen, und ich folgte ihm in den angrenzenden Raum. Dort war es eiskalt, so kalt, dass ich dachte, es müsste unter null Grad herrschen. Aber flüssiges Wasser in einem Glas zeigte mir, dass das nicht stimmen konnte. Botwinnik sah mich zittern und meinte: »Wir haben nur Kohle für ein Zimmer.« Dabei war er ein privilegierter Bürger. Seine Wohnung hatte immerhin zwei Zimmer.

So führte ich mit ihm ein Interview über Computerschach, das später im deutschen Fernsehen gezeigt wurde. Nachdem wir fertig waren, saßen wir noch einige Stunden zusammen und diskutierten über Schach im Allgemeinen. Er erzählte mir Geschichten, und ich lauschte gebannt seinen Erzählungen über Lasker, Capablanca, Aljechin und die anderen großen Meister, gegen die er gespielt (und gesiegt) hatte. Dabei verfluchte ich meinen Kameramann dafür, dass er nach dem Interview das Gerät ausgeschaltet und diese unschätzbar wertvollen Erzählungen nicht aufgezeichnet hatte. Aber es war zu teuer. Damals haben wir noch mit Zelluloid gearbeitet.

Auf jeden Fall wurden Mikhail und ich lebenslange Freunde und trafen uns regelmäßig bei Veranstaltungen und Turnieren, bei denen er Ehrengast war. Eine unserer Begegnungen möchte ich im Detail beschreiben. Aber dafür bedarf es ein bisschen der Vorgeschichte.

Ken Thompson ist ein Computerwissenschaftler, der ein Jahrzehnt zuvor bei den New Jersey Bell Laboratories Unix und die Computersprache C entwickelt hatte. Ende der 1970er-Jahre baute er dann die weltweit erste richtige Schachmaschine. Dabei handelte es sich um einen Computer in Kühlschrankgröße, dessen Platinen noch von Hand verdrahtet worden waren. Diese Maschine konnte nur Schach spielen, war aber in der Lage, Züge schneller zu berechnen als alle Großrechner der damaligen Zeit. Belle war die erste Maschine, die im Schach Meisterniveau (USCF-Wertung 2250) erreichte und fünfmal die ACM gewann, die Nordamerikanische Computerschachmeisterschaft.

Dieser Erfolg zog die Aufmerksamkeit des Russischen Schachverbandes auf sich. Die Sowjetunion hatte das Schachspiel damals bereits jahrzehntelang dominiert. Sie hatte die stärksten Spieler – mit Ausnahme von Bobby Fischer. Der russische Staat unterstützte den Verband mit den neuesten Trainingsmethoden,

Teams von Großmeistern, Bibliotheken voll mit Büchern und einer riesigen Sammlung von Schachpartien.

Die Russen hatten auch begonnen, sich mit Computerschach zu beschäftigen. Ihr Brute-Force-Programm *Kaissa* gewann 1974 die erste Computerschach-Weltmeisterschaft. Der Titel wurde ihnen anschließend 1977 von einem riesigen amerikanischen Mainframe-Programm namens *Chess 4.6* abgenommen, das wiederum 1980 von Kens *Belle* besiegt wurde.

Man war ziemlich unglücklich darüber, in dieser Disziplin vom Westen überholt zu werden, und suchte nach Alternativen. Da kam Mikhail Botwinnik ins Spiel. Er war von Beruf Elektroingenieur und hatte versucht, einen Weg zu finden, die sowjetische Wirtschaft mithilfe künstlicher Intelligenz zu steuern. Irgendwann begann er zusammen mit einem Team von Informatikern, ein hoch selektives Schachprogramm zu entwerfen, das allgemeine Prinzipien (und sein eigenes Schachverständnis) nutzte, um die Baumsuche in ihrem Programm drastisch zu beschneiden.

Zurück zu unserer Geschichte. 1982 luden der sowjetische Schachverband und Botwinnik Ken ein, seine Maschine in Moskau vorzuführen. Als Freund von Ken und Botwinnik wurde auch ich eingeladen.

Bevor Ken aus New Jersey und ich aus Hamburg getrennt nach Moskau flogen, habe ich versucht, unseren Aufenthalt dort zu koordinieren. Wir würden im selben Hotel übernachten. Für den Fall, dass einer von uns woanders einquartiert werden würde, sollte Ken seine neue Adresse im ursprünglichen Hotel hinterlassen. Wenn wirklich alles schiefginge, sollte er am nächsten Morgen um zehn Uhr auf den zentralen Roten Platz gehen und dort vor einer Kathedrale warten, die wie eine Hochzeitstorte aussieht. Dort würde ich ihn treffen.

Nun ging in der Tat alles schief, und bei meiner Ankunft konnte ich Ken nicht in unserem Hotel finden. Das Personal kannte keinen Ken Thompson (und interessierte sich nicht dafür).

Am nächsten Morgen sagte ich meinem Intourist-Begleiter, dass ich zum Roten Platz gehen würde, um einen Freund zu treffen. Darauf sagte er: »Nein, das werden Sie nicht tun.« Ich war schockiert: »Ich bin Gast des Sowjetischen Schachverbandes. Ich kann, denke ich, gehen, wohin ich will. Niemand hat gesagt, dass es Einschränkungen gibt.«

Der Mann blieb unerbittlich: »Sie gehen nicht dorthin! Heute ist *Gitler Kaput*. Es werden eine Million Menschen auf dem Roten Platz sein.« »Hitler kaputt« nennen die Moskauer die jährliche Feier des Sieges über Deutschland im Zweiten Weltkrieg am 9. Mai. Der Rote Platz ist dann gefüllt mit Tausenden von Menschen, und es findet eine riesige Militärparade statt. Natürlich musste ich meinen Plan aufgeben.

Was tun? Ich versuchte, Botwinnik anzurufen, aber es antwortete eine Dame, die kein Englisch sprach. Also bat ich meinen Guide, für mich anzurufen. »Sie wollen, dass ich mit großem Champion Mikhail Botwinnik telefoniere?«, fragte er ungläubig. Ich überzeugte ihn davon, dass es in Ordnung sei, weil wir Freunde waren. Er meinte, er würde es tun, aber er müsse dazu Botwinniks *otchestvo* kennen. Seinen was? »Wie heißt sein Vater?«, fragte er zur Klarstellung. »Das weiß ich nicht«, sagte ich ungeduldig. »Rufen Sie ihn einfach an, bitte!«

Aber mein Guide war unnachgiebig. Er ging tatsächlich die Straße hinunter zu einem Buchladen und kam triumphierend mit der Information zurück, die er brauchte, um den Anruf tätigen zu können: Moissei. Ohne das könne er nicht mit Botwinnik sprechen. Es wäre zu unhöflich gewesen, ihn mit »Herr Botwinnik« anzusprechen.

So funktionierte das System: War man aus dem Westen, konnte man ihn Mr Botwinnik nennen. Aber als Russe musste man unbedingt Mikhail Moissejewitsch sagen. In Russland wäre ich Frederic Aloisowitsch.

Am Ende gelang es mir, Botwinnik und mit seiner Hilfe endlich auch Ken zu erreichen. Beide befanden sich im Krisenmodus. Der Computer *Belle*, der in den Vorträgen und Diskussionen die zentrale Rolle spielen sollte, war im Flugzeug aus den USA nicht aufzufinden. Ken hatte ihn in der Frachtabteilung des JFK-Flughafens von New York aufgegeben, aber *Belle* hatte es nicht bis nach Russland geschafft. Mikhail selbst war in den Laderaum des Flugzeugs geklettert, um absolut sicherzugehen.

Ken erzählte die Geschichte u. a. in einem Interview, das im Mai 2019 aufgezeichnet wurde. Scannen Sie mit Ihrem Mobiltelefon den QR-Code, um es anzusehen. Es gibt Ihnen einen Eindruck davon, wie interessant Ken ist, was er alles erlebt hat und wie er über diese Abschnitte aus seinem Leben spricht.

Aus Moskau haben wir dann Bell Labs und Joe Condon angerufen, den Co-Konstrukteur von *Belle*. So funktionierte das: Das Hotel teilte uns mit, dass es bis zu drei Stunden dauern würde und wir in Kens Zimmer warten sollten. Am Ende dauerte es vier Stunden. Währenddessen riefen sie alle fünfzehn Minuten an, um sicherzustellen, dass wir noch da waren. Am anderen Ende wachte Joe auf, ging im Pyjama in seine Küche, drückte ein Dutzend Nummern und konnte sofort mit uns sprechen. Es stellte sich heraus, dass die US-Behörden *Belle* am Flughafen beschlagnahmt hatten, weil der Export bestimmter Technologien nach Russland strengstens verboten war. Ken könnte bei seiner Rückkehr verhaftet werden.

Daraus ergab sich das Problem, dass uns in Moskau kein Schach spielender Computer zur Verfügung stand. Wir wurden in die Zentrale des sowjetischen Schachverbandes bestellt, wo uns dessen Präsident mit sehr ernstem Gesicht empfing. Nikolai Wladimirowitsch Krogius war ein berühmter Großmeister, der Spasski 1972 bei seinem Wettkampf gegen Bobby Fischer assistierte. Er erklärte uns, das Fehlen des Computers sei eine Katastrophe: »Können Sie sich vorstellen, was die sowjetische Presse daraus machen wird?«, sagte Krogius. »Ruhollah Khomeini hat Schach im Iran verboten. Versucht Ronald Reagan, dasselbe in Amerika zu tun?« Ken zuckte mit den Schultern. Krogius wollte darüber hinaus wissen, ob *Belle* tatsächlich für militärische Zwecke verwendet werden könnte. (Nach Kens Rückkehr in die USA stellte die *Washington Post* dieselbe Frage.) Kens Antwort: »Nun, man könnte vielleicht ein paar Leute töten, wenn man sie aus einem Flugzeug wirft.«

Also wurden die Vorführungen abgesagt. Stattdessen lud uns Botwinnik in seine Datscha außerhalb von Moskau ein, wo wir uns mit seinen Schachprogrammierern unterhalten konnten. Eigentlich wollten wir sie an ihrem Arbeitsplatz treffen und mit dem Computer experimentieren. Aber Mikhail bestand darauf, dass wir alle in seine Sommerresidenz kommen sollten.

Dort wurde uns ein reichhaltiges Buffet mit geräuchertem Fleisch und Fisch, Nudelsalaten, Brot und vielen Delikatessen serviert. Wir aßen, bis wir den ständigen Anweisungen: »Los, nimm noch ein bisschen«, nicht mehr nachkommen konnten. Danach wurde der Tisch abgeräumt – und das Hauptgericht gebracht. Große Braten, dampfende Kartoffeln, Gemüse und Salate. Wir waren dem Untergang geweiht!

Bei diesem Mittagessen lernten wir Botwinniks Programmierteam kennen. Am Nachmittag konnten wir dann endlich über ihre Arbeit sprechen, über ihre Bemühungen, eine selektive Suche anhand der vom Weltmeister definierten Kriterien zu implementieren. Damit sollte die Anzahl der Stellungen, die ein Schachprogramm generieren und auswerten musste, drastisch reduziert werden.

Die Mitarbeiter konnten uns keinen Computer oder Programmcode zeigen. Stattdessen haben sie uns ausführlich beschrieben, wie das Programm das berühmte Läuferopfer findet, das Botwinnik 1938 beim Avro-Turnier gegen den ehemaligen Weltmeister José Raúl Capablanca gespielt hat.

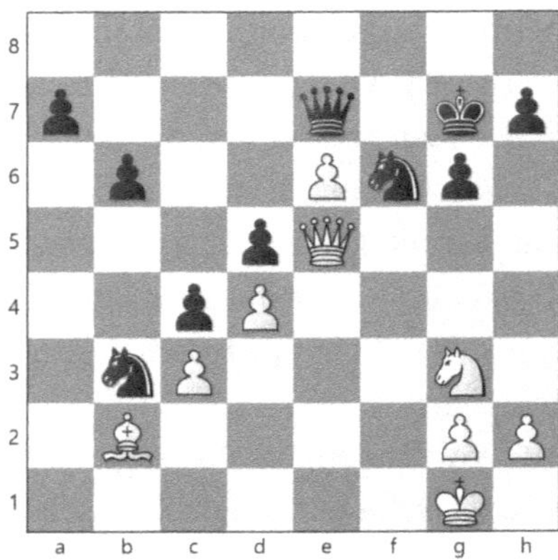

Das Läuferopfer erfolgte, als Botwinnik **30.La3!!** spielte und die Partie elf Züge später bei tosendem Applaus vom Publikum im Spielsaal gewann.

Sie können die Partie nachspielen, indem Sie den QR-Code mit Ihrem Mobiltelefon oder Tablet scannen. In der App können Sie ein Schachprogramm starten (Ventilator-Symbol unter dem Brett). Sie werden sehen, dass die einfache Brute-Force-JavaScript-Engine heute das Läuferopfer in weniger als einer Sekunde findet.

Das damalige Programmierteam von Botwinnik erklärte uns sehr eloquent, wie ihre Algorithmen das Läuferopfer aus rein positionellen Gründen in wenigen Minuten finden würden. Es klang alles sehr überzeugend. Offensichtlich hatten sie es schon oft erklärt.

Anschließend fragte Ken das Team nach einer Stellung, die er Belle eingegeben hatte. Sie stammte aus einer Partie, die Alexander Aljechin 1913 in Paris gespielt hatte. Der spätere Weltmeister hatte seine Dame geopfert und ein Matt in zehn Zügen angekündigt:

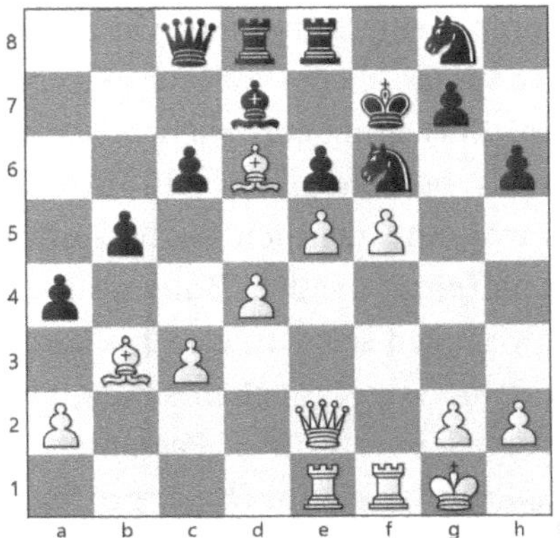

22.Dh5+!! Nach **22…Sxh5** kommt **23.fxe6+**, was zu Matt führt.

»*Belle* kann das Damenopfer fast in angemessener Zeit finden«, sagte Ken. Die russischen Programmierer machte sich sofort an die Arbeit und wandten ihre Algorithmen auf die Position an. Mit Papier und Bleistift.

Botwinnik sah dabei stolz zu. Sein Lächeln gefror erst, als er bemerkte, dass ich den weißen Bauern auf h2 heimlich entfernt hatte. Als einer der stärksten Schachspieler aller Zeiten erkannte er, dass es ohne diesen Bauern kein Matt gab und 22.Dh5+ stattdessen ein schrecklicher Fehler war, der die Partie verlor. Das störte sein Computerteam jedoch nicht im Geringsten. Nach intensiver Berechnung und begeisterter Diskussion kamen sie zu dem Schluss: »Unser Programm findet 22.Dh5+!! *definitiv*, in knapp zwei Minuten.« Es war die Dynamik in der Stellung, die dies ermöglichte.

Falls diese Leute überhaupt einen Computer und ein Programm hatten, dachten wir, war es in erster Linie ihr Ziel, es dazu zu bringen, das berühmte Botwinnik-Capablanca-Läuferopfer zu finden. Diese Schlussfolgerung behielten wir allerdings für uns.

Es gibt noch eine kleine Botwinnik-Geschichte zu erzählen. 1983 fand die Computerschach-Weltmeisterschaft in New York statt, und Mikhail Botwinnik war als besonderer Gast eingeladen. Eines Abends besuchten wir ein Broadway-Musical – *Chorus Line*. Es war eine ziemlich freche Aufführung und hat allen Spaß gemacht (einschließlich Botwinnik).

Nach der Show gingen wir zurück zum Hotel, als wir einen Schachtisch auf dem Gehweg stehen sahen, an dem ein afroamerikanischer Spieler saß und Passanten herausforderte: »Komm schon, spiel mit mir, fünf Dollar pro Sieg.« Ken Thompson war wie elektrisiert. Er sagte nur ein Wort: »Mikhail!«, und eilte voraus, um den ehemaligen Schachweltmeister zu einer Partie zu überreden. In der Zwischenzeit war es meine Aufgabe, den potenziellen Gegner bereitzuhalten.

Leider wollte Mikhail nicht – die Straße war dunkel und die Umstände etwas beängstigend. Der Freiluftspieler hat währenddessen mich herausgefordert: »Komm schon, setz dich, mach deinen Zug.« Ich entschuldigte mich: »Wir wollten den alten Mann dort zum Spielen überreden. Er mag nicht – Glück für dich.« – »Glück für mich?«, fragte er. »Hör zu, ich bin ein FM, und ich habe keine Angst vor einem alten Mann.« Ich verließ ihn und schloss mich den anderen an.

Wir gingen hundert Meter weiter, als plötzlich der Freiluftspieler vor uns auftauchte. »Ich weiß, wer Sie sind. Sie sind Botwinnik!«, rief er. »Ja«, nickte der Weißhaarige mit einem freundlichen Lächeln. »Mikhail [Kraftausdruck] Botwinnik! Ich kann es nicht glauben.« Dann zog er einen Zwanzig-Dollar-Schein heraus: »Bitte unterschreiben Sie das für mich. Ich werde ihn niemals ausgeben.«

In den Jahren danach ging ich manchmal in den Washington Square Park und nahm extrem starke Freunde mit, je jünger, desto besser. Bald wurde es schwierig: »Vorsicht, da ist er wieder, mit irgend so einem Großmeistertypen«, sagten die Spieler, wenn sie mich sahen.

Mikhail Tal – Lösungen beim Spaziergang

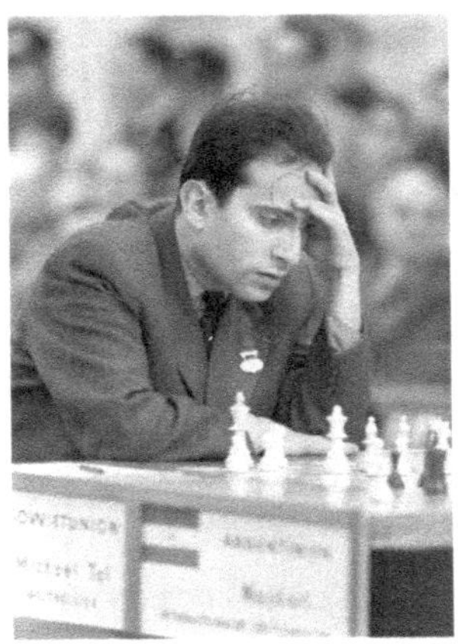

Den berühmten Weltmeister aus Lettland, den Mann, der für seinen wagemutig-aggressiven Spielstil bekannt ist, traf ich zum ersten Mal im April 1987 während eines Supergroßmeisterturniers in Brüssel. Diese Begegnung wurde für mich aus einem bestimmten Grund unvergesslich.

Die allererste Version unseres Datenbank-Programms *ChessBase* war drei Monate zuvor veröffentlicht worden, und wir führten es den Spielern beim Turnier vor. Es war, als würde man Süßigkeiten an kleine Kinder verteilen. Den größten Spaß machte es Mikhail Tal: Er kam immer direkt nach seinen Partien in den Presseraum, um die Züge in die neue Datenbank einzugeben.

Ein anderer Besucher des Turniers war der britische Großmeister James Plaskett. Im Presseraum zeigte mir Jim folgende Studie:

Gijs van Breukelen, Schakend Nederland

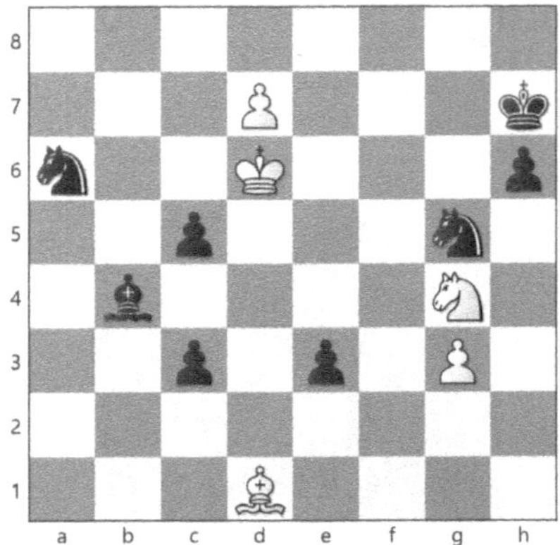

Weiß spielt und gewinnt

Wir verbrachten den Rest des Tages damit, nach der Lösung zu suchen. Gelegentlich kam einer der Top-GMs nach seinem Spiel herein und beteiligte sich an der Analyse. Niemand konnte den Weg zum Sieg für Weiß finden. Irgendwann erschien Misha Tal und schaute sich kurz die Position an. Dann machte er einen langen Spaziergang im Park. Als er zurückkam, rief er: »Wo ist Frederic?« Man fand mich, und er sagte zu mir: »Komm her, ich zeige dir die Lösung.« Er hatte sie gefunden und gab alle Varianten fehlerfrei an.

Werfen wir einen Blick auf diese bemerkenswerte Studie. Weiß kann seinen Bauern wegen der Springergabel auf f7 nicht umwandeln. Zieht der weiße König, kann Schwarz das Umwandlungsfeld d8 verteidigen, und danach seinen Materialvorteil einsetzen, um die Partie für sich zu entscheiden. Weiß musste also zu drastischeren Maßnahmen greifen:

1.Sf6+ Kg7! 1…Kh8 2.d8D+ ist matt in vier Zügen. Und 1…Kg6 2.Lh5+ Kxf6 (oder …Kf5) 3.d8D gewinnt, da das Gabelfeld f7 vom Läufer verteidigt wird. **2.Sh5+ Kg6.** 2…Kf7 würde das Gabelfeld blockieren und die Umwandlung erlauben. **3.Lc2+!** Schwarz wird gezwungen, den Springer zu nehmen. Es ist für Computer sehr schwierig, diesen Zug zu finden. **3…Kxh5 4.d8D!!** (lässt die Gabel zu) **Sf7+ 5.Ke6 Sxd8+ 6.Kf5.**

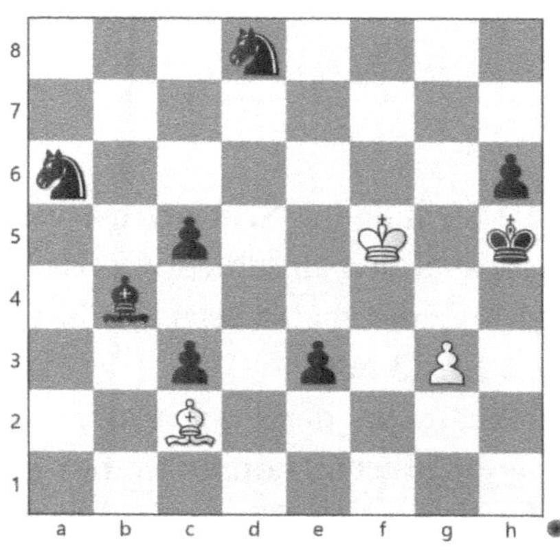

Aha, Weiß hat ein Mattnetz ausgeworfen! Die Drohung lautet 7.Ld1+ e2 8.Lxe2 matt. **6…e2 7.Le4.** Jetzt droht 8.Lf3#. Schwarz hat nur eine vernünftige Verteidigung: die Unterverwandlung! **7…e1S! 8.Ld5!** Drohung: 9.Lc4 und 10.Le2 mit anschließendem Matt. **8…c2 9.Lc4 c1S!** Wieder Unterverwandlung in einen Springer. Es verhindert 10.Le2 und Matt. **10.Lb5.** Droht 11.Le8+ mit Matt in zwei. **10…Sc7 11.La4!**

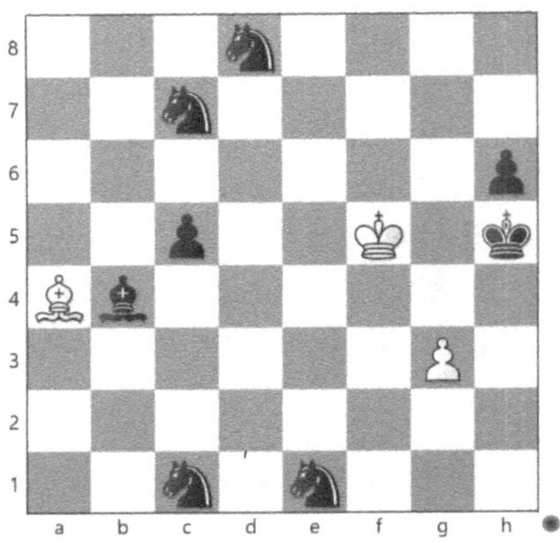

Sehen Sie sich die Stellung an. Schwarz hat vier Springer und einen Läufer, kann aber den einsamen weißen Läufer nicht daran hindern, in drei Zügen mattzusetzen, z. B. **11…Se2 12.Ld1 Sf3 13.Lxe2** und **14.Lxf3 matt.**

Als ich diese Studie auf der Nachrichten-Seite von *ChessBase* veröffentlichte, konnte sie nur eine Handvoll Leser lösen – mit kräftiger Computerhilfe. Ein Leser sagte, er habe einen ganzen Tag gebraucht, um es mit Unterstützung eines Schachprogramms zu lösen. Ein anderer schrieb, er habe es ganz ohne Computerhilfe in zwei Tagen herausgefunden: »Es ist das längste Puzzle, das ich je gelöst habe, und auch das interessanteste.«

In der *ChessBase*-Engine-Cloud fand ich heraus, dass ein Computerprogramm die Lösung gefunden hatte, die einen klaren Gewinn für Weiß vorhersagte, nachdem es bis zu einer Tiefe von 62 Halbzügen gesucht hatte. Mikhail Tal hatte das alles im Kopf durchgerechnet, während er im Park spazieren ging!

Im Jahr 1988 reiste ich zu den Vorrunden eines Kandidatenturniers nach Saint John in New Brunswick, Kanada. Tal war dabei. Er war kein Kandidat, sondern Ehrengast und Teilnehmer der dort ausgetragenen Blitz-Weltmeisterschaft.

Ich genoss die Gesellschaft dieses kenntnisreichen und humorvollen Mannes, und wir gingen einige Male zusammen zum Abendessen. Er erzählte mir Geschichten über das Schachleben in der Sowjetunion (zu der sein Heimatland Lettland damals gehörte) und über seinen Umgang mit Mikhail Botwinnik, gegen den er kurzzeitig den Weltmeistertitel geholt hatte.

Die damals in New Brunswick ausgetragene Blitz-Weltmeisterschaft kann man wohl als das stärkste Blitzturnier aller Zeiten bezeichnen. Die Schlussphase war ein Knock-out mit 27 der besten Spieler der Welt, einschließlich Kasparow und Karpow. Tal erreichte das Finale gegen Raphael Vaganian.

Gegen Ende des Matches gab es eine kurze Pause, aber als die Partien wieder aufgenommen werden sollten, war Mikhail nicht am Brett. Alle gerieten in Panik: »Wo ist Tal? Wo ist Tal?« Ich machte mich auf die Suche und fand ihn in der Ecke des Restaurants an einem Tisch sitzen. Ich eilte hinüber und sagte: »Mikhail, deine Partie fängt gleich an, du musst dich beeilen.«

»O mein Gott«, rief er und kämpfte sich auf die Beine. Ich nahm seinen Arm und führte ihn. Wenn man mit jemandem geht, der beschwipst ist, merkt man das eindeutig. Ich brachte ihn zum Brett, und er plumpste auf seinen Platz. Mein erster Gedanke: »Das wird eine Katastrophe!«

Aber Mikhail besiegte Vaganian und gewann das Turnier! Er war der älteste Spieler und stand, zumindest in der Schlussphase des Turniers, deutlich unter Alkoholeinfluss. Aber erstaunlicherweise war der Teil seines Gehirns, der hervorragendes Schach spielte, hellwach. Ich hätte nie gedacht, dass so etwas möglich ist.

Es gibt noch eine kleine Randgeschichte zu diesem Turnier, und ich kann nicht widerstehen, sie zu erzählen. Nach der Hälfte des Kandidatenturniers, bei dem ich für das Bulletin zuständig war, sollte ich Hilfe von einem Kollegen aus Deutschland bekommen. Doch er kam nicht, und als er am nächsten Tag endlich erschien, erklärte er den Grund seiner Verspätung. Er war wie geplant eingetroffen und mit einem Taxi zum Hilton Hotel gefahren, wo das Turnier stattfand. An der Rezeption sagte man, sie hätten keine Reservierung für ihn, aber es seien Zimmer frei, also war alles gut. Er checkte ein, ging hoch auf sein Zimmer, packte seine Sachen aus, duschte, und kehrte anschließend in die Lobby zurück. »Wo ist das Schachturnier?«, fragte er. »Das was?« Keiner an der Rezeption wusste etwas von einem großen internationalen Schachturnier.

Was war geschehen? Der Kollege hatte seinen Flug nach St. John's gebucht, einem Ort in Neufundland, und nicht zu dem Austragungsort des Turniers, Saint John in New Brunswick. Beide Städte liegen in Kanada. So traf er erst am nächsten Tag am richtigen Zielort ein.

Das erste Zen-Logical

Ein Zenmeister besucht einen Schachklub und sieht, wie zwei Schüler eine Stellung studieren:

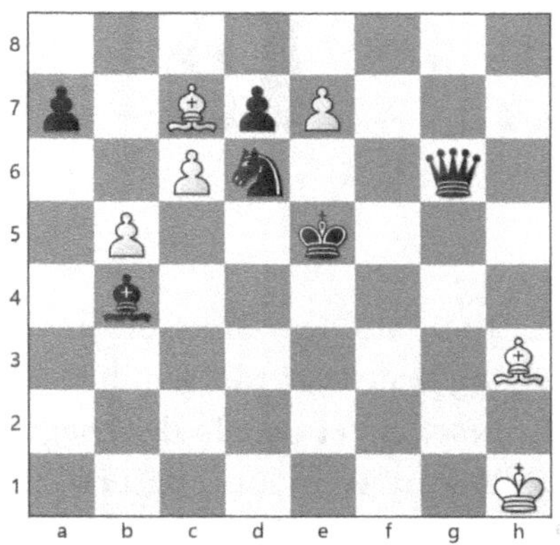

Nachdem er eine Weile zugeschaut hat, meint der Zenmeister: »Ich sehe, dass eine der Figuren auf dem Brett im Verlauf der Lösung einen brillanten Zug machen wird.« – »Welche Figur ist es?«, wollen die Schüler wissen. »Ich nenne dir, Arito, die Art der Figur, und du, Fioshi, sollst die Farbe erfahren.« Dann flüstert er ihnen jeweils etwas ins Ohr. Fioshi reagiert sofort und erklärt: »Keiner von uns kann wissen, welche Figur du meinst.« Worauf Arito sagt: »Doch, jetzt weiß ich, welche Figur gemeint ist.« Fioshi daraufhin: »Aha, dann weiß ich es jetzt auch.«

Auch Sie, liebe Leser, sollen herausfinden, welche Figur gemeint ist, und wie Arito und Fioshi sich die Lösung herleiten konnten. Dazu eine wichtige Anmerkung: Herauszufinden, welche Figur die richtige ist, hat nichts mit dem Schachinhalt der

Stellung zu tun. Arito und Fioshi würden sie auch dann ableiten können, wenn die Figuren nicht in einer sinnvollen Stellung stünden, sondern einfach auf dem Tisch nebeneinander aufgereiht wären.

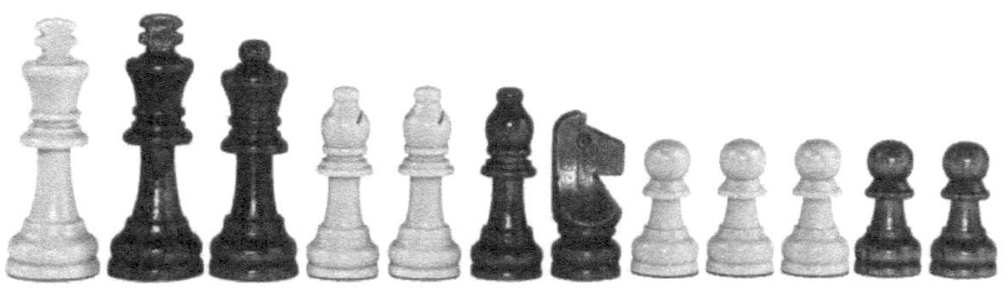

Allerdings ist die Studie auf dem Brett, die uns von Dr. Karsten Müller zur Verfügung gestellt wurde, sehr interessant. Die zweite Aufgabe für die Leser lautet also: In der Diagrammstellung in der obigen Abbildung ist Weiß am Zug und hält Remis. Achtung! Die Lösung ist ziemlich schwer, besonders wenn man den besten Angriff für Schwarz sieht.

Eine Reihe der besten Spieler, aber auch junger Supertalente, hat sich mit dem logischen Teil des Problems beschäftigt. Ein paar davon haben es geschafft, das Rätsel zu entschlüsseln. Ich kann Ihnen allerdings versichern, dass sogar viele Weltklassespieler nicht in der Lage waren, die Antwort zu finden. Nur zwei schafften es: John Nunn löste sie fast sofort, gefolgt von Vishy Anand.

So sieht die Lösung aus: Sowohl Arito als auch Fioshi wissen, dass Arito die Art und Fioshi die Farbe der Figur genannt wurde. Fioshi sagt direkt, dass niemand wissen kann, um welche Figur es sich handelt. Daraus schließt Arito, dass die Figur weiß sein muss, denn sonst müsste Fioshi die Möglichkeit in Betracht ziehen, dass es sich um einen Springer oder eine Dame handelt.

In diesem Fall wüsste Arito, an welche Figur der Zenmeister denkt. Da Arito nun sagt, dass er wisse, welche Figur es ist, folgert Fioshi, dass es der weiße König sein muss, da weder Läufer noch Bauer eindeutig die gemeinte Figur verraten würden. Jetzt weiß auch Fioshi, dass es der weiße König ist.

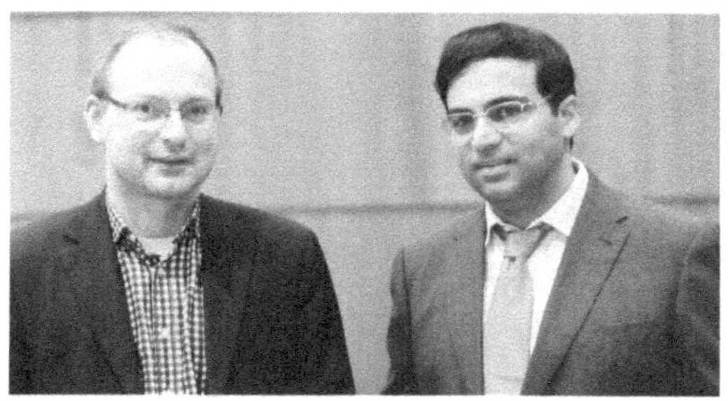

Christian Hesse und Vishy Anand

Auch die von Karsten Müller beigesteuerte Studie, auf die sich die Bemerkung des Zenmeisters bezieht, möchten wir Ihnen nicht vorenthalten. Kommentiert ist sie von Siegfried Hornecker.

Vitold Yakimchik, Shakhmaty, 1956

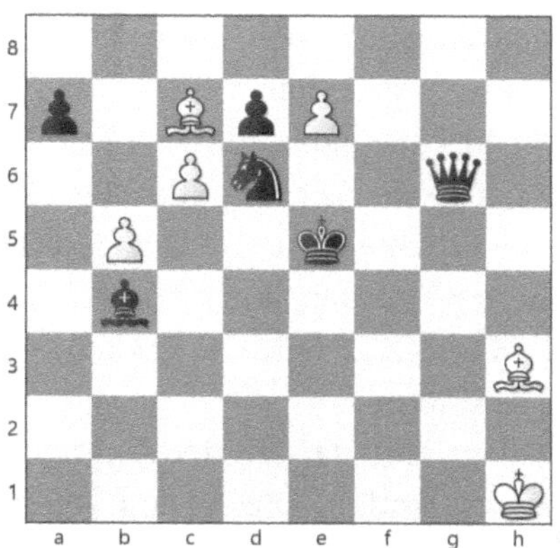

Weiß zieht und hält Remis

1.e8D+! Schwarz droht mit einer Matt-Kombination, also muss Weiß schnell und nachdrücklich handeln. 1.cxd7? De4+ 2.Kh2 Df4+ 3.Kg2 Dd2+ 4.Kf3 Dd3+ 5.Kg4 (5.Kg2 De2+ 6.Kh1 Df3+ 7.Kh2 Kf4–+) 5...De2+ 6.Kg5 Ld2+ 7.Kg6 Dd3+ 8.Kg7 Dg3+ 9.Kh7 Dxh3+ 10.Kg8 Kf6 11.e8S+ Kg6 12.Sxd6 De6+ 13.Sf7 Dxf7+ 14.Kh8 Dg7 Matt.

1...Dxe8 2. cxd7 Da8+

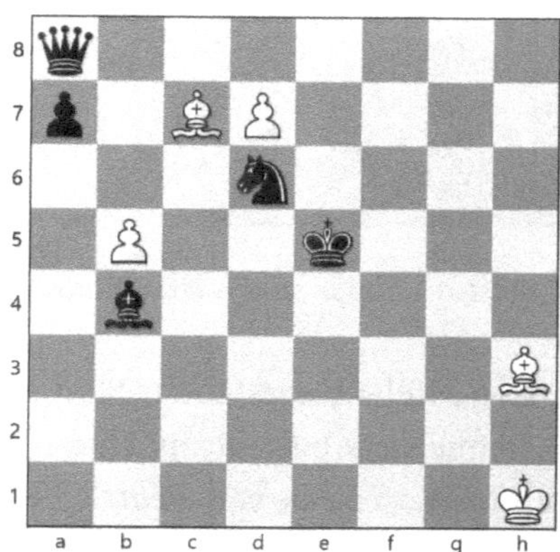

Schwarz möchte d8 kontrollieren. Eine andere Idee besteht nochmals im Matt-Angriff, doch dann kann sich der König überraschenderweise verteidigen. 2...Dh5 3. Kh2 Ld2 (3...Kf4 4. d8D=) 4.Lxd6+ Kd4 5.d8D De2+ 6.Lg2 Dh5+ 7.Lh3 De2+=; Schwarz hat keine Zeit für stille Züge, sodass die obige Kombination keine Früchte trägt. 2...Dg6 3. d8D und nun zum Beispiel (da andere Varianten auch nur zum Remis führen) 3...De4+ 4.Kh2 Df4+ 5.Kg2 Dd2+ 6.Kf3 Dd3+ 7.Kg2 De2+ 8. Kh1 Df3+ 9.Kh2 und Remis.

3.Kh2! Das ist der tiefe Zug, den der Zenmeister sah.

3...La5! Schwer zu finden. Dieser Zug befreit den Springer mit einem Opfer.

4.Lxa5 Wenn Weiß umwandelt, hat er eine Figur weniger. 4.d8D Dxd8 5. Lxd8 – mit Vorteil für Schwarz.

4...Sb7 Weiß hat einen Remis-Mechanismus konstruiert. Nach der Öffnung der langen Diagonalen kann der König sich nicht ohne Damenverlust vor den Läufer-Schachgeboten retten.

[4...Sf7?! 5.d8D (5. Lc3+ mit Remis) 5...Sxd8 6. Lc3+ etc.]

5.d8D! Sxd8 6. Lc3+ Kf4 7. Ld2+ Ke5 8. Lc3+ Kd6 9.Lb4+ Kc7 10.La5+ Kb8

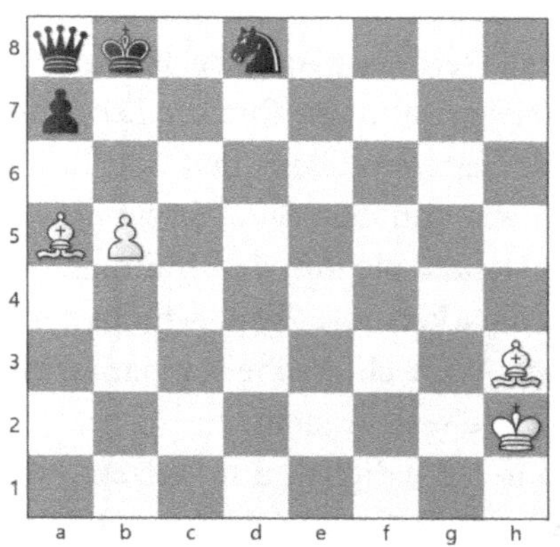

Schwarz scheint in Sicherheit, doch kann Weiß nun den Sauerstoffmangel der Dame ausnutzen.

11.Le1! [11. Lg2? Sb7 mit Vorteil für Schwarz.]

11...a5 [11...Se6 12. Lg2 mit Ausgleich.]

12.Lg3+ Ka7 13.Lf2+ Kb8 14.Lg3+ und Remis.

Zen und der Weizen auf dem Schachbrett

Eines Tages sprach der Zenmeister mit seinen Schülern über exponentielles Wachstum. Er erzählte die Legende von der Erfindung des Schachspiels. Sie reicht fast zweitausend Jahre zurück. Damals herrschte in einem indischen Königreich ein Raja, der sein Volk mit Geringschätzigkeit behandelte. Irgendwann offenbarte ein weiser Brahmane ihm die Lehre des Schachspiels, in dem sich beide Seiten in Gleichheit und Respekt gegenüberstehen. Der Raja war von dem Spiel fasziniert. Und er verstand die versteckte Botschaft, die ihm der Brahmane vermitteln wollte. Um seine Dankbarkeit zu zeigen, erfüllte der Herrscher dem Brahmanen einen Wunsch. Wobei er darauf hinwies, dass es kein bescheidener zu sein brauchte.

Der weise Mann bat lediglich um Weizen. Ein Korn auf dem ersten Feld eines Schachbretts, zwei Körner auf dem zweiten Feld, vier auf dem dritten und so weiter. Auf jedem weiteren Feld die doppelte Anzahl des vorherigen Feldes. Der Raja zeigte sich überrascht über diesen, seiner Meinung nach, recht bescheidenen Wunsch. Er versprach, ihn zu erfüllen. Doch als sein Hofmeister die Gesamtzahl der erforderlichen Körner errechnet hatte, musste er dem Herrscher mitteilen, dass es in seinem gesamten Königreich viel zu wenig Weizen gab, um den Wunsch zu erfüllen. Nicht einmal ein Millionstel von dem, was er dem Brahmanen gewährt hatte. Demütig reichte der Raja dem Weisen die Hand, wohl wissend, dass dieser ihm eine weitere Lektion erteilt hatte.

Und was kam bei der Berechnung heraus?

$$1 + 2 + 2^2 + \cdots + 2^{63} = (2^0 + 2^1 + 2^2 + \cdots + 2^{63}) \cdot (2 - 1)$$
$$= (2^1 + 2^2 + \cdots + 2^{64}) - 2^0 - 2^1 - 2^2 - \cdots - 2^{63} = 2^{64} - 1$$

Das ergibt etwa 18 Trillionen Weizenkörner. Ein Vielfaches der jährlichen Ernte auf der ganzen Welt.

Beeindruckt von der Geste des Rajas, antwortet der Brahmane: »Von allen Weizenkörnern auf allen 64 Feldern des Schachbretts werde ich dir etwas Weizen zurückgeben. Von der Gesamtzahl lege ich genau die Hälfte minus ein halbes Korn auf das erste Feld des Schachbretts. Auf das zweite Feld lege ich genau die Hälfte dessen, was ich auf das erste Feld legte, minus ein halbes Korn. Und auf jedes folgende Feld immer genau die Hälfte von dem, was auf dem vorherigen Feld liegt, minus ein halbes Korn. Und so weiter bis zum 64. Feld. Alle diese Körner werden von der Summe abgezogen, die du mir gewährt hast.«

Der Hofmeister seufzt. Er denkt, dass die Geste des Brahmanen bei Weitem nicht ausreicht und der Herrscher seine Schulden weiterhin nicht begleichen kann. Aber der Raja, der den Brahmanen inzwischen besser zu kennen scheint, gebietet seinem Hofmeister, die Kalkulation vorzunehmen. Als der Hofmeister ausrechnet, wie viel der weise Mann dem Herrscher erlassen hat, stellte sich heraus, dass es fast alles ist. Die Restschuld besteht nur noch aus einer Handvoll Weizenkörner.

Wieder fühlt sich der Raja beschämt. Dieses Mal durch die Bescheidenheit des Brahmanen. Kann es wirklich wahr sein, dass er für jedes Feld auf dem Schachbrett nur ein einziges Weizenkorn verlangt?

Der Zenmeister fordert seine Schüler nach dem Anhören der Geschichte nun auf, über diese letzte Frage nachzudenken.

Die Antwort lautet Ja. Hier ist die Begründung: Auf dem ersten Feld befinden sich

$$(2^{64} - 1) / 2 - \tfrac{1}{2} = 2^{63} - 1$$

Körner. Auf dem zweiten Quadrat befinden sich

$$(2^{63} - 1) / 2 - \tfrac{1}{2} = 2^{62} - 1$$

Körner. Und so geht es weiter bis zum 64. Quadrat mit

$$(2^1 - 1) / 2 - \tfrac{1}{2} = 2^0 - 1 = 0$$

Körnern. Insgesamt ergibt sich für die Summe aller Weizenkörner

$$(2^0 - 1) + (2^1 - 1) + (2^2 - 1) + \cdots + (2^{63} - 1)$$
$$= 2^0 + 2^1 + 2^2 + \ldots + 2^{63} - 64 = 2^{64} - 65$$

Nach Rückgabe dieser Menge verbleiben von der Schuld des Rajas genau 64 Körner.

Nachdem seine Schüler über die Geschichte des Zenmeisters nachgedacht hatten, wendet sich der Meister erneut an sie: »Und wieder war der Raja vom Brahmanen beeindruckt, so sehr, dass er überlegte, ihn als Berater an seinen Hof zu nehmen. So bat er seinen Hofmeister, ihn mit einem Rätsel zu testen. Dieser ging zum Brahmanen und sprach: ›Vor Euch liegt ein Schachbrett, eine Reihe ist bestückt mit Korn, eines auf dem ersten Feld, zwei auf dem zweiten, vier auf dem dritten usw., wie zuvor. Die Körner der einen Sorte wiegen alle fünf Karat und die Körner der anderen Sorte sechs Karat. Von den Feldern der ersten Reihe des Schachbretts habe ich den leichteren Weizen auf sieben der acht Felder verteilt und den schwereren auf das verbleibende Feld. Könnt Ihr mir durch einen einzigen Wiegevorgang zeigen, auf welchem der acht Felder das schwerere Korn liegt?‹ Der Brahmane denkt eine Weile nach. Dann nimmt er von links nach rechts gezählt ein Korn vom ersten Feld, zwei Körner vom zweiten Feld, drei Körner vom dritten Feld und so weiter, bis er vom achten Feld acht Körner genommen hat. Er legt sie alle auf die Waage, die ihm der Hofmeister gegeben hat. Er sagt: ›Das sind

$$1 + 2 + 3 + \ldots + 8 = 36 \text{ Körner}$$

Wenn alle fünf Karat wiegen würden, wären das

$$5 \times 36 = 180 \text{ Karat}$$

Aber das Gewicht, das sich beim Wiegen ergibt, wird höher sein. Ist es um ein Karat höher, dann ist der schwere Weizen auf Feld eins. Ist es um zwei Karat höher, dann liegt der schwere Weizen auf Feld zwei. Und so weiter. Wiegt er acht Karat mehr, würde uns das sagen, dass der Weizen auf Feld acht schwerer ist.‹«

An dieser Stelle unterbricht der Zenmeister seine Lehren für den Tag. Er gibt seinen Schülern die folgende Frage zum Meditieren mit auf den Weg: »Wenn der Hofmeister die schweren Weizenkörner nicht nur auf eines der acht Felder gelegt hätte, sondern möglicherweise auf mehrere, vielleicht sogar auf alle Felder, wie hätte der Brahmane dies herausfinden können? Wieder ist die Benutzung der Waage nur einmal erlaubt.«

Am nächsten Tag löst der Lieblingsschüler des Zenmeisters diese Frage wie folgt: Der Brahmane könnte diesmal alle Körner von allen acht Feldern auf die Waage legen. Nämlich ein Korn von Feld eins, zwei Körner von Feld zwei, vier Körner von Feld drei und so weiter, bis zu den 128 Körnern von Feld acht. Alles in allem sind das

$$1 + 2 + 4 + \ldots + 128 = 255 \text{ Körner}$$

Wenn sie alle fünf Karat wiegen würden, wären das

$$5 \times 255 = 1275 \text{ Karat}$$

Da wir aber wissen, dass einige Körner schwerer sind, muss sich beim Wiegen eine größere Zahl ergeben. Ist der Weizen auf Feld eins schwerer, wäre es nur ein Karat mehr. Ist der Weizen auf allen Feldern schwer, wären es allerdings schon 255.

Besonders schwierig ist die Aufgabe dadurch, dass jeder Wert zwischen diesen Extremen von 1 bis 255 möglich ist. Ergibt sich beim Wiegen ein Mehrgewicht von beispielsweise 38 Karat, so kann diese zusätzliche Karatzahl nur von den 32 schwereren Körnern von Feld sechs (ein Plus von 32 Karat), den vier Körnern aus Feld drei (ein Plus von vier Karat) und den zwei Körnern von Feld zwei (plus zwei Karat) stammen, denn

$$38 = 32 + 4 + 2$$

Der Schlüssel zur Lösung ist, dass alle Zahlen 1, 2, 4, 8, 16, 32, … Potenzen von 2 sind. Jede ganze Zahl kann nur auf eine einzige Weise als Summe dieser Potenzen von zwei ausgedrückt werden. Das heißt, es gibt keine Alternativen zu den jeweiligen Kombinationen, die zu den Zahlen zwischen 1 und 255 führen.

Ergibt die Waage zum Beispiel einen Überschuss von 145 Karat, so kann dieser nur von den 128 Körnern auf Feld acht, den 16 Körnern auf Feld fünf und dem einen Korn auf Feld eins stammen, da

$$145 = 128 + 16 + 1$$

Beachten Sie, dass diese Potenzen von der nullten bis zur siebten reichen. Wenn die i-te Potenz von zwei in der Summe vorhanden ist, dann enthält das (i + 1)-te Feld von links nach rechts gezählt den schwereren Weizen.

Logisch, oder?

Boris Spasski – Schachgeschichte live erleben

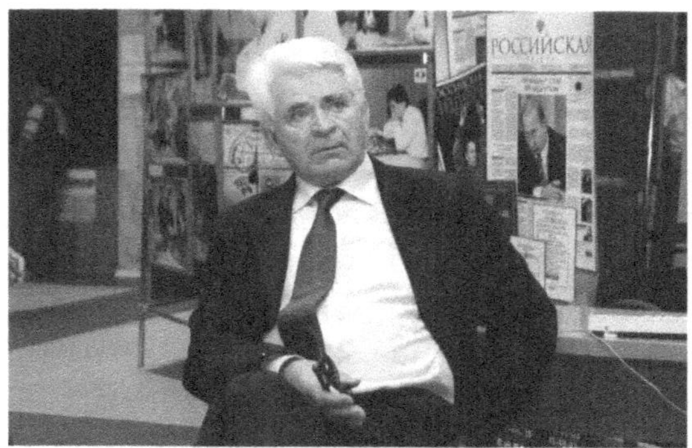

Boris Spasski habe ich zum ersten Mal Ende der 1970er-Jahre getroffen. Das war eine kurze Begegnung. Er war zusammen mit einigen anderen berühmten Spielern nach Hamburg gekommen, um einen neuen Schachcomputer vorzustellen. Der Veranstaltungsort befand sich in einem der großen Kaufhäuser. Ich brachte ein Holzschachbrett mit und ließ alle Spieler mit einem Filzstift darauf unterschreiben. Der Leiter des Kaufhauses sah das und sagte: »Was für eine tolle Idee. Das sollten wir auch machen.« Also nahm er das beste Schachbrett, das sie in der Abteilung hatten, lieh sich meinen Filzstift aus und ließ die Spieler auch sein Brett signieren. »Bring das jetzt in unsere Werkstatt«, wies er einen jungen Praktikanten an. »Behandle es ganz vorsichtig.«

Später, nachdem wir zu Abend gegessen hatten und die Spieler gegangen waren, kam der Junge mit dem Brett zu uns zurück und sagte: »Schauen Sie, ich habe mein Bestes versucht, aber die Flecken können nicht vollständig entfernt werden.« Er hatte nicht genau verstanden, was sein Chef wollte, und dachte, er sei aufgefordert worden, die Schriftzeichen auf dem Brett zu entfernen. Später erzählte ich diese Geschichte Spasski. Er konnte nicht aufhören zu grinsen.

Im Jahr 1979 spielte Spasski bei einem Großmeisterturnier in München mit. Mein Freund Helmut Pfleger, Arzt und starker Großmeister, führte eine Untersuchung an den Spielern durch, um den Blutdruck und die Herzfrequenz während des Wettkampfs zu messen. Spasski war einer der Freiwilligen, und ich half jeden Tag dabei, die Manschette an seinem Arm zu befestigen. Dabei freundeten wir uns langsam an.

Die Ergebnisse des Versuchs waren übrigens erstaunlich: Puls und Blutdruck dieser Spieler waren während des Spiels unnatürlich hoch, vergleichbar nur mit Situationen, in denen Menschen in Panik geraten und bereit sind, zu kämpfen oder zu fliehen. Wir konnten ihr Adrenalin nicht messen, aber ich bin mir sicher, dass auch das in die Höhe schnellte.

Helmut, der ebenfalls am Turnier teilnahm, führte einen ergänzenden Test an sich selbst durch und nahm vor seinen Partien einen Betablocker. Helmuts Puls stieg normalerweise bei einer Partie auf über 160 Schläge an. Nahm er vor einem Spiel den Betablocker, war seine Herzfrequenz stark reduziert. Dann verlor er die Partie kläglich.

Nach diesem Turnier in München habe ich Boris Spasski einige Jahre nicht getroffen. Dann reiste ich 1988 zum Kandidatenturnier nach Saint John, Kanada. Als das Flugzeug in Toronto landete, hatten wir unseren Anschlussflug verpasst. Ich bekam ein sehr schönes Zimmer in einem noblen Hotel. Als ich zum Abendessen ging, kam plötzlich Spasski auf mich zu und sagte: »Entschuldigen Sie, Herr Frederic, ich habe Sie im Flugzeug erkannt, aber ich wollte Sie nicht stören. Vielleicht könnten wir zusammen zu Abend essen?« Ich war fassungslos, dass einer der größten Schachspieler der Welt so höflich auf mich zukam.

Es gab ein üppiges Abendessen mit viel gutem kanadischem Wein. Wir saßen bis vier Uhr morgens da, und Boris erzählte mir achtzig Prozent von allem, was ich über Schachgeschichte weiß. Okay, vielleicht übertreibe ich, aber er hat mir ungeheuer viel über die sowjetische Schachszene erzählt, über seine Wettkämpfe und sogar über die dürftige Summe, die er für seinen Weltmeistertitel in Moskau bekommen hat. Natürlich unterhielten wir uns auch eine Stunde lang über das Jahrhundertmatch 1972 gegen Fischer, das ich damals akribisch verfolgt hatte. Die Eindrücke aus erster Hand von Boris waren für mich unbezahlbar. In Saint John aßen wir dann auch oft zusammen, und ich bekam weitere spannende Geschichten zu hören.

Die nächste längere Begegnung ergab sich erst viele Jahre später im russischen Elista, wo 2007 ein Kandidatenturnier stattfand. Boris war als Kommentator dabei. Wir nahmen das Mittag- und Abendessen immer am selben Tisch ein, und ich konnte mit der Zeit etwas ziemlich Außergewöhnliches beobachten. Viele junge Spieler drängten sich um uns und hörten Boris zu. Obwohl bereits ein alter Mann, wollten ihm alle nahe sein. Er war charismatisch, charmant, und voller Geschichten.

Eines Tages sprach ich mit FIDE-Präsident Kirsan Iljumschinow, der außerdem Präsident der Provinz Russlands war, in dem das Turnier stattfand. »Ich bin in Elista, ich würde gerne die Steppe sehen.« Kein Problem. Kirsan sagte, er würde das für mich arrangieren. Boris hörte uns reden und fragte: »Kann ich mitkommen?« – »Ja, natürlich«, entgegnete ich. »Das wäre wunderbar.«

Am nächsten Morgen holte uns ein Auto ab, und der Fahrer brachte uns zu einem riesigen Denkmal eines Panzers. Er erklärte, es sei sehr berühmt. Ich erwiderte: »Das ist zwar sehr schön, aber können wir bitte in die Steppe fahren? Wir wollen Tiere und so etwas sehen.« Also fuhr er uns zu einer Pferderennbahn. »Schaut mal, da sind Pferde!«

Nach einer Weile gaben wir auf und beschlossen, nach Hause zurückzukehren. Wir wohnten in Chess City, einem großen Komplex, der fast ausschließlich dem Schach gewidmet ist. Wir waren sehr enttäuscht, aber Boris hatte eine Lösung. »Weißt du, Frederic, wenn wir bis zum Ende des Geländes von Chess City gehen, beginnt dort die Steppe.« – »Aber da ist ein Zaun drum herum«, sagte ich. »Ja, aber ich weiß, wo im Zaun ein Loch ist«, antwortete er. Also brachte er mich an die Stelle, und wir krochen durch die Öffnung.

Dann wanderten wir durch die Steppe. Wir sind viele Stunden gegangen und haben uns sogar verlaufen. Boris sang amerikanische Lieder wie *Oh, what a Beautiful Morning*. Ich fragte, wo er sie gelernt habe, und er sagte: »Bobby bringt mir Lieder bei.« Er kannte diese Songs tatsächlich von Bobby Fischer.

Sich in der Steppe zu verirren, ist kein Problem, wenn die Person, mit der man sich verläuft, der ehemalige Weltmeister Boris Spasski ist. Wir mussten einige Bäche überqueren, bevor wir endlich den Weg zurückfanden. Deswegen kamen wir zu spät zum Mittagessen. Als wir uns hinsetzten, drängten sich wieder die jungen Spieler um uns. Boris sagte: »Kommt nicht zu nahe, wir sind stundenlang gelaufen und völlig verschwitzt.« Nach dem Mittagessen ging er auf sein Zimmer, duschte und kam tadellos gekleidet für seine Arbeit als Kommentator zurück. Ich lobte Boris für seine Eleganz und besonders für sein wunderschönes weißes Haar. »Es ist ziemlich teuer, das immer wieder zu färben …«, sagte er. »Dein Haar ist gefärbt?«, fragte ich. »Was ist die natürliche Farbe?« – »Pechschwarz«, antwortete er. Spasski-Humor.

Der Spaziergang durch die Steppe war ein wunderbares Erlebnis, für mich – und auch für Boris. Woher ich das weiß? Immer, wenn ich ihn danach traf und den Spaziergang erwähnte, kam er zu mir und umarmte mich. Er hat unseren Ausflug wirklich sehr genossen.

Boris ist mittlerweile zurück nach Moskau gezogen und wirkt

sehr gebrechlich. Wenn ich Bilder oder Videos von ihm sehe, werde ich traurig. Der Mann, mit dem ich durch die Steppe streifte, war so energisch und gesund.

Vor nicht allzu langer Zeit fragte ihn jemand, was er für die Vorbereitung seiner Partien tue. Er antwortete: »Ich bereite mich nicht mehr auf Schach vor. Ich bereite mich vor auf – den Tod! Es ist ein langes und sehr schweres Endspiel.«

Ich hoffe, Boris bleibt noch eine Weile unter uns, sodass ich ihn irgendwann wiedersehen kann.

Bobby Fischer – ein tragischer Held

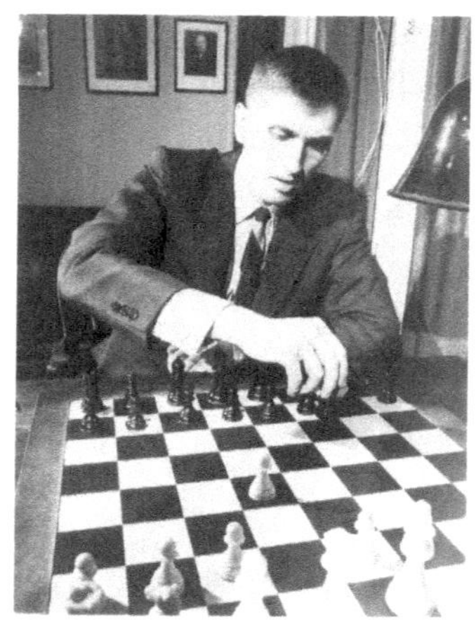

Bobby Fischer war der Held meiner Jugend. Als er 1972 bei der Weltmeisterschaft gegen Spasski kämpfte, verfolgte ich penibel, was in Reykjavík geschah. Am Tag nach jeder Partie habe ich die Zeitung genommen und alle Züge auf einem Brett nachgespielt.

Nach dem Wettkampf versuchte ich, Fischer zu kontaktieren. Er lebte in Pasadena, und ich schrieb ihm Briefe. Eine Antwort bekam ich nie. Ich versuchte auch, ihn anzurufen, aber es scheiterte an einer Dame namens Claudia Mokarow von der *Kirche Gottes.* Sie schirmte ihn ab und war sehr misstrauisch. Irgendwann rief sie mich zurück und sagte: »Ich glaube nicht, dass Sie Deutscher sind. Ihr Englisch ist zu gut.« Ich musste erklären, dass ich auf englische Schulen gegangen war und in Oxford studiert hatte. Jedenfalls ist es mir damals nicht gelungen, einen meiner Helden zu kontaktieren.

Eines Tages, Jahrzehnte später, stand ich im Flur meines Hauses in Hamburg, bereit, mit meiner Frau und unserem Sohn auszugehen, als das Telefon klingelte. Nach kurzem Zögern nahm ich ab. Eine Stimme am anderen Ende sagte: »Ist da Mr Frie-DELL? Hier spricht Bobby Fischer.« Ich war fassungslos. »Nachdem ich zwanzig Jahre lang versucht habe, dich zu erreichen, rufst du mich plötzlich an?«, sagte ich. »Zwanzig Jahre?«, erwiderte er. »Eher fünfundzwanzig. Hast du mir nicht einen langen handgeschriebenen Brief nach Pasadena geschickt?« Er beschrieb den Inhalt. Mir wurde klar, dass ich tatsächlich mit Fischer und nicht irgendeinem Witzbold sprach. Ich redete eine Stunde oder länger mit ihm.

Das war Anfang 2008. Bobby lebte in Island und plante eine Rückkehr in die Welt des Schachs, von der er sich nach seinem Match gegen Spasski verabschiedet hatte. Er wollte Weltmeister Viswanathan Anand zu einem »Fischer-Random-Match« herausfordern. Wegen dieses Vorhabens entschied er sich, mich zu konsultieren. Ich war bekanntlich ein Freund von Anand, außerdem Mitbegründer von ChessBase und Verantwortlicher für die News-Seite des Unternehmens. ChessBase hielt er für den idealen Sponsor und Organisator des Matches. Aber bevor er seine Pläne im Detail mitteilen konnte, hatte er das Bedürfnis, jemanden nach Hamburg zu schicken, um mich zu überprüfen. Er schickte Gardar Sverrisson, seinen besten und eigentlich auch einzigen Freund, den er in Island hatte. Kurz darauf traf Gardar ein und verbrachte einige Tage bei uns. Er war ein sehr kultivierter, akademisch gebildeter Mensch, der sich auch für uns persönlich interessierte, nicht nur, weil Bobby das wollte. Gardar wurde – und ist bis heute – ein Freund der Familie.

In unseren Telefonaten fragte ich Bobby nach seinen Freunden in Island, den Menschen, die sich während des Spiels 1972 um ihn gekümmert und ihm geholfen hatten, nach seiner Inhaftierung in einem japanischen Gefängnis in ihrem Land Zuflucht zu finden. Es stellte sich heraus, dass Bobby mit allen gebrochen hatte. »Gardar ist der Einzige, dem du vertrauen kannst«, sagte er. »Er ist der Einzige, mit dem du sprechen solltest.« Jede Erwähnung von Gardar und seiner Familie wurde von liebevollen Worten begleitet – eine Seltenheit in dieser Phase seines Lebens.

Während dieser Woche von Gardars Besuch bei uns und noch lange danach führte ich zahlreiche Telefongespräche mit Bobby, die jeweils eine oder zwei Stunden dauerten. Er sprach immer freier, insbesondere nachdem er einen positiven Bericht von Gardar erhalten hatte. Er offenbarte mir seine Ansichten über das Leben. Dabei kam er extrem intensiv und aggressiv rüber, und ich behandelte ihn anfangs sehr vorsichtig. Aber nach einer Weile verlor ich die Ehrfurcht und begann, mit ihm zu scherzen. Ich habe Dinge gesagt, von denen niemand glauben würde, dass man sie zu Fischer sagen könnte. Und er hat das irgendwie akzeptiert.

Ich habe zum Beispiel erwähnt, dass er mit zunehmendem Alter zwei Innovationen eingeführt hätte, die in der Schachgemeinschaft inzwischen akzeptiert wurden. Zuerst kam die »Fischer-Uhr«, die nach jedem Zug einen kleinen Zeitbonus hinzufügt und so die brutale Zeitnot mildert, in die ältere Spieler geraten können. Dann folgte das »Fischer-Random-Chess«, das die Anfangsstellung der Figuren verändert. Damit sollten die sehr umfangreichen Eröffnungsvorbereitungen wegfallen, die er nicht mehr bewältigen könnte.

Ich schlug ihm vor, dass er als Nächstes den »Fischer-Zug« einführen solle, um »billige Kombinationen, die ständig von jüngeren Spielern abgefeuert werden«, zu eliminieren. Anstatt den nächsten Zug auszuführen, dürfe ein Spieler seinen vorherigen Zug zurücknehmen und einen neuen spielen. Partien würden nicht mehr durch einfache taktische Schläge entschieden. Nachdem er meiner Beleidigung entrüstet zugehört hatte, lachte Bobby am Ende über den Humor. Und er erzählte mir, er habe den Aprilscherz zum Thema genossen, den ich auf meiner

News-Seite veröffentlicht hatte. Der Mann konnte sich gutmütigen Scherzen nicht verweigern.

In anderen Dingen war die Unterhaltung nicht so entspannt. Er war besessen davon, mich zu überzeugen, dass die WM-Kämpfe zwischen Kasparow und Karpow alle abgesprochen waren. Deswegen zwang er mich, die Züge einiger Partien mit ihm nachzuspielen. Da ich ein Schachprogramm im Hintergrund laufen ließ, konnte ich mit seiner Analyse Schritt halten und gelegentlich sogar einiges widerlegen, was er sagte. Ich widersprach ihm ziemlich grob und dachte mir: Das ist es, er wird nie wieder mit mir reden. Aber immer rief er nach einigen Tagen wieder zurück: »Weißt du, ich habe darüber nachgedacht, was du gesagt hast, und kann dir erklären, was dein Fehler war.«

Leider hatte Bobby mit der Zeit begonnen, seine sehr radikalen antisowjetischen, antiamerikanischen und antisemitischen Ansichten in der Öffentlichkeit zu äußern. Das kam auch am Telefon immer wieder durch. Ich sagte ihm, dass ein guter Prozentsatz meiner besten Freunde russische und amerikanische Juden seien, was er nicht verstehen konnte.

Eines Tages machte ich ihm klar, er könne mich nicht um zwei Uhr morgens anrufen, um Hasstiraden über die jüdische Weltverschwörung loszuwerden. Das war sein letzter Anruf. Ich meldete mich noch ein paar Mal bei ihm, aber die Gespräche blieben kurz.

Es ging ihm inzwischen gesundheitlich nicht mehr gut. Er hatte schwere Nierenprobleme, lehnte jedoch eine angemessene Behandlung ab. Ein Jahr später starb er. Das machte mich sehr traurig.

Seit Fischers Tod sind unzählige Artikel, eine Reihe von Büchern und sogar Spielfilme erschienen, die ich alle gelesen oder angeschaut habe. Sie schöpfen alle aus den Klischees, die es seit Jahrzehnten über Fischer gibt, garniert von ein paar Schnipseln neuer Informationen. Viele Artikel waren für mich schmerzhaft zu lesen, da ich andere Gedanken, Aktivitäten und

Motivationen aus meinen Gesprächen mit Bobby kannte. Ich war sehr froh, als Gardar beschloss, sein Schweigen zu brechen und den Fischer zu beschreiben, den er – und bis zu einem gewissen Grad auch ich – so gut kannte.

Sein Buch *Yfir farinn veg með Bobby Fischer* wurde hervorragend ins Englische übersetzt. *Bobby Fischer's Final Years* gibt genau das wieder, was ich in den vielen Telefongesprächen mit Bobby erfahren habe. Darüber hinaus gibt es natürlich noch viel mehr zu erfahren, da Fischer die letzten Jahre seines Lebens als Nachbar im gleichen Wohnblock wie die Familie Sverrisson verbrachte.

Fünfundvierzig Jahre nach Beginn des wichtigsten Sportereignisses im Kalten Krieg, Fischer gegen Spasski, besuchte ich Gardar in Reykjavík. Er führte mich zum ursprünglichen Austragungsort des Wettkampfes, zu dem Hotel, in dem Fischer wohnte, und zu den Orten, an denen er sich aufhielt. Danach veröffentlichte ich 2017 eine Serie über das Match gegen Spasski, in der ich den Verlauf Tag für Tag nachzeichnete, als ob alles gerade passieren würde.

Wenn es Sie interessiert, können Sie die Serie lesen, indem Sie den QR-Code scannen. Er führt zum letzten Teil der Serie, dem dreizehnten, der am Ende Links zu den Teilen eins bis zwölf enthält.

Das Brahmanen-Problem

Dies ist eine Art Fortsetzung der Zenversion der Weizenkornlegende, die erzählt, wie die Begegnung zwischen Raja und Brahmane bei der Erfindung des Schachspiels auch hätte weitergehen können. Ein Szenario, wie man heutzutage so schön sagt.

Was zuletzt geschah: Der Raja ist vom Brahmanen so beeindruckt, dass er in Betracht zieht, ihn zu seinem persönlichen Berater zu ernennen. Er hat seinen Hofmeister gebeten, ihn zuvor mit zwei anspruchsvollen Aufgaben zu testen. Der Hofmeister, der von des Herrschers Absicht nicht begeistert ist, da er Konkurrenz fürchtet, hat dem Brahmanen bereits eine Aufgabe gestellt, die der souverän gemeistert hat. Als Nächstes verlangt er vom Brahmanen die Lösung eines scheinbar unlösbaren Problems. Jedenfalls ist das der Eindruck, den das Problem vermittelt. Doch urteilen Sie selbst.

Der Hofmeister wendet sich also dem Brahmanen zu und erwähnt, dass er zuvor auf eines der Felder des Schachbretts eine Weizensorte gelegt habe, die leichter ist als die Sorte auf den anderen Feldern. Anschließend legt er auf jedes Feld des Brettes eine Münze. Ganz beliebig, einige zeigen Kopf, andere zeigen Zahl. Er, der Hofmeister, werde dem Brahmanen nun das Feld zeigen, auf dem die leichtere Weizensorte liegt. Der Brahmane solle einem seiner Schüler, der kurz danach herbeigerufen wird, daraufhin kommunizieren, um welches Feld es sich handelt. Aber er darf nicht einfach sagen: »Es ist das Feld f1.« Nein, der Brahmane darf exakt eine der vom Rechenmeister aufs Brett gelegten 64 Münzen umdrehen. Irgendeine beliebige Münze seiner Wahl. Hat er die Münze gedreht, muss er den Raum verlassen. Der Schüler des Brahmanen kann dann hereinkommen und muss aus der Anordnung der Münzen mit der oben liegenden Kopf- oder Zahlseite auf dem Brett das Feld mit dem leichteren Weizen identifizieren. Vorher dürfen sich Brahmane und Schüler jedoch beraten, welche Strategie sie wählen wollen.

Der Brahmane versinkt in Gedanken. Offensichtlich muss er eine Münze so drehen, dass die gesamte Anordnung aller Münzen das ihm genannte Feld eindeutig für seinen Schüler identifiziert. Und zwar ganz egal, in welcher Weise der Hofmeister die Münzen auf das Brett gelegt hat, und ganz egal, auf welchem Feld der leichtere Weizen liegt.

Der Brahmane findet einen Lösungsweg. Wir zeigen seine Methode nicht für das ganze Schachbrett mit 64 Feldern, sondern nur für die erste Reihe mit acht Feldern. Auf einem vom Hofmeister bezeichneten Feld der ersten Reihe liegt also der leichtere Weizen, und auf jedem Feld dieser Reihe liegt eine zufällig gedrehte Münze.

Gedanklich nummeriert der Brahmane die Felder der ersten Reihe von 0, 1, 2 bis 7. Diese Form der Nummerierung ist durch eine Abfolge von drei Münzen darstellbar. Das geht zum Beispiel wie folgt, wenn 0 für Zahl steht und 1 für Kopf.

0	1	2	3	4	5	6	7
000	001	010	011	100	101	110	111

Diese Zuordnung kann man sich so merken, dass die drei Zahlen des Zahlentripels in der Reihenfolge von links nach rechts mit vier bzw. zwei bzw. eins multipliziert und diese drei Produkte dann addiert werden. Die Zahl 5 würde demnach aus

$$1 \times 4 + 0 \times 2 + 1 \times 1$$

zusammengesetzt. Das erklärt die Zahl 101 in der kleinen Tabelle oben. Die rechte Stelle im Tripel ist also die Einerstelle, die mittlere die Zweierstelle und die linke ist die Viererstelle. Diese Methode bezeichnen wir als 4–2–1-Trick.

Auf diese Weise ist jedes Feld von 0 bis 7 eindeutig durch eine Abfolge dreier Zahlen 0 oder 1 identifiziert. Nehmen wir an, der Hofmeister hat dem Brahmanen tatsächlich das Feld mit der Zahl 5 genannt. Nennen wir 5 die Zielzahl, also 101 in der codierten Version.

Dieses Zahlentripel 101 zur Identifikation des Zielfeldes soll der Brahmane nun an seinen Schüler kommunizieren. Dazu muss er sich zunächst einmal die vom Hofmeister vorgenommene Anordnung der Münzen auf der ersten Brettreihe anschauen. Nehmen wir die folgende Reihung an, wobei nur die Felder beschriftet sind, auf denen eine Münze mit dem Kopfbild nach oben liegt:

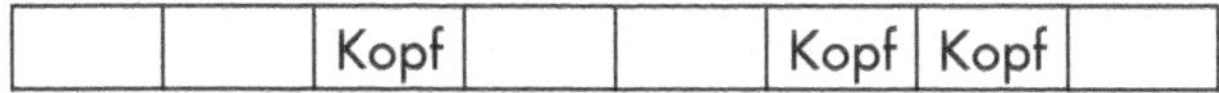

Nennen wir diese Münzen die Kopf-Münzen. Sie liegen nur auf den Feldern 2, 5 und 6, wenn man deren Nummerierung von 0 bis 7 bedenkt. Auf den fünf anderen Feldern liegen Zahl-Münzen.

Jetzt wandelt der Brahmane diese vom Rechenmeister vorgegebene Anordnung der Münzen in eine Abfolge von Nullen und Einsen um. Wieder insgesamt drei. Dabei codiert der Brahmane die gezeigte Anordnung durch das Tripel 001.

Dabei bedeutet die Null ganz links, dass sich auf allen mit dem 4–2–1-Trick codierten Feldern, bei denen an der Vierer-Stelle (d. h. ganz links) eine Eins steht – also auf den Feldern 4, 5, 6, 7 –, eine insgesamt gerade Zahl von Kopf-Münzen in der Anordnung befindet. Oben sind es die beiden Kopf-Münzen auf den Feldern 5 und 6, das dritte und zweite Brettfeld von rechts.

Die mittlere Null im Tripel 001 bedeutet, dass sich auf allen Feldern, die in der 4–2–1-Darstellung an der Zweier-Stelle (d. h. in der Mitte) eine Eins haben – also auf den Feldern 2, 3, 6, 7 –, auch wieder eine gerade Zahl von Kopf-Münzen in der Anordnung befindet. Oben sind es die beiden Kopf-Münzen auf den Feldern 2 und 6.

Und schließlich symbolisiert die Eins in der Codierung 001, dass auf allen Feldern in der 4–2–1-Darstellungsweise, bei denen an der Einer-Stelle (d. h. ganz rechts) eine Eins steht – also auf den Feldern 1, 3, 5, 7 –, eine ungerade Zahl von Kopf-Münzen liegt. Oben ist es einzig die Kopf-Münze auf dem Feld 5. Wir bezeichnen das Tripel 001 als den Anordnungscode.

So weit, so gut. Halten wir kurz inne. Der Brahmane hat also das Feld 5 genannt bekommen und hat es mit dem 4–2–1-Trick als das Tripel 101 dargestellt. Ferner hat er mit demselben Trick die Münz-Anordnung des Hofmeisters, ebenfalls in ein Zahlentripel übertragen, im Beispiel ist es der Anordnungscode 001. Die Abfolge 101 muss er an seinen Schüler kommunizieren. Und zwar so, dass der Schüler aus der Anordnung der Münzen, die er zu sehen bekommt, das vom Hofmeister genannte Feld 5 erschließen kann.

Der Brahmane muss also die Münze auf jenem Feld der ersten Reihe drehen, dessen 4–2–1-Codierung, sagen wir xyz, so ist, dass mit deren Hilfe aus dem Anordnungscode 001 die Zielzahl 101 als Codierung der neu entstehenden Münzanordnung entsteht. Wir erinnern uns: 101 ist die Codierung des Feldes 5, das dem Brahmanen genannt wurde.

Der Brahmane kann dabei so vorgehen, dass der Anordnungscode plus die Ziffernfolge xyz des von ihm gedrehten Münzfeldes, die Zielzahl 101 ergibt. In unserem Beispiel muss für diesen Zweck xyz = 100 gewählt werden. Dass dieses Tripel richtig ist, sieht man an dem Schema

0	0	1
1	**0**	**0**
1	0	1

In diesem Schema steht in der ersten Zeile der Anordnungscode, in der dritten Zeile die Zielzahl und in der mittleren Zeile fett gedruckt die codierte Nummer xyz des Feldes, dessen Münze vom Brahmanen gedreht werden muss, auch wieder mit dem 4–2–1-Trick geschrieben:

$$1 \times 4 + 0 \times 2 + 0 \times 1 = 4$$

Der Brahmane muss demnach die Münze auf dem Feld mit der Nummer 4 drehen. Da die Zählung links mit einer Null beginnt, ist es das fünfte Feld von links, also e1.

Im obigen 3x3-Schema wurden die fett gedruckten Einträge durch spaltenweises Addieren ermittelt: In der letzten Spalte braucht man in der Mitte eine fett gedruckte Null, damit

$$1 + \mathbf{0} = 1$$

ergibt. In der mittleren Spalte ist

$$0 + \mathbf{0} = 0$$

In der ersten Spalte ist

$$0 + \mathbf{1} = 1$$

Das ist herkömmliche Arithmetik. Nicht ganz herkömmlich ist es, dass man bei dieser Arithmetik 1 + 1 = 0 rechnen muss, doch der Fall tritt hier nicht auf.

Der Brahmane kann seinem Schüler bei ihrer Strategieabsprache diese 4–2–1-Methode erklären. Wenn der Schüler des Brahmanen anschließend zum Schachbrett geht, sieht er, um in unserem Beispiel zu bleiben, die folgende Anordnung, denn der Brahmane hat ja die Münze auf dem Feld e1 von Zahl nach Kopf gedreht:

		Kopf		Kopf	Kopf	Kopf	

Will der Schüler nun diese Anordnung mit dem 4–2–1-Trick in ein Zahlentripel übersetzen, so muss er zuerst prüfen, wie viele Kopf-Münzen auf den Feldern liegen, die in der 4–2–1-Schreibweise an der Viererstelle eine Eins haben (also die Felder 4, 5, 6, 7). Drei dieser Felder haben Kopf-Münzen, und das ist eine ungerade Zahl. Somit ist die linke Ziffer im Tripel des Zielfeldes eine Eins.

Auf den Feldern mit einer Zweierstelle von Eins (also auf den Feldern 2, 3, 6, 7) liegen zwei Kopf-Münzen. Das ist eine gerade Zahl. Jetzt weiß der Schüler: Die mittlere Ziffer des Zielfeldes ist eine Null.

Schließlich muss der Schüler noch prüfen, wie viele Kopf-Münzen auf den Feldern mit einer Einerstelle von Eins liegen (also auf den Feldern 1, 3, 5, 7). Das ist oben nur die eine Kopf-Münze auf Feld 5, somit eine ungerade Zahl von Kopf-Münzen. Demnach ist die rechte Stelle der codierten Zielzahl eine Eins.

Damit ist die Hauptleistung erbracht. Nun muss das vom Schüler berechnete Tripel 101 noch in eine Zahl zurückverwandelt werden, abermals mit dem 4–2–1-Trick. Er führt zu

$$1 \times 4 + 0 \times 2 + 1 \times 1 = 5$$

Das ist das Feld mit dem leichtesten Weizen, das sechste Feld von links der ersten Reihe, also f1. Und der Schüler des Brahmanen kann es dem Hofmeister zu dessen Überraschung richtig benennen.

Dieser wunderbare Algorithmus kann auf das gesamte Schachbrett angewendet werden. Dann benötigt man nicht nur ein Tripel, sondern ein Sextett von Nullen bzw. Einsen, um die Nummerierung von 0 bis 63 der 64 Schachbrettfelder zu codieren. Und statt des 4–2–1-Tricks braucht man einen 32–16–8–4–2–1-Trick von analoger Bauart. Auch in diesem Fall kann der Brahmane seinem Schüler ein spezielles Feld kommunizieren, indem er exakt eine einzige Münze umdreht.

Hört man das alles zum ersten Mal, ist es ungemein faszinierend. Dieses Schema funktioniert selbst dann noch, wenn dem Brahmanen vom Hofmeister nicht eines von 64 Schachfeldern genannt wird, sondern sogar ein spezielles der 10^{80} Atome des Universums. Die muss der Rechenmeister natürlich vorher alle mit Kopf oder Zahl markiert haben. Bei dieser kosmischen Auswahl benötigt der Brahmane nicht mehr nur ein Zahlen-Sextett wie beim Schachbrett, sondern eine Null-Eins-Abfolge mit 265 Stellen. Doch wenn man die Größenordnung der ihm gestellten Aufgabe bedenkt, der gegenüber alle einst von Herkules geforderten Taten verblassen, ist das eine erstaunlich geringe Stellenzahl.

Das Ganze ist übrigens nicht nur eine Spielerei. Dasselbe Schema wird in der Datenübertragung für Fehler korrigierende Codes verwendet. Bekanntlich werden Daten als Null-Eins-Folgen übertragen. Jedes irgendwie mit 64 Münzen belegte Schachbrett entspricht einer Botschaft. Eine versehentlich falsch gedrehte Münze entspricht einem Fehler bei der Übertragung der Botschaft. Das Zielfeld ist in dieser Anwendung immer das Feld 000000. Mit dem 32–16–8–4–2–1-Trick kann der Empfänger der fehlerbehaftet codierten Nachricht ermitteln, an welcher Position sich der Fehler befindet, und gedanklich die zugehörige Münze vor der Entschlüsselung einfach wieder umdrehen.

Grandios, oder?

Anatoli Karpow – unwiderstehliche Gesprächsthemen

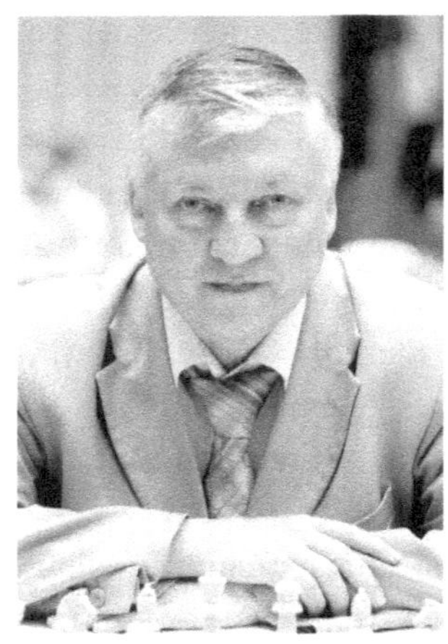

Anatoli Jewgenjewitsch Karpow wurde 1951 im Ural geboren. Im Alter von vier Jahren lernte er Schachspielen. Mit elf Jahren wurde er Meisterkandidat und besuchte mit zwölf die Botwinnik-Schule. Dort soll der berühmte ehemalige Weltmeister und große Lehrer über ihn gesagt haben: »Dieser Junge hat keine Ahnung von Schach. In diesem Beruf hat er keine Zukunft.« Berühmte falsche Worte.

Im Jahr 1969 gewann Karpow die Junioren-Weltmeisterschaft mit einem sensationellen Ergebnis von 10/11 (neun Siege und zwei Remis). Auch als Erwachsener siegte er dann häufig bei renommierten Events und kletterte an die Spitze der Weltrangliste. Sechs Jahre später, im Jahr 1975, beendete er gleich den ersten Weltmeisterschaftszyklus, der den Herausforderer des Weltmeisters Bobby Fischer ermitteln sollte, an der Tabellenspitze. Zu der Auseinandersetzung der beiden kam es allerdings nicht. Fischer verwirkte seinen Titel, weil er Regeländerungen verlangte, die ihm jedoch nicht zugestanden wurden. So wurde Karpow im Alter von knapp 24 Jahren der zwölfte Weltmeister der Schachgeschichte.

Karpow verteidigte seinen Titel zweimal gegen Viktor Kortschnoi. Im Jahr 1978 in Baguio City, Philippinen, und drei Jahre später in Meran, Italien. In dieser Zeit lernte ich ihn (und Viktor) kennen. Als Weltmeister machte Karpow für die Schachcomputer eines Hongkonger Herstellers Werbung und kam deswegen zu einer Pressekonferenz nach Hamburg. Wir verstanden uns gut und hatten anfangs ein positives Verhältnis. Doch das änderte sich schnell. Der Anlass dafür war, dass ich seinem Erzrivalen Garri Kasparow nahestand. Dieser entthronte Karpow 1985 und verteidigte seinen Titel in drei weiteren Weltmeisterschaftskämpfen erfolgreich gegen ihn. Bei den meisten dieser Wettkämpfe war ich anwesend und eindeutig auf der Seite von Kasparow.

Anatoli blieb bei den unvermeidlichen Begegnungen höflich und freundlich, vermied aber den Umgang mit mir. Es gab jedoch einen einfachen Trick, um das zu ändern. Sobald ich ein Gespräch über ein Thema anfing, das er interessant fand, vergaß er seine Vorbehalte. Schon bald saßen wir dann in einer Cafeteria und diskutierten stundenlang.

Doch es blieb nicht bei Diskussionen. Ein Jahr später, 1986, begleitete ich Garri Kasparow zu einem Treffen mit Karpow und dem Präsidenten des Weltschachbundes, Florencio Campomanes, in die Schweiz. Dies geschah während der Turbulenzen nach Kasparows erstem Sieg bei der Weltmeisterschaft. Er sollte gezwungen werden, sofort zu einem Rückkampf gegen den entthronten Champion Karpow anzutreten.

Wir waren im Grand National Hotel untergebracht. Einmal war ich in Kasparows Zimmer, als Karpow herüberkam, um uns etwas zu fragen. »Ich möchte euch ein neues Kartenspiel beibringen«, sagte ich zu den beiden großen Schachspielern. »Es ist ein rein strategisches Spiel, aber ich werde gewinnen. Ihr werdet mich nicht besiegen.« Karpow lächelte: »Das ist unmöglich. Ich bin ein sehr guter Kartenspieler, ich kann jeden schlagen.«

Das Spiel hieß *Black Maria* und ist ein beliebtes britisches Kartenspiel, das dem amerikanischen *Hearts* ähnelt. Ich hatte es Jahre zuvor von Nigel Short gelernt und Hunderte von Partien gegen ihn und andere britische Schachspieler gespielt. Ziel des Spiels ist es, Stiche mit bestimmten Karten zu vermeiden. Dazu gehören alle Herz-Karten und die Pik-Dame, die »schwarze Maria«. Für jede dieser Karten erhält man Strafpunkte. Am Ende gewinnt der Spieler mit den wenigsten Punkten. Wenn man allerdings in einer Runde ausnahmslos alle Strafpunkte kassiert, werden die anderen Spieler bestraft. Das nennt man einen »Slam«.

Anatoli konnte nicht widerstehen. Wir spielten und spielten und spielten! Ich gewann, weil ich bereits viel Erfahrung hatte und die beiden noch Anfänger waren. Anatoli spielte strategisch, während Garri ständig auf den Slam aus war, den er gelegentlich auch erfolgreich ausführte.

In gewisser Weise war ihre Spielweise beim Kartenspielen charakteristisch für ihre Art, Schach zu spielen.

Die Zettel mit den Ergebnissen der Partien habe ich noch. In dem Beispiel hier hatte ich gewonnen. Garri hatte in der dritten Runde erfolgreich einen Slam ausgeführt, in den ersten beiden Durchgängen hatte ich einen Slam geschafft.

GRAND NATIONAL HOTEL ..... LUCERNE

GARRY	FRED	ANATOLI
65	84	—
71	9	69
149	—	149
77	60	12
149	—	149
60	79	10
—	149	149
62	10	77
125	24	—
17	132	—
775	547	615

Während wir spielten, schauten wir plötzlich ganz schockiert auf den Fernseher, der im Hintergrund lief. Die Nachrichten zeigten gerade die Explosion der Raumfähre Challenger gleich nach dem Start in Cape

Canaveral. Wir saßen wie benommen da. Ich werde nie vergessen, wo ich war, als das am 28. Januar 1986 passierte.

Ein paar Stunden später klopfte es an die Tür. Es war der FIDE-Präsident Florencio Campomanes. »Anatoli!«, rief er. »Ich habe dich überall gesucht.« Der einzige Ort, an dem er bisher nicht gewesen war, war in Kasparows Zimmer! Waren Karpow und Kasparow nicht aufs Messer verfeindete Gegner?

Anatoli ist bis heute ein Freund geblieben. Ich treffe ihn gelegentlich, und wir tauschen jedes Mal Erinnerungen und Witze aus. Er ist ein lustiger Kerl, der sich für alles interessiert, was ich ihm erzähle – vor allem, wenn es um neue Technologien geht. Ich kann problemlos eine halbe Stunde lang eine neue Entwicklung beschreiben, und er wird fasziniert zuhören. Sein Gehirn ist für einen über 70-Jährigen unglaublich wach und offen für neue Dinge.

Die Magie Magischer Quadrate und Springertouren

In diesem Kapitel wollen wir Mathematik und Schach direkt kombinieren. Als Einstieg dient uns ein kleines Zahlenschema:

4	9	2
3	5	7
8	1	6

Das sieht auf den ersten Blick unscheinbar aus. Neun Kästchen mit neun Zahlen. So als habe jemand die Ziffern 1 bis 9 willkürlich über diese Kästchen verstreut. Man könnte es für einen Teil eines gelösten Sudokus halten.

Wäre das der Rede wert?

Nicht wirklich! Es steckt weit mehr in diesem Kästchen, als es zunächst den Anschein hat. Wir werden sehen, dass dieses kleine Ding mathematische Wunder birgt. Seit mehr als vier Jahrtausenden begeistert und inspiriert es Mathematiker, Philosophen, Künstler und Esoteriker. Um die Katze ein Stück weit aus dem Sack zu lassen: Bei der Darstellung handelt es sich um ein Magisches Quadrat. Das sind Zahlenanordnungen mit gleich vielen Zeilen wie Spalten, bei denen sich die Einträge in jeder Zeile, jeder Spalte und auf beiden Diagonalen jeweils zu derselben Summe addieren. Diese gemeinsame Summe nennt man die magische Zahl des Magischen Quadrats.

Das oben gezeigte Quadrat mit der magischen Zahl 15 war nach chinesischer Überlieferung schon im Jahr 2800 v. Chr. bekannt. Es trägt den Namen *Lo Shu,* was so viel bedeutet wie

»Muster des Flusses Lo«. Innerhalb der Menge aller 3 x 3 Zahlenformationen gibt es acht verschiedene Magische Quadrate. Insgesamt existieren

$$9 \times 8 \times 7 \times 6 \times 5 \times 4 \times 3 \times 2 \times 1 = 362.880$$

Arten, die neun Zahlen über die neun Kästchen zu verteilen. Auch die alten Chinesen wussten schon, dass die acht Magischen Quadrate bis auf Spiegelung und Rotation identisch sind. Es gibt somit nur einen einzigen Prototyp. Den oben gezeigten.

Trotz seiner ans Banale grenzenden Einfachheit verkörpert das kleine Zahlenkästchen eine Vielzahl arithmetischer Beziehungen und mathematischer Zusammenhänge. Einige sind geradewegs erstaunlich, ja, atemberaubend. Wie es am Anfang der amerikanischen Actionfilmreihe *Mission Impossible* immer so schön heißt. »Ihr Auftrag, sollten Sie ihn annehmen, besteht darin …« Also Ihrer besteht darin, mindestens drei weitere Eigenschaften des *Lo Shu* zu ermitteln. Dazu haben Sie nun Gelegenheit, während ich ein bisschen weiter aushole.

Bedenkt man, wie lange dieses kleine Zahlenquadrat in der Kulturgeschichte der Menschheit bereits bekannt ist und welche Bedeutung ihm in diversen Kulturen, Religionen und Weltanschauungen beigemessen wird, überrascht es nicht, dass es sich bei Magischen Quadraten wahrscheinlich um die am besten untersuchten Zahlenkombinationen handelt. Zahleninteressierte, -versierte und -esoteriker haben Stunden, Tage, Monate und bisweilen viele Lebensjahre damit verbracht, deren Eigenschaften zu studieren, Ideen daran zu knüpfen oder Hoffnungen darauf aufzubauen. In Indien gibt es sogar einen eigenen Begriff für die Disziplin der Beschäftigung mit Magischen Quadraten: *Bhadraganita.*

Kehren wir nun zum *Lo Shu* zurück. Auf diese erstaunlichen Eigenschaften könnten Sie bei Ihrer Betrachtung gestoßen sein:

- Rotiert man das Magische Quadrat um 90 Grad, 180 Grad oder 270 Grad, ergeben sich weitere Magische Quadrate.
- Spiegelt man die Einträge an einer Diagonalen, ergeben sich weitere Magische Quadrate.

Das sind die bereits erwähnten Symmetrieeigenschaften.

- Die Summe der *quadrierten* Zahlen der ersten Reihe ist gleich der entsprechenden Summe für die letzte Reihe.
- Die Summe der *quadrierten* Zahlen der linken Spalte ist gleich der entsprechenden Summe für die rechte Spalte.
- Denken wir uns jede Reihe, Spalte oder Diagonale als eine dreistellige Zahl. Die erste Reihe entspricht dann der Zahl 492. Bildet man auf diese Weise aus jeder Reihe bzw. Spalte bzw. Diagonale erst von vorne und dann von hinten dreistellige Zahlen, entstehen fantastischerweise drei gültige Gleichungen:

$$618^2 + 753^2 + 294^2 = 816^2 + 357^2 + 492^2$$

$$438^2 + 951^2 + 276^2 = 834^2 + 159^2 + 672^2$$

$$456^2 + 978^2 + 231^2 = 132^2 + 879^2 + 654^2$$

- Die drei erwähnten Gleichungen bleiben auch dann gültig, wenn in allen quadrierten Zahlentripeln die mittlere Ziffer ersatzlos gestrichen wird:

$$68^2 + 73^2 + 24^2 = 86^2 + 37^2 + 42^2$$

$$48^2 + 91^2 + 26^2 = 84^2 + 19^2 + 62^2$$

$$46^2 + 98^2 + 21^2 = 12^2 + 89^2 + 64^2$$

- Die drei erwähnten Gleichungen bleiben auch dann noch gültig, wenn zwei beliebige Stellen, jeweils dieselben, in jedem

Zahlentripel gestrichen werden. Daraus ergeben sich neun Gleichungen. Eine davon ist

$$6^2 + 7^2 + 2^2 = 8^2 + 3^2 + 4^2$$

- Ferner gilt:

$$(6 \times 1 \times 8) + (7 \times 5 \times 3) + (2 \times 9 \times 4) =$$
$$(6 \times 7 \times 2) + (1 \times 5 \times 9) + (8 \times 3 \times 4)$$

- Zusätzlich ist

$$951 = 492 - 357 + 816$$

und

$$159 = 294 - 753 + 618$$

wobei wieder Spalten und Zeilen von oben nach unten und von links nach rechts oder umgekehrt als dreistellige Zahlen interpretiert wurden.

- Streicht man die mittlere Spalte und bildet zweistellige Zahlen mit den verbleibenden Spalten, ergibt sich zum Beispiel 42, 37 und 86. Diese Zahlen addieren sich zu 165. Wird die Ziffernreihenfolge umgedreht, bleibt die Summe trotzdem gleich:

$$68 + 73 + 24 = 165$$

- Derselbe Effekt zeigt sich beim Streichen der mittleren Zeile, also für die Zahlen

$$84 + 19 + 62 = 165$$

und deren Umkehrung

$$26 + 91 + 48 = 165$$

- Auch die Summe der Quadrate der ungeraden Ziffern 1, 3, 5, 7, 9, die ein Kreuz in der Mitte des *Lo Shu* bilden, ist 165.

Für Experten sei noch erwähnt, dass Magische Quadrate enge Beziehungen zum sogenannten Tarry-Escott-Problem haben. Auch dieses Problem lösen sie nämlich!

Es gäbe noch weit mehr darüber zu berichten, was die Ebene dieser scheinbar kleinen Spielerei allerdings in Bereiche surrealer Unbegreifbarkeit befördern würde. Belassen wir es an dieser Stelle besser dabei. Allerdings nicht ohne Sie zu ermuntern, Ihre eigenen Untersuchungen am *Lo Shu* anzustellen.

Kein Wunder also, dass dieses schlichte Magische Quadrat zahllose Bewunderer hat. In der indischen Stadt Ajmer im Bundesstaat Rajastan wird es von den Einwohnern regelrecht verehrt. Priester segnen kunstvolle Darstellungen des Quadrats, und viele Menschen bringen diese in ihren Häusern als Glücksbringer an. In Ritualen streuen sie Blumen und Reis darüber, um die Gottheiten günstig zu stimmen.

Im historischen Tibet stand das *Lo Shu* im Zentrum der Kalenderberechnungen. Diese basierten auf der Zahl 15, der Zahl der Tage in jedem der 24 Zyklen des chinesischen Sonnenjahres. Auch spielte es eine zentrale Rolle bei den Vorstellungen, die man sich vom Kosmos machte. Es wurde als Ausdruck von Ordnung im Chaos, als Sinnbild zeitloser Zahlenharmonie und als Symbol der Gleichberechtigung aller Richtungen und Dimensionen angesehen.

Auch im westlichen Kulturkreis wurde dieses Magische Quadrat bekannt, wenn auch erst weitaus später. Adam Ries oder Riese, wie er auch genannt wird, beschäftigte sich in seinem *Rechenbüchlin* mit dem *Lo Shu* und stellt dazu eine Aufgabe, die sich im

Originaltext so liest: »Item/ einer gibt fürzusetzen zahlen/ die nach einander folgen/ wie hie/ daß uberall 15 werden. Wiltu solchs und dergleichen wissen/ so sprich allemal/ 15. gibt 5. in die mitte/ was gibt dann so viel du uberall haben wilt/ als hierinnen 15. kommen 5. die setz mitten/ und darnach fort/ also: Und darnach verwechsel mit den 8. und 2. also/ so hastu allenthalben 15.« Die freie moderne Übersetzung dazu lautet etwa: »Es ist gegeben: Jemand behauptet, aufeinanderfolgende Zahlen so zu setzen, dass sie überall 15 ergeben, d. h. er behauptet, zu wissen, wie die Zahlen angeordnet werden müssen, damit die Summen in Zeilen, Spalten und längs beider Diagonalen den Wert 15 ergeben.«

Dann beschreibt Adam Riese sein Vorgehen: »Zunächst muss die Zahl ermittelt werden, die in die Mitte gesetzt werden muss. Teile 15 durch 3; es ergibt sich die Zahl 5. Setze [diese Zahl] in die Mitte und [fülle] danach [das Magische Quadrat] folgendermaßen [auf]: Tausche danach die 8 mit der 2 aus. Auf diese Weise erhältst Du [als Summe in jeder Zeile, Spalte und längs beider Diagonalen] überall [den Wert] 15.« (Übersetzung nach Stefan Deschauer: Das macht nach Adam Riese. Das berühmte Rechenbuch des Adam Ries. Anaconda, 2021)

Auch in Malerei, Musik und Tanz begegnen uns Magische Quadrate vielfach. Besonders bekannt geworden ist ein 4x4-Quadrat, das der Maler, Kupferstecher und Mathematiker Albrecht Dürer, eine der bedeutendsten Persönlichkeiten der Renaissance, in seinem Kupferstich *Melencolia I* verwendete (siehe rechts). Weltweit gibt es allein mehr als 200 Briefmarken, die dieses Kunstwerk ziert.

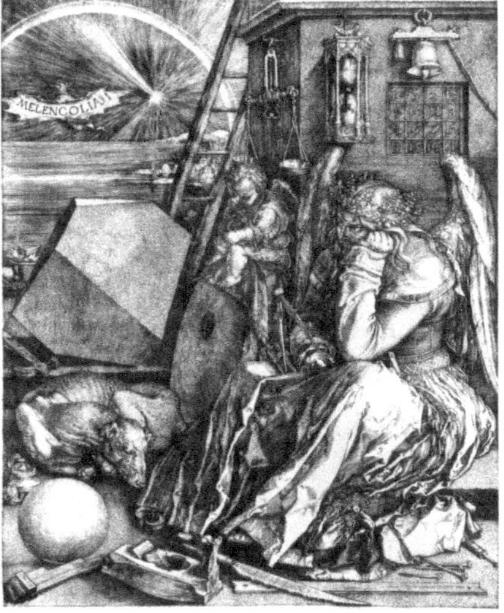

Albrecht Dürers Kupferstich zeigt ein Sammelsurium von wissenschaftlichen, künstlerischen und anderen Gegenständen sowie einen verloren wirkenden Menschen, der offenbar seinen Gedanken nachhängt. In der oberen rechten Ecke sieht man dieses Zahlenschema:

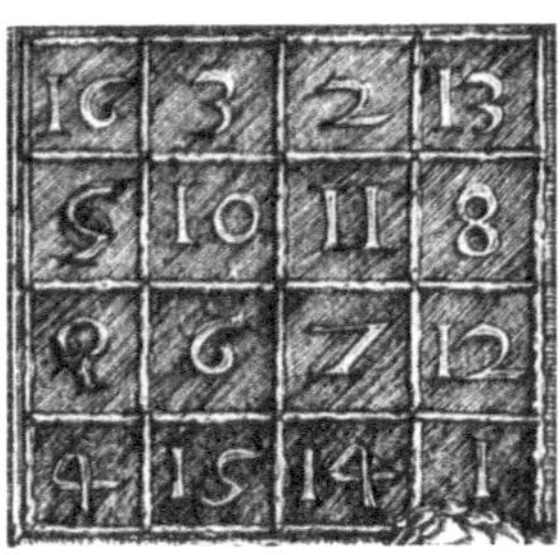

Oben links steht eine 16, am Anfang der zweiten Zeile eine Fünf und direkt darunter eine Neun. Die anderen Zahlen sind gut lesbar. Im Original ist das Quadrat auf dem Kupferstich nur 2,6 Zentimeter groß, aber es liefert viel Stoff zum Nachdenken. Es ist ein außergewöhnliches Gebilde und trägt zur reichhaltigen und komplizierten Ikonografie des Kupferstichs bei.

Es fängt schon damit an, dass es nicht einfach nur ein Magisches Quadrat ist, mit der Zeilen-, Spalten- und Diagonalensumme 34. Die magische Zahl 34 findet sich auch noch als Summe der Einträge sowohl in den vier 2x2-Quadranten, den vier Eckfeldern, den vier Zentrumsfeldern und den vier Feldern, die jeweils um ein oder um zwei Felder von den vier Eckfeldern versetzt sind (z. B. 8 + 14 + 9 + 3), sowie auch der vier in Form von Rauten angeordneten Feldern (z. B. 3 + 9 + 7 + 15).

All das bleibt unverändert erhalten, wenn man das ganze Quadrat um 90 Grad dreht oder es spiegelt, ganz gleich, ob an der waagerechten Mittellinie, der senkrechten Mittellinie oder an einer der Hauptdiagonalen, aufwärts oder auch abwärts.

Darüber hinaus bilden im Magischen Quadrat weitere strukturierte Gruppen von vier Feldern die Summe 34. Wenn man dann deren Mittelpunkte mit Linien verbindet, ergeben sich interessante Muster, etwa ein Kreuz, zwei sich überlappende oder gegeneinander gedrehte Quadrate, ein horizontales und ein vertikales X. Insgesamt gibt es 13 verschiedene Möglichkeiten, die 16 Felder des Quadrats in vier Gruppen zu je vier Feldern zu zerlegen. Und in all diesen Vierfelder-Gruppen addieren sich die vier beteiligten Zahlen jeweils zu 34.

Außerdem ist es auch noch symmetrisch in dem Sinne, dass je zwei Zahlen, die sich bezüglich des Mittelpunktes gegenüberliegen, jeweils die Summe 17 haben, und zwar reihum. Dieses vielfältige Sortiment reizvoller Strukturen macht Dürers Zahlenschema zu einem mehr als nur Magischen Quadrat. Mega-magisch scheint es besser zu treffen.

Last but not least hat Albrecht Dürer in der letzten Zeile seines Quadrats noch ein paar Informationen versteckt. Die mittleren Einträge 15 und 14 drücken aus, dass der Kupferstich 1514 entstand, und die Eckzahlen 4 und 1 stehen für die Buchstaben D und A, die Initialen des Künstlers. Als eines von 7040 möglichen Magischen Quadraten der Größe 4 x 4 mit den Zahlen 1 bis 16 ist es durch diese letzte Zeile individualisiert und personalisiert.

Dass es 7040 solcher Quadrate gibt, hat übrigens Bernard de Bessy im 17. Jahrhundert ermittelt, bewaffnet nur mit eigener Intelligenz, ganz ohne Einsatz von KI.

Magische Quadrate begegnen uns also seit vielen Jahrhunderten in vielen Kulturen an den unterschiedlichsten Stellen. Viele Menschen sind von ihnen fasziniert, weil sich dort so viel erkunden und entdecken lässt. In jüngster Zeit haben sogar Zauberkünstler diese zauberhaften Quadrate für sich entdeckt. Der Mathematiker und passionierte Magier Arthur Benjamin hat eine Methode veröffentlicht, wie man als Zauberer aus dem Handgelenk ein Magisches Quadrat erzeugen kann, das den Geburtstag eines Freiwilligen aus dem Publikum enthält. Die von ihm beschriebene Methode kann man sich schnell aneignen, um bei Bedarf selbst in die Rolle eines Zauberers zu schlüpfen.

Schreiben wir den Geburtstag des Zuschauers als A/B/CD, dann ist das unten abgebildete Zahlenschema ein Magisches Quadrat mit der ersten Zeile A, B, C, D.

Die Konstruktion hat den zusätzlichen Reiz, dass die Zuschauerzahlen A, B, C, D auch noch in den Ecken des Quadrats auftauchen. Bemerkenswert ist zudem, dass dieses Rezept für jeden ganzzahligen Wert von x, den wir als Hilfswert gebrauchen werden, ein gewünschtes magisches Objekt liefert. Aus Sicht des kopfrechnenden Magiers ist es aber ratsam, ein kleines handliches X zu wählen, mit dem man unfallfrei umgehen kann, wie etwa x = 1 oder 2 oder –1.

A	B	C	D
C – x	D + x	A – x	B + x
D + x	C + x	B – x	A – x
B	A – 2x	D + 2x	C

Ein weiterer Vorteil dieses Aufbaus besteht darin, dass man für ein und denselben Geburtstag sogar mehrere Magische Quadrate erstellen kann, nämlich durch die unterschiedliche Wahl der Zahl x. Ein kleiner ästhetischer Nachteil ist es, dass eventuell einige Einträge identisch sein werden. Falls Ihnen das obige Schema zum Memorieren zu kompliziert erscheint, können Sie es durch das folgende Konstruktionsschema ersetzen:

A	B	C	D
C + 3	D – 3	A + 3	B – 3
D – 2	C – 2	B + 2	A + 2
B – 1	A + 5	D – 5	C + 1

Ein anderer Zaubertrick basiert darauf, auf Zuruf einer Zahl aus dem Publikum ein Magisches Quadrat mit dieser magischen Zahl aus dem Stand aufzuschreiben. Die zugerufene Zahl sollte zwischen 25 und 100 liegen. Nennen wir sie M. Dann hat das folgende Magische Quadrat diese Zahl M als seine magische Zahl, wie man leicht überprüfen kann:

8	11	M – 20	1
M – 21	2	7	12
3	M – 18	9	6
10	5	4	M – 19

Magische Quadrate spielen sogar in der Archäologie eine Rolle, da sie auf allerlei Kunstgegenständen abgebildet sind. Funde gehen bis ins 7. Jahrhundert v. Chr. zurück. Jedes einzelne dieser gefundenen Quadrate enthält Zahlen. Doch wer hat gesagt, dass die Einträge zwingend Zahlen sein müssen? Es könnten ja auch Wörter sein. Zum Beispiel Zahlwörter. Auf diese Idee kam Lee Sallows. Er zeigte, dass sich dadurch zusätzliche Möglichkeiten ergeben. Hier ist eines seiner magischen Zahlwort-Kunstwerke:

five	twenty-two	eighteen
twenty-eight	fifteen	two
twelve	eight	twenty-five

Was halten Sie davon? Ist das nach Ihrem Geschmack?

Alle Zeilen, Spalten und Diagonalen addieren sich zu 45, wenn man die Zahlwörter durch Zahlen ersetzt:

5	22	18
28	15	2
12	8	25

Das ist erst einmal nichts Neues. Doch wenn man die Zahlwörter durch ihre Buchstabenzahl ersetzt, d. h. eight durch fünf und twenty-five durch zehn, dann bilden auch diese Zahlen ein Magisches Quadrat, dessen Zeilen, Spalten und Diagonalen sich zu 21 addieren. Hier ist es.

4	9	8
11	7	3
6	5	10

Dieses dritte Quadrat hat den zusätzlichen Charme, dass alle Zahlen von drei bis elf je ein Mal vertreten sind.

Selbst das ist noch nicht alles. Wenn man im vorletzten Quadrat jede Zahl, die in einem Feld steht, durch ihre Quersummen ersetzt, also 5 bleibt 5 und 22 wird zu 2 + 2 = 4, so ergibt sich abermals ein Magisches Quadrat, diesmal mit der magischen Zahl 18:

5	4	9
10	6	2
3	8	7

Chapeau, Lee Sallows! Ein brandneues Meisterwerk auf engstem Raum verdichtet.

Auch ein amerikanischer Präsident hat sich mit Mathematik beschäftigt. Benjamin Franklin. Er tat es sogar ziemlich ausgiebig und war sehr kreativ, was man schon daran erkennt, dass er einen neuartigen Beweis des Satzes von Pythagoras erdachte. Zudem liebte er es, einen Teil seiner Freizeit mit der Konstruktion Magischer Quadrate zu verbringen, speziell mit ziemlich großformatigen und dadurch anspruchsvollen Einzelstücken. Er erreichte darin eine große Kunstfertigkeit.

Um 1750 konstruierte er ein Quadrat, von dem er selbst so begeistert war, dass er es als das »Magischste Magische Quadrat aller Magischen Quadrate« bezeichnete, die »je von einem Magier geschaffen wurden«.

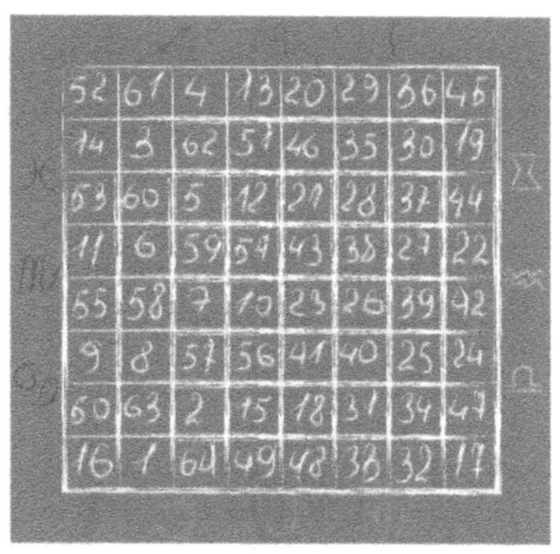

Auch in diesem Magischen Quadrat, das auf einer Briefmarke verewigt wurde, verbirgt sich sehr viel Struktur: Alle Reihen, Spalten und Diagonalen summieren sich zu 260, alle Reihenhälften und Spaltenhälften zu 130. Die vier Einträge in jedem 2x2-Teilquadrat summieren sich ebenfalls zu 130. Doch selbst das wird noch getoppt. Auch die gebogenen Diagonalen von oben nach unten summieren sich zu 260 (zum Beispiel 52-3-5-54-10-57-63-16), ebenso die unterbrochenen, aus mehreren Teilen bestehenden Diagonalen (zum Beispiel 9-63-64-13-20-33-34-24).

Hat Benjamin Franklin Sie vielleicht auf den Geschmack gebracht? Wollen Sie einem amerikanischen Präsidenten nacheifern und sich selbst einmal als Magier der magischen 8x8-Quadrate versuchen?

Prima! Denn es gibt eine ungeheuer elegante und gleichzeitig sehr einfache Methode, um ein solches Magisches Quadrat zu entwerfen. Der erste Schritt besteht darin, das ganze Quadrat mit den Zahlen 1 bis 64 fortlaufend auszufüllen. Und zwar die Zeilen von oben nach unten und von links nach rechts durchlaufend, beginnend in der oberen linken Ecke mit einer Eins. Der nächste Schritt ist, bei jedem der vier 4x4-Teilquadrate Striche durch die beiden Diagonalen zu machen. Abschließend werden alle Einträge auf den diagonal durchgestrichenen Feldern ersetzt: durch die Differenz der jeweils vorhandenen Zahl zu 65. Das betrifft zum Beispiel auch die Eins in der oberen linken Ecke, die dadurch zu 65 – 1 = 64 wird. Die 4 wird zur 61 usw. Das folgende Diagramm zeigt die Vorgehensweise und das Endprodukt:

64	2	3	61	60	6	7	57
9	55	54	12	13	51	50	16
17	47	46	20	21	43	42	24
40	26	27	37	36	30	31	33
32	34	35	29	28	38	39	25
41	23	22	44	45	19	18	48
49	15	14	52	53	11	10	56
8	58	59	5	4	62	63	1

Benjamin Franklins Zahlenschema sowie das eben konstruierte Diagramm kann als strukturierte Beschriftung der Schachfelder mit den Zahlen von 1 bis 64 aufgefasst werden. Eine andere Beschriftung ergibt sich, wenn man einen Springer von Feld zu Feld über das Schachbrett hüpfen lässt. Nennen wir das eine Springertour.

Eine vollständige Springertour bekommen wir, wenn es uns gelingt, bei einem beliebigen Feld zu beginnen, dies mit einer 1 beschriften und dann bei jedem weiteren Sprung die Felder fortlaufend mit 2, 3, 4 … bis hin zur 64 bezeichnen, wobei jedes Feld nur einmal besucht werden darf. In den allermeisten Fällen wird es uns aus dem Stand nicht gelingen. Man kann sich fragen, ob eine solche Abdeckung des gesamten Schachbretts durch einen Springer überhaupt möglich ist.

Diese Frage haben sich Menschen schon vor mehr als 1000 Jahren gestellt. Und beantwortet. Die ersten vollständigen Springertouren wurden um 840 n. Chr. von arabischen Schachmeistern konstruiert, etwa von Ali ibn Mani. Dem zu seiner Zeit berühmten al-Adli ar-Rumi gelang sogar eine Springerwanderung, bei der das vierundsechzigste Feld wieder nur einen Springerzug vom Anfangsfeld mit der Eins entfernt ist. Eine solche Tour nennen wir Rundreise, weil der Springer sich auf einem Rundkurs befindet und am Ende mit dem nächsten Zug gleich wieder eine neue Runde beginnen kann.

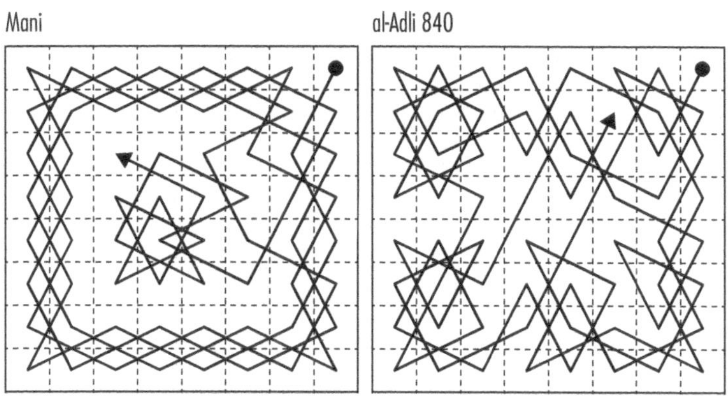

Ein anderer Begriff für Springerrundreise ist »geschlossene Springertour«. Heute – aber noch nicht lange – wissen wir, dass es die erstaunliche Zahl von 26.534.728.821.064 solcher Springertouren auf einem normalen Schachbrett mit 64 Feldern gibt.

Man kann vermuten, dass es für kleinere Bretter viel weniger gibt, möglicherweise gar keine. Die Vermutung stimmt. Die kleinsten Bretter, für die Springer-Rundreisen möglich sind, haben die Größe 5 x 6 und 3 x 10, also je 30 Felder. Es gibt sogar ein mathematisches Theorem darüber, auf welchen Brettern komplette Springerrundreisen möglich sind.

Ein Theorem von Allen Schwenk besagt, dass eine Rundreise auf einem m-x-n-Brett (wobei m nicht größer als n ist) immer möglich ist, außer wenn einer der folgenden Fälle vorliegt:

- Die Zahlen m und n sind beide ungerade.
- Die Zahl m ist gleich 1, 2 oder 4.
- Die Zahl m ist gleich 3 und n entweder 4, 6 oder 8.

Auf einem 5x5-Brett gibt es nach diesem Theorem also keine Rundreise. Aber immerhin fast eine. Das Ende der Reise, bei Feld 25, ist zwar keinen Springerzug vom Anfangsfeld mit der 1 entfernt, aber immerhin nur einen kurzen Läuferzug. Sehen Sie selbst:

1	22	11	16	3
12	17	2	21	10
23	8	**25**	4	15
18	13	6	9	20
7	24	19	14	5

Springertouren haben nicht nur Schachspieler und Mathematiker fasziniert, sondern bisweilen auch Schriftsteller. Eine Springertour wird in einem alten Sanskrit-Gedicht des indischen Poeten Rudrata aus dem 9. Jahrhundert n. Chr. als Kompositionseffekt eingesetzt. Rudrata benutzt eine spezielle Versform, bei dem die 32 Silben eines Gedichtes in die Kästchen eines 4 x 8 großen rechteckigen Musters geschrieben wurden. Dieser Text offenbarte noch einen anderen Vers derselben Länge, wenn die Silben nicht wie üblich fortlaufend, sondern mit Springersprüngen von einer Silbe zur nächsten gelesen wurden. Der erste Text wird also linear von links nach rechts und von oben nach unten auf die Felder eines 4 x 8 Kästchen großen Schemas geschrieben. Und der zweite Text der Komposition erscheint, wenn man darauf eine bestimmte Springertour ausführt.

Kommen wir zu unserem Eingangsthema zurück. Die Frage liegt nun auf der Hand, ob man mit einer Springertour nicht nur Verse komponieren kann, sondern auch Magische Quadrate. Lassen sich die Felder eines Schachbretts mit einem Springer so besuchen und entsprechend durchnummerieren, dass sich die Zahlen in allen Reihen, Spalten und Diagonalen jeweils zu derselben Summe addieren? Das wäre eine Sensation. Nennen wir es die Frage nach der Existenz einer Magischen Springertour. Der Heilige Gral der Springertouren.

Magische Springertouren in einem gewissen Sinn gibt es tatsächlich. Muhammad ibn Muhammad war 1732 der Erste, der die Gangart eines Springers verwendete, um Magische Quadrate zu erzeugen. Hier ist eines auf einem Brett mit 25 Feldern:

13	**25**	7	19	**1**
17	4	11	23	10
21	8	20	2	14
5	12	24	6	18
9	16	3	15	22

Es handelt sich um ein Magisches Quadrat mit magischer Zahl 65. Aber es ist keine Springertour im eigentlichen Sinn, sondern nur, wenn man sich durch einen brillanten Kunstgriff der Brettränder entledigt. Sein Rezept für die Konstruktion ist in seiner

Einfachheit genial. Die Tour startet in der oberen rechten Ecke des 25-felderigen Schemas und macht dann jeweils Springersprünge nach unten links, also ein Feld nach links und zwei nach unten. Das geht natürlich nicht oft. Außer man macht sich einen brillanten Kunstgriff zunutze: Man betrachtet die Spalten nicht linear von oben nach unten, sondern so, dass die untere Kante des Brettes wieder mit der oberen Kante verbunden wird. Die Spalten werden also in dieser Weise sozusagen röhrenförmig gewickelt.

Ähnlich verhält es sich mit den Zeilen, die vom rechten Ende wieder zum linksseitigen Anfang gebogen werden. In dieser Perspektive schließt sich unterhalb des untersten rechten Feldes der rechten Spalte sofort wieder das oberste Feld dieser Spalte an. Und seitlich schließt sich rechts an dieses Eckfeld das linke Anfangsfeld dieser Zeile an.

Insofern stellen die Ränder des Brettes nun keine Grenze mehr für Springersprünge dar. Es kann allerdings sein, dass man bei dieser Vorgehensweise auf ein schon vorher besuchtes Feld trifft. In diesem Fall sieht Ibn Muhammads Methode vor, zwei Felder nach links zu gehen und von dort weiterzumachen. Damit ist die Gebrauchsanleitung komplett. Gemäß dieser Anleitung entstand das obige 5x5-Quadrat, das sogar megamagisch ist und neben der Gleichheit aller Zeilen- und Spaltensummen auch die der Hauptdiagonalen und aller Nebendiagonalen aufweist.

Gibt es magische Springertouren im eigentlichen Sinn auch auf dem normalen 8x8-Schachbrett? Mit dieser Frage haben sich berühmte Mathematiker beschäftigt. Unter anderem Leonhard Euler, der neben Gauß als einer der bedeutendsten Mathematiker überhaupt gilt. Er adelte diese Fragestellung mit seinem Interesse und publizierte darüber sogar eine wissenschaftliche Arbeit. Eine magische Tour fand er allerdings nicht.

Die erste (nicht geschlossene) magische Springertour auf dem 8x8-Schachbrett wurde von William Beverley im Jahre

1848 in einer philosophischen Zeitschrift veröffentlicht. Die erste geschlossene, allerdings nur halb-magische Springertour wurde von Carl Wenzelides nur ein Jahr später gefunden. Halb-magisch bedeutet, zur Erinnerung, dass sich zwar die Zahlen auf den Zeilen und Spalten jeweils zu derselben Zahl 260 addieren, nicht aber die Zahlen auf den Diagonalen.

Am Ende des 19. Jahrhunderts war die Frage noch offen, ob es für das normale Schachbrett eine vollständig magische Springerrundreise gibt. Wie kompliziert diese Frage war, zeigt die Tatsache, dass auch im gesamten 20. Jahrhundert hierauf keine Antwort gefunden werden konnte.

Erst am 5. August 2003 beantworteten Guenter Stertenbrink und sein Team nach dreimonatiger Brute-Force-Computersuche diese Frage mit Nein. Den Heiligen Gral gibt es nicht. Es scheitert nicht etwa daran, dass es keine geschlossene Springertour auf diesem Brett gibt. Dass es die gibt, wissen wir schon. Es scheitert auch nicht daran, dass sich nicht alle Reihen und Spalten zu derselben Zahl addieren. Denn auch das ist für die Zahl 260 machbar. Es scheitert vielmehr daran, dass es unter allen halb-magischen Springer-Rundreisen keine einzige gibt, bei der auch die Summen entlang der Diagonalen 260 ergeben.

Stertenbrinks für damalige Verhältnisse monumentale Suche förderte aber immerhin 140 verschiedene dieser halb-magischen, geschlossenen Springerrundreisen zutage. Und die magischste unter allen halb-magischen Touren weicht mit ihren Diagonalsummen von 256 und 264 nur ganz geringfügig vom vollständig magischen Idealwert 260 ab.

Es stellte sich später heraus, dass diese bestmögliche fast-magische Rundreise schon im Jahr 1882 vom Franzosen Edouard Francony entdeckt worden war, ganz ohne künstliche Intelligenz. Allerdings ohne zu wissen, dass er das Optimum erreicht hatte.

Hier ist das dazugehörige Diagramm der bestmöglichen Springertour und gleichzeitig meine liebste Reiseroute auf dem Schachbrett:

2	59	62	7	18	43	46	23
61	6	**1**	42	63	24	19	44
58	3	60	17	8	45	22	47
53	16	5	**64**	41	20	25	36
4	57	52	9	32	37	48	21
15	54	13	40	49	28	35	26
12	51	56	31	10	33	38	29
55	14	11	50	39	30	27	34

Wie bereits erwähnt, kann man Springertouren auch mit Texten machen. Zum Schluss also noch eine Wortspielerei, die auf einer Springertour basiert. Sie ist von der Art, wie sie im England des 19. Jahrhunderts populär waren, also vor der Erfindung von Kreuzworträtseln.

Können Sie den folgenden Text entschlüsseln? Die Lösung steht unter dem Quadrat.

Nur	Brilliant	eine	um	der
geliebte	eines	in	Ashleigh	sein
und	es	Hesse	Welt	opfern
feigen	Königin	Schachs	weise	willen.
mag	Christian	Königs	zu	des

Nur in der Welt des Schachs
mag es weise sein,
eine geliebte Königin zu opfern
um eines feigen Königs willen.
Ashleigh Brilliant und Christian Hesse

Die Kortschnois – Abschied in Rosa

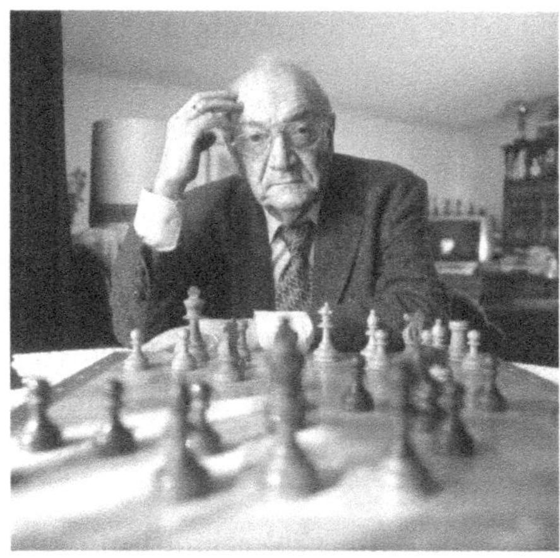

War es in Hamburg oder bei einem Turnier? Ich kann mich nicht erinnern, wann ich Viktor Kortschnoi das erste Mal getroffen habe. Es war auf jeden Fall nach seiner zweifachen Herausforderung von Anatoli Karpow um die Weltmeisterschaft.

Viktor war ein sehr unhöflicher Mann. Er konnte zu jedem unhöflich sein, zu Organisatoren, zu seinem Gegner, zu Journalisten. Ich habe das einfach hingenommen und mit ihm gescherzt. Dadurch habe ich wahrscheinlich seine Zuneigung gewonnen. Er suchte meine Gesellschaft, und ich war ihm gegenüber sehr offen. Wir haben ihn nach Hamburg eingeladen, wo er fantastische Videoaufnahmen für *ChessBase* machte.

Wir pflegten also eine gute Freundschaft. Als Viktor älter wurde, erlitt er mehrere Schlaganfälle. Trotzdem konnten wir uns unterhalten und Spaß haben. Das letzte Mal traf ich ihn 2016 in Zürich. Er saß im Rollstuhl und war ziemlich gelähmt.

Als er mich sah, lächelte er nur und zuckte mit den Schultern: »Was soll man machen?«, war die Bedeutung dieses Achselzuckens. Ein paar Monate später starb er. Die letzte Phase seines Lebens war sehr hart für ihn. Das fand ich traurig.

Ich habe viel Zeit mit Kortschnois Frau, seiner Seelenverwandten, verbracht. Ihr Name war Petronella Leeuwerik, genannt Petra. Sie hatte ihre Beziehung zu Viktor sehr geschickt eingefädelt. Als seine Gegnerin in einer Simultanrunde nahm sie ein Buch mit, von dem sie wusste, dass er es liebte. Das Buch lag die ganze Zeit neben ihrem Brett auf dem Tisch, und Viktor blickte immer wieder darauf. Danach kamen sie ins Gespräch, wurden Freunde und heirateten ein paar Jahre später.

Petra reiste mit Viktor überallhin. Selbst in ihren Achtzigern war sie eine sehr elegante Frau. Bei Turnieren saß sie auf einem Sofa und las ein Buch. Ich ging oft hinüber und flirtete mit ihr. Wir waren sehr, sehr gute Freunde – ich suchte ihre Kameradschaft, sie suchte meine.

Besonders im Gedächtnis geblieben ist mir eine Episode, als wir in Österreich durch Linz fuhren. Wir hatten ein nettes Gespräch im Auto. Plötzlich sah ich eine Träne ihre Wange herunterlaufen. Ich fragte besorgt, ob es ihr gut ginge. Sie zeigte auf ein Gebäude und sagte: »Dort wurde ich 1946 verhaftet. Ich war eine junge Studentin, und nach dem Krieg musste ich das sowjetisch besetzte Gebiet durchqueren, um nach Berlin zu kommen. Sie haben mich hier angehalten, meinen Pass kontrolliert und gesagt, ich sei eine Spionin.«

Die junge Frau wurde für ungefähr acht Jahre in ein Kriegsgefangenenlager in Nordsibirien geschickt, wo schreckliche Zustände herrschten. Sie lernte Russisch, nur formelles Russisch, weil sie sich weigerte, das informelle »Du« bei den Wärtern zu verwenden. Sie überlebte. Zur Verwunderung vieler russischer Freunde siezte sie ihren Mann zeitlebens – sie beherrschte die persönliche Form nicht. Für mich war es sehr bewegend, an diesem Gebäude in Linz vorbeizufahren, in dem sie festgenommen wurde.

Petra war etwas älter als Viktor. Bei unserem letzten Treffen 2017 wirkte sie ungewöhnlich fragil, und ich half ihr zu ihrem Sessel und durch Türen. Als ich über Viktors Schlaganfälle sprach, sagte sie zu mir: »Ich hoffe nur, er stirbt vor mir, Frederic.« – »Warum?«, fragte ich. »Weil ich nicht weiß, wer sich um ihn kümmern könnte, wenn ich nicht mehr da bin.«

Bei diesem letzten Treffen sprachen wir ausführlich über den Tod und die begrenzte Zeitspanne unseres Aufenthalts auf der Erde. Sie sagte, dass sie sich auf das Ende vorbereite. Irgendwann, um das Gespräch aufzulockern, meinte ich, wenn es so weit wäre, würde ich ihren Nachruf schreiben: »Und dein Bild rosa einrahmen.« Das war ihre Lieblingsfarbe. Sie trug sehr oft einen rosa Schal. Da lachte sie und meinte: »Ja, unbedingt.« – »Ich mache nur Spaß«, entgegnete ich. Aber sie beharrte darauf: »Das musst du bitte tun, Frederic. Das wird ein nettes Zeichen unserer Freundschaft sein.«

Ich kam ihrem Wunsch nach. Statt der üblichen schwarzen Rahmung habe ich nach ihrem Tod 2021 für den Nachruf auf unserer Nachrichtenseite Rosa verwendet.

Innenansicht vom Außenseiter

Odd-one-out-Probleme tauchen häufig in IQ-Tests aller Art auf, dienen aber auch der reinen Unterhaltung. Dabei muss man herausbekommen, welches Wort unter mehreren nicht in eine Reihe hineinpasst. Ein Beispiel:

Leinen, Prügel, Piste, Gondel, Kübel

Die vom unbekannten Komponisten beabsichtigte Antwort lautet »Piste«, da dieses Wort nur fünf Buchstaben hat und alle anderen sechs. Im Prinzip ist diese Antwort okay. Doch die Kalamität dieser Antwort besteht darin, dass die wirklich intelligenten und kreativen Menschen sie möglicherweise nicht finden werden und sich stattdessen für »Gondel« entscheiden. Gondel ist das einzige Wort auf der Liste ohne Buchstaben, die einen Punkt erfordern, wie z. B. i, ü, ä. Es gibt noch einen weiteren Aspekt, der diesem Wort eine Sonderrolle einräumt. Wenn man bei den Worten der Liste jeweils den ersten und den letzten Buchstaben entfernt, ergibt sich ein anderes gültiges Wort der deutschen Sprache. Außer bei »Gondel«. Damit stellt sich diese Frage: Welche Antwort – Piste oder Gondel – offenbart mehr Kreativität und Einfallsreichtum?

Odd-one-out-Probleme tauchen in einer Vielzahl von unterschiedlichen Zusammenhängen auf. Martin Gardner, Tom Ransom, Tanya Khovanova und andere haben schöne Beispiele gesammelt oder zusammengestellt, die mich inspiriert haben. Mir ist jedoch nicht bekannt, dass es Odd-one-out-Probleme in einem Schachkontext gibt. Ich halte das für ein Manko. Deshalb präsentiere ich Ihnen eines aus meiner eigenen Werkstatt.

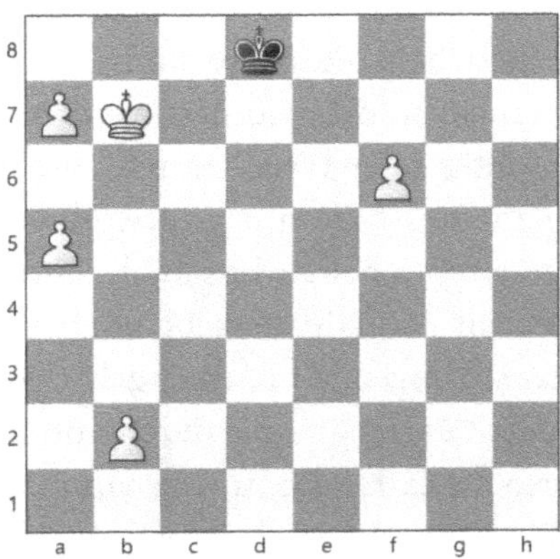

Welche Figur auf dem Schachbrett oben ist die Außenseiterin?

So kommen Sie zur Lösung: Jede Figur auf dem Brett, außer einer, hat eine besondere Eigenschaft. Diese besondere Eigenschaft ist einzigartig. Also: Es gibt nur eine Figur, die auf einem weißen Feld steht – der weiße König. Es gibt nur eine schwarze Figur – der schwarze König. Es gibt nur eine Figur auf der unteren Hälfte des Brettes – der b2-Bauer. Es gibt nur eine Figur auf der rechten Hälfte des Brettes – der f6-Bauer. Und es gibt nur eine Figur, die beim nächsten Zug umgewandelt werden kann – der a7-Bauer.

Mit anderen Worten, jede dieser Figuren hat eine starke und bedeutende Besonderheit, die sie auszeichnet. Jede einzelne, außer dem a5-Bauern. Folglich ist der Bauer a5 nach dieser umgekehrten Logik der alleinige Außenseiter. Diese Figur auf a5 ist weder der einzige Bauer auf dem Brett noch die einzige Inhaberin eines dunklen Standfeldes, noch die einzige Residentin in der oberen Hälfte oder auf der linken Seite des Brettes. Ferner ist sie nicht die einzige Akteurin ohne die Möglichkeit einer sofortigen Umwandlung. In Bezug auf die fünf Kriterien – Art der Figur, Möglichkeit der Umwandlung, Farbe des Standfeldes, obere oder untere Hemisphäre, linke oder rechte Seite – ist sie nie allein, sondern sogar immer zur Mehrheit gehörig. Wie die meisten anderen Figuren ist sie ein Bauer, steht auf einem schwarzen Feld, besiedelt die obere und die linke Hälfte des Brettes und kann nicht sofort befördert werden. In diesem Sinne ist sie in überwältigender Weise normal und die am wenigsten besondere Figur. Sie ist die einzige gewöhnliche Akteurin in einem ansonsten exzeptionellen Ensemble. Ihre enorme Konformität macht sie zur Ausnahmeerscheinung.

In einem gewissen Sinne und in Anbetracht dessen, was gerade gesagt wurde, handelt es sich um die durchschnittlichste Mitwirkende und zugleich die extremste Außenseiterin. Wenn man sich das vor Augen führt, muss man sich unweigerlich fragen, ob denn etwas Durchschnittliches überhaupt Außenseiter sein kann?

Die Antwort ist ein klares Ja. Ein bekanntes statistisches Beispiel soll dies belegen. Die überwiegende Mehrheit der Menschen hat entweder zwei Eierstöcke oder zwei Hoden. Im Durchschnitt haben Menschen einen Eierstock und einen Hoden. Ein durchschnittlicher Mensch in diesem Sinne wäre sehr außergewöhnlich und vielleicht einzigartig. Durchschnittlichkeit und Einzigartigkeit schließen sich also nicht gegenseitig aus.

Es gibt noch eine zweite Sichtweise auf die Dinge. Da der a5-Bauer im Vergleich zu den anderen fünf Figuren keine einzigartigen Eigenschaften besitzt, ist er dadurch nicht ebenfalls einzigartig? Bedeutet das nicht, dass alle Figuren besonders und dadurch ausnahmslos einmalig sind und dass es deswegen keine Lösung für das gestellte Problem gibt? Darauf lässt sich antworten, dass das völlige Fehlen von Einzigartigkeit eine Metaeigenschaft oder Besonderheit zweiter Ordnung ist. Es stellt logischerweise eine schwächere Art von Charakteristikum dar als die Einzigartigkeit in Bezug auf ein signifikantes Kriterium.

Darüber hinaus gibt es neben den fünf oben genannten Aspekten noch weitere, bezüglich derer der Bauer a5 eindeutig nicht einzigartig ist. Er ist nicht die einzige Figur, die eine Linie mit einer anderen Figur teilt. Er ist nicht die einzige Figur, die zusammen mit dem schwarzen König auf einer Diagonalen steht. Er ist nicht die einzige Figur, die nicht auf ihrem Ausgangsfeld steht usw. In der Tat konnte ich keinen wesentlichen und nicht trivialen Aspekt finden, in dem der Bauer a5 einzigartig ist. Er ist in keiner Art und Weise besonders, so hart das auch klingen mag. Er ist der einzige nicht-spezialisierte Bewohner des Brettes – und deshalb ist er nach diesem dialektischen Denken kurios. Nach der Zenlogik, wenn Sie so wollen, ist er die Lösung für das Problem.

Wenn Sie allerdings der Meinung sind, wie zum Beispiel Noah Pläsier, dass der Bauer a5 schon dadurch einzigartig würde, dass er die Lösung des Problems bildet, dann würde diese Meinung den Bauern a5 als Löser des Problems disqualifizieren. Doch wenn er nicht Löser des Problems sein kann, ist er nicht einzigartig und kommt somit doch als Löser des Problems infrage, was ihn dann wieder … Sie sehen schon, das ist eine Endlosschleife. Ja, wenn Sie tatsächlich dieser Meinung sind, dann haben Sie mich mit dem Lasso Ihres Paradoxons paralysiert. Nennen wir es das Paradoxon der Uneinzigartigkeit.

Als ich mir diese Schachstellung ausdachte, kam mir der satirische Film *Das Leben des Brian* von Monty Python in den Sinn. Speziell die Szene, in der die Hauptfigur Brian, eine christusähnliche Figur, die große Menschenmengen um sich versammelt, von einem Fenster im ersten Stockwerk aus zu seinen gutgläubigen Anhängern spricht.

Brian: »Ich habe ein oder zwei Dinge zu sagen.«

Die Menge unisono: »Sag sie uns. Sag uns beide Dinge.«

Brian: »Es ist wirklich nicht nötig, dass ihr mir folgt. Es ist völlig unnötig, einem Menschen zu folgen, den ihr nicht mal kennt. Ihr müsst nur für euch selbst denken. Ihr seid doch alle Individuen.«

Die Menge stimmt zu: »Ja, wir sind alle Individuen.«

Brian: »Und ihr seid alle völlig verschieden.«

Die Menge: »Ja, wir sind alle völlig verschieden.«

Da hebt ein Mann in der Menge die Hand: »Ich nicht!«

Die Parabel vom Gegenteil aller Gegenteile

Bei einer Rast in einem Hain meditiert der Zenmeister über eine Schachstudie. Auf die Bitte seiner Schüler, ihnen etwas über die Stellung mitzuteilen, antwortet er: »60 Prozent der Figuren stehen nicht auf der linken Hälfte des Brettes, 65 Prozent der Figuren stehen nicht auf der unteren Hälfte des Brettes, und 80 Prozent der Figuren stehen nicht auf den beiden Hauptdiagonalen.«

Dann fragt er seine Schüler: »Ist es möglich, dass keine einzige Figur weder links noch unten, noch hauptdiagonal steht?«

Sein blinder Schüler antwortet als Erster: »Nein, es ist nicht möglich, Meister. Mindestens eine Figur muss zwingend im oberen rechten Viertel des Bretts abseits der Hauptdiagonalen stehen.«

Als Begründung kann folgende Überlegung dienen: Wenn man die drei Eigenschaften »nicht links«, »nicht unten«, »nicht auf einer Hauptdiagonalen« hypothetisch bezogen auf 100 Figuren addiert, weil der Zenmeister die Informationen in Prozentzahlen genannt hat, so kommt man auf

60 + 65 + 80 = 205 Eigenschaften

für diese 100 Figuren. Jetzt werden diese 205 Eigenschaften derart auf die 100 Figuren verteilt, dass die kleinstmögliche Zahl von Figuren alle drei genannten Eigenschaften besitzt. Das geht so, indem man zunächst jeweils zwei dieser Eigenschaften an jede der 100 Figuren verteilt. Das sind dann schon

2 x 100 = 200 Eigenschaften

die zugeteilt worden sind. Von den fünf verbleibenden Eigenschaften bekommen dann fünf der 100 Figuren noch je eine zugewiesen. Diese fünf von 100 Figuren stehen also weder links noch unten, noch hauptdiagonal. Es sind fünf Prozent der Figuren. Weniger können es nicht sein.

Um nun aber die Mindestanzahl zu ermitteln, müssen wir uns fragen, was die Mindestanzahl der Figuren auf dem Brett sein muss, damit die vom Zenmeister genannten Prozentzahlen einen Sinn ergeben. Die genannten Prozentzahlen – also 60, 65 und 80 – sind offensichtlich alle durch fünf teilbar. Dass die Studie zum Beispiel aus zehn Figuren besteht, ist somit nicht möglich, denn dann wären alle Prozentsätze Vielfache von zehn. Da sie aber Vielfache von fünf sind, müssen mindestens 20 Figuren auf dem Brett sein. Weil der oben berechnete Mindestprozentsatz von fünf Prozent, auf 20 Figuren bezogen, nur eine einzige Figur umfasst, gibt es also mindestens eine Figur, die weder links noch unten, noch diagonal steht. Weniger können es nicht sein.

Eine mögliche Brettstellung der Figuren zeigt eine exklusiv von Karsten Müller für diesen Beitrag komponierte Studie. Der weiße König ist die Figur, die weder links noch unten noch hauptdiagonal steht. In der Studie ist er der Held. Er wandert von h5 nach f8, kreuzt die Diagonale und leitet das Ende seines schwarzen Gegenübers ein.

Karsten Müller

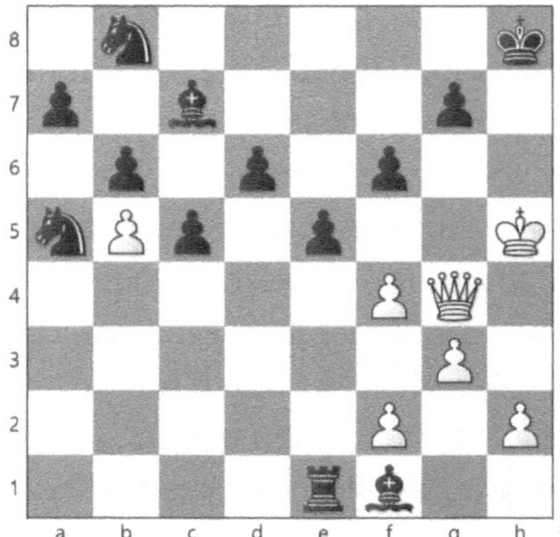

Weiß zieht und gewinnt!

Die Lösung lautet: **1.Kg6 Ld3+ 2.Kf7 Lc4+ 3.Kf8 Sd7+ 4.Dxd7 Lf7 5.Dh3+ Lh5 6.Dxh5** und Matt.

Garri Kasparow – Schnelldenker mit großem Einfluss

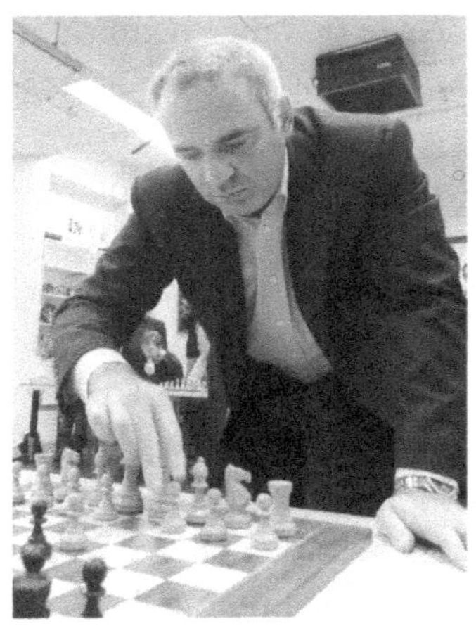

Meine Bekanntschaft mit Garri reicht sehr weit zurück. Wie wir uns kennengelernt haben, ist eine Geschichte, die schon einige Male erzählt wurde. Beispielsweise in Garri Kasparows erster Autobiografie, *Child of Change* von 1987, und erneut in seinem Buch über künstliche Intelligenz, *Deep Thinking* aus dem Jahr 2017. Ich habe darüber auf meiner Nachrichtenseite geschrieben und in vielen Interviews davon erzählt.

Garri zu treffen, war eines der einflussreichsten Ereignisse in meinem Berufsleben. Das erste Mal begegneten wir uns 1980 während der Juniorenweltmeisterschaft in Dortmund. Ich ging dorthin, um Freunde zu treffen: Nigel Short, der einer der Teilnehmer war, und John Nunn, der als Nigels Sekundant fungierte. John ist einer meiner besten Schachfreunde überhaupt geworden. Ich stand auf der Straße vor der Turnierhalle, als ich von einem jungen Mann angesprochen wurde. Er kam auf mich zu und sagte die denkwürdigen Worte: »Fünf zu drei, Remis du gewinnst, fünf Dollar pro Partie?« Damit meinte er: »Lass uns ein bisschen Blitz spielen. Du bekommst fünf Minuten, ich drei. Wenn das Spiel unentschieden endet, gewinnst du. Fünf Dollar pro Partie für den Sieger.« Weil ich mich im Gespräch mit Nigel und John befand, dachte er wahrscheinlich, ich sei vielleicht ein Großmeister. Er hatte alle anderen bereits massakriert, und niemand spielte mehr gegen ihn. Vielleicht war ich ein mögliches Opfer. »Nein, nein, nein, ich weiß, wer du bist«, sagte ich. Es war der 17-jährige Garri Kasparow, der das Turnier gewinnen sollte.

Damals hatte ich gerade die Arbeit an einer TV-Sendung über Computerschach für die ARD abgeschlossen. In einem Ausschnitt hatten wir in einem Großmeister-Simultanturnier einen Computer versteckt. Einer der Gegner von GM Helmut Pfleger trug heimlich einen Empfänger und spielte Gegenzüge vom Weltmeistercomputer *Belle*. Dr. Pfleger verlor diese Partie. Wir haben ihm unsere Täuschung unmittelbar danach offenbart.

Anschließend druckte ich die Notation von fünf Partien aus der Simultanvorstellung aus und schickte sie an Schach- und Computerexperten auf der ganzen Welt. Sie sollten erraten, welche Partie vom Computer gespielt worden war. Fast keiner hat das geschafft.

Während eines Abendessens bei der Dortmunder Junioren-WM habe ich einen Ausdruck mit den Partien herausgezogen und Garri gegeben. Ich hatte einen Umschlag mit meiner Adresse vorbereitet und sagte: »Wenn du wieder zu Hause bist, spiele diese Partien durch und versuche zu erraten, welcher Spieler ein Computer war. Kreuz die Partie an, stecke das Blatt in den Umschlag …« Er hörte mir gar nicht zu. Stattdessen fuhr er mit den Fingern über die Partien und eliminierte eine nach der anderen: »Nein, das ist klar von einem Menschen. Diese auch.« Die Fehler, die sie gemacht hatten, waren in seinen Augen eindeutig menschlich. Am Ende blieb nur eine Partie übrig.

»Das ist der Computer, da bin ich mir sicher«, sagte er, und er hatte recht.

Ein Jahrzehnt später spielte eine frühe Version von *Deep Thought,* einem Carnegie-Mellon-Vorgänger der IBM-Maschine *Deep Blue,* ein GM-Turnier in Hannover. Es endete mit einem enttäuschenden Ergebnis von 2,5/7 – zwei Siege, ein Remis und vier Niederlagen.

In *Deep Thinking* schreibt Garri darüber: »… in einem kleinen Test hat mir mein Freund Frederic Friedel die Partien der ersten fünf Runden gezeigt, um zu sehen, ob ich herausfinden konnte, welcher Spieler *Deep Thought* war. Es war eine schachliche Variante des Turing-Tests, um zu sehen, ob ein Computer als Großmeister durchgehen könnte. Es gelang mir, zwei richtig auszuwählen und eine weitere Runde auf zwei Partien einzugrenzen, bevor ich die falsche wählte, also bestanden drei der fünf Partien des Computers den Test. Für mich war dies ein besserer Indikator für den Fortschritt des Computerschachs als dessen Punktzahl im Turnier.«

Nach Dortmund hatte ich einige Jahre keinen Kontakt mehr zu Garri. Dann kam es 1983 zu einem schicksalhaften Wiedersehen. Ich las, dass die britische Computerfirma Acorn Garri einen BBC-Heimcomputer geschenkt hatte. Ich besaß den gleichen Rechner und hatte viele Spiele dafür. Einige habe ich in einen Umschlag gesteckt, den ich schlicht an »Garri Kasparow, Baku, UdSSR« adressierte. Keine Reaktion. Wahrscheinlich wurde die Sendung nicht zugestellt, dachte ich.

Einige Zeit später lud *Der Spiegel* Kasparow zu einem Trainingsmatch in Hamburg ein und machte ein großes Interview mit ihm. Als man ihn fragte, was er an seinem freien Tag unternehmen wolle, sagte er: »Ich habe einen Freund. Ich möchte ihn besuchen. Sein Name ist Frederic Friedel.«

Ein paar Tage später klingelte es an meiner Tür, und davor stand ein junger Mann. »Ich bin Garri Kasparow. Du bist Frederic? Hallo! Und das ist deine Frau? Ingrid? Und das sind deine

Söhne? Toll. Schönes Haus, schöner Garten … Okay, jetzt sind wir Freunde. Erzähl mir alles, was du über Computer weißt.«

Also saßen wir über mehrere Tage zusammen, und ich erzählte ihm, was Computer alles können, während er mir im Gegenzug erläuterte, was Computer für Schachspieler tun könnten und sollten. Wir entwarfen die Grundidee einer Schachdatenbank. *Der Spiegel* veröffentlichte die Geschichte: Friedel und Kasparow planen eine Schachdatenbank.

Daraufhin haben sich alle Spinner Deutschlands bei mir gemeldet und behaupteten: »Wir können das bauen, was Sie suchen.« Ich bin tatsächlich kreuz und quer durch das ganze Land gereist, um ein paar von den Leuten zu treffen. Bald wurde mir jedoch klar, dass ihr Hauptziel darin bestand, Kasparow kennenzulernen.

Weil ich kein Programmierer bin, konnte ich die Datenbank nicht selbst entwickeln. Dann kam eines Tages auf einer Computermesse ein junger Mann auf mich zu und überreichte mir schüchtern eine Diskette. »Würden Sie sich das mal ansehen?«, bat er. Zu Hause habe ich sie auf meinen Atari ST geladen. Und da war sie, eine rudimentäre Schachdatenbank. Man konnte Züge eingeben, Partien speichern, Partien aus einer Liste auswählen und auf dem grafischen Schachbrett nachspielen. Sofort rief ich diesen jungen Mann namens Matthias Wüllenweber an: »Kannst du nach Basel in die Schweiz kommen? Ich will jemandem deine Datenbank zeigen.« Er fragte: »Wem?« – »Garri Kasparow.« Der war inzwischen Weltmeister geworden. Ich glaube, Matthias ist am anderen Ende der Leitung ohnmächtig geworden. Eine Woche später reiste er per Anhalter nach Basel.

In Basel haben wir einen Atari-Computer in mein Hotelzimmer gestellt und alles für die Vorstellung vorbereitet. Nach der Partie sagte ich zu Garri: »Komm mal mit, ich zeige dir etwas.« Er antwortete: »Ach, Fred, ich bin müde, lass mich in Ruhe.« Doch ich blieb hartnäckig: »Nein, nein, schau dir das an.« Widerwillig folgte er mir in mein Zimmer, sah Matthias dort sitzen und wollte sofort verschwinden. Gleich nach einer anstrengenden Partie konnte er keine neuen Leute ertragen. Aber ich zwang ihn, sich zu setzen. Matthias begann, ihm das Programm zu zeigen: »Sehen Sie, man kann eine Partie aus der Liste laden, sie dann nachspielen und dann die nächste Partie laden. Und so kann man nach Partien suchen …«

Garri saß völlig still auf meinem Bett, schaute nur zu. Plötzlich warf er sich zurück und lag mit geschlossenen Augen da. Matthias sah mich beunruhigt an. War das alles zu albern oder langweilig für ihn gewesen? War er zu müde, um sich damit zu beschäftigen?

Plötzlich richtete sich Garri wieder auf und sagte: »Das ist die wichtigste Entwicklung in der Schachforschung seit Gutenberg.« Er hatte überlegt, wie er auf das Gesehene am besten reagieren sollte. Es war, als würde jemand zum ersten Mal den Mond betreten. Er plante, was er sagen wollte, weil er wusste, dass man das in Zukunft immer zitieren würde.

Garri nahm Matthias und mich beiseite: »Ihr müsst diese Datenbank fertigstellen, ihr müsst sie vervollständigen, sie Schachspielern auf der ganzen Welt zugänglich machen.« Er nahm sogar sein Briefpapier und unterzeichnete zehn Seiten für mich. »Schreibt in meinem Namen Briefe an Unternehmen, die euch unterstützen könnten«, sagte er.

Das alles war ziemlich bemerkenswert. Damals besaß nur eine Handvoll Schachspieler das Monopol auf Schachinformation. Garri hatte vier oder fünf Trainer, Großmeister, die für ihn arbeiteten, Partien sammelten und sortierten. Andere Spieler mussten das selber machen. Und jetzt ermutigte er uns, etwas zu entwickeln, das jedermann Zugang zu diesem Schatz gewähren würde. Für diesen Schritt habe ich immer noch große Hochachtung vor ihm. Er, ein überaus privilegierter Großmeister, war direkt an der Demokratisierung der Schachforschung beteiligt. Heute kann man für ein paar Hundert Dollar genau die gleichen Lernwerkzeuge verwenden wie der Weltmeister.

Zeigen Sie den QR-Code Ihrem Mobiltelefon. Sie sehen ein Interview darüber, wie alles passiert ist.

Schon im Jahr 1987 veröffentlichte dann unsere inzwischen gegründete Firma das Programm *ChessBase* für den Atari. Es gibt eine nette Geschichte über seinen allerersten Benutzer.

Im Jahr 1985 hatte Garri ein Uhren-Handicap-Simultan gegen die Hamburger Profi-Bundesligisten des HSV gespielt. Acht Spieler, angeführt von Großmeister Murray Chandler an Brett eins. Garri war aus Amsterdam angereist, wo er gerade ein Spiel gegen GM Jan Timman beendet, Interviews gegeben und die Partien kommentiert hatte. Müde und unvorbereitet, wie er war, bot er dem HSV-Team an, dass er abwechselnd Weiß und Schwarz bekommen sollte. Seine Gegner waren sehr überrascht. Normalerweise bekommt der Simultanspieler auf allen Brettern Weiß. Am Ende verlor Garri das Simultan 3,5:4,5. Das war sehr schmerzhaft für ihn, und er schwor Rache.

Der Tag dafür kam im Mai 1987, als er nach Hamburg reiste, um sich diesmal einer noch stärkeren Profimannschaft zu stellen. Garri wohnte im vornehmen Hotel Atlantik. Ich hatte in seinem Zimmer einen Atari ST aufgestellt und rief von dort aus den Manager der Hamburger Mannschaft an, um die Namen der Gegner zu erfragen. Ich zeigte Garri die Liste und sagte: »Jetzt bereiten wir uns vor.« – »Okay«, meinte er. »Ich gehe spazieren, während du die Partien besorgst.« – »Die habe ich schon.« Ich legte eine Diskette ein. Er sah zu, wie ich die allererste Kopie von *ChessBase* startete, Seriennummer 00001. Ich tippte den Namen des ersten Gegners ein, und auf dem Monitor erschien eine Liste der Partien von diesem Spieler. Garri konnte sofort mit dem Nachspielen beginnen. »Es dauert eine Minute, um auf die Partien zuzugreifen und mit der Vorbereitung zu beginnen«, rief er. »Weißt du, wie lange das normalerweise dauert? Mindestens eine Woche, in der meine Sekundanten in

Büchern und Zeitschriften nach Partien suchen …« Garri verbrachte den Rest dieses Tages und einen Großteil des nächsten Tages damit, die Partien seiner Gegner nachzuspielen.

Am Abend gingen wir zum Veranstaltungsort. Dort erlebte ich etwas, von dem ich glaube, dass es noch niemand in dieser Form erlebt hatte. Bei diesem Handicapsimultan saßen die Spieler in einer Reihe auf einer Bühne. Als Garri eintrat, stellte ich sie ihm vor. Das lief ungefähr so ab. Ich nannte ihm den Namen eines Spielers, und seine Augenbrauen schossen in die Höhe, während er ihn mit einem Lächeln begrüßte. Oft dachten Spieler deswegen: Er verhält sich so, als würden wir uns kennen, aber ich habe ihn noch nie getroffen.

Natürlich hatte Garri jeden Spieler erkannt. Er wusste sofort: Das ist der Typ, der immer Katalanisch spielt und in Panik gerät, wenn man einen Angriff am Königsflügel startet, wie in seinen Partien gegen x, y und z. Garri begrüßte also die Spieler wie Freunde und Schüler, die er gut kannte und jahrelang beobachtet hatte. Denn genau das hatte er in den letzten zwei Tagen vor dem Computer im Zeitraffer getan. Das Ergebnis war, dass Garri diese zweite Simultanvorstellung mit 7:1 gewann, mit sechs Siegen und zwei Remis. Manchmal saß er auf einem Stuhl und nippte an seinem Kaffee, während alle acht Gegner nachdachten. Es war so aufregend, dass wir beschlossen, den Spaß zu wiederholen.

Garri fing an, Uhrensimultan-Partien gegen ganze Nationalmannschaften zu spielen. Gegen die deutschen Junioren, die Schweizer Mannschaft, zweimal gegen Frankreich, gegen die amerikanischen Junioren, die gesamte deutsche Olympiamannschaft, die argentinische Mannschaft und schließlich gegen die Israelis. Letztere hatten eine durchschnittliche Elo-Bewertung von über 2600. Er spielte in zwei Gruppen zu je vier Partien gegen sie und gewann 3:1 und 4:0. Bis auf Argentinien und Israel war ich bei allen Veranstaltungen dabei und brachte meinen Computer samt einigen Disketten zur Vorbereitung mit. Wir gewannen jeden dieser Simultanwettkämpfe. Ich sage »wir«, weil Garri mir irgendwann drohte: »Wenn ich heute verliere, bist du schuld, Fred.« Ich habe zugestimmt, die Verantwortung zu übernehmen – unter der Bedingung, dass ich auch die Anerkennung bekomme, wenn er gewinnt. Das war ein sehr vorteilhaftes Geschäft für mich.

Zehn Jahre lang hat Garri uns geholfen und das neue Programm unterstützt. Er ließ uns sein Bild in Anzeigen verwenden, er lud Journalisten ein, ihm zuzusehen, wie er *ChessBase* für seine Vorbereitung nutzte. Das hat unserer Firma enorm geholfen, und wir sind zu einem 30-Personen-Unternehmen herangewachsen. Für die Beratung und Marketingunterstützung von Garri mussten wir natürlich kräftig zahlen. Insgesamt überwiesen wir null Komma null, null D-Mark, Euro oder Dollar auf sein Konto. Er hat alles umsonst gemacht. Wieso? Ich war Familie. Man nimmt ja kein Geld von einem Onkel oder Cousin.

Garri war also dafür verantwortlich, den Aufbau der ersten professionellen Schachdatenbank voranzutreiben, die heute von praktisch jedem ambitionierten Schachspieler der Welt verwendet wird. Das war eine direkte Folge aus seinem ersten Besuch bei mir zu Hause im Sommer 1985.

Ein paar Monate nach diesem Besuch kam Garri wieder in Hamburg vorbei, und auch diesmal hatte das Treffen weitreichende Folgen. Wie oben erwähnt, hatte ich Garri ein paar Spiele für seinen BBC-Acorn-Computer geschickt. Eins hieß *Hopper*. Man musste dabei Frösche über eine Straße und einen Bach in ihre Höhlen auf der anderen Seite bringen. »Weißt du, ich bin der beste *Hopper*-Spieler in Baku«, erklärte er mir. Seine höchste Punktzahl läge bei sechzehntausend. »Unglaublich«, meinte ich. »Okay, ich würde dich gerne zu einem Match herausfordern.«

»Was? Du schaffst mehr als das?«, fragte er ungläubig.

»Nein, nicht ich«, antwortete ich. »Ah, okay, Martin. Ich weiß, dass einige dieser Jungs Videospielexperten sind.« Mein älterer Sohn Martin war damals elf Jahre alt. »Nein, nicht Martin«, sagte ich. Er sah, dass ich grinste. Er zeigte auf den dreijährigen Tommy und sagte: »Nein, nicht *das!*«

Ich ließ ihm den Vortritt, und mit der für Kasparow typischen Entschlossenheit machte er das Spiel seines Lebens: Neunzehntausend Punkte!

Dann kam Tommy dran, den wir auf Telefonbücher setzen mussten. Er erreichte bald zwanzig-, dann dreißigtausend. Garri räumte seine Niederlage ein und war von der Erfahrung sichtlich erschüttert.

Dieser harmlose Wettstreit hatte weitreichende Konsequenzen, von denen er in *Deep Thinking* berichtet: »Das gab mir Stoff zum Nachdenken. Wie sollte mein Land mit einer Generation kleiner Computergenies konkurrieren, die im Westen aufwuchsen? Hier war ich, einer der wenigen Menschen in einer sowjetischen Großstadt mit einem Computer, und ich wurde von einem deutschen Kleinkind übertroffen. Als ich 1986 einen Sponsorenvertrag mit der Computerfirma Atari unterzeichnete, nahm ich fünfzig ihrer neuesten Maschinen als Bezahlung entgegen und brachte sie nach Moskau. Ich gründete einen Jugendcomputerclub in Moskau, den ersten seiner Art in der Sowjetunion.« Im Laufe der Jahre versorgte Garri den Club weiterhin mit Hard- und Software, die er auf seinen Reisen erwarb. Eine Reihe renommierter Programmierer und Wissenschaftler verbrachten als Jugendliche ihre Freizeit in diesem Club.

Im Jahr 1996 stimmte Garri zu, in Philadelphia ein Match gegen die IBM-Schachmaschine zu spielen. Es sollte ein wissenschaftliches Experiment werden, entwickelte sich aber zu einem weltweiten Medienereignis. Ich war sein Assistent und habe hautnah miterlebt, wie die Medien arbeiteten. Garri wurde mit Interviewanfragen überschwemmt und von Journalisten mit Kameras oder Tonbandgeräten belagert, egal wohin er ging. Selbst in seinem Hotelzimmer kamen ständig Telefonate aus aller Welt an. Aus diesem Grund mussten wir den Zugang der Medienvertreter zu ihm stark einschränken.

Also versuchten die Reporter, an seine Verlobte heranzukommen, eine schöne, aber schüchterne junge Dame. Im Presseraum beobachtete ich, wie eine Journalistin ein Gespräch mit ihr führte, und bemerkte, dass alles ohne ihr Wissen aus der Ferne gefilmt wurde. Auch ihren Besuchen im Pressezentrum mussten wir also ein Ende setzen.

Danach wollten alle *mit mir* reden. Ich stand Kasparow am nächsten, schließlich hatte ich mit ihm gefrühstückt. Ich tat mein Bestes, fand aber einige dieser Interviews ziemlich befremdlich. Oft brachen die Journalisten mitten in einem Interview das Gespräch ab und sagten: »Danke, das war großartig.« Warum verloren sie plötzlich das Interesse an dem, was ich sagte? Die PR-Chefin der Veranstalter, Terry Phoenix, erklärte es mir: Sie warteten auf einen zwölf Sekunden langen, interessanten Ausspruch. Das ist alles, was sie brauchten. Hatte ich also einen halbwegs interessanten Satz gesagt, genügte das. Während des Wettkampfs in Philadelphia habe ich viel von Terry gelernt.

Mit ihr zusammen habe ich Garri auch einen Streich gespielt. Das Hotel hatte einen Swimmingpool, und er liebte es, darin Bahnen zu schwimmen. Eines Tages forderte ich ihn zum Wettschwimmen heraus. Er war verblüfft. »Du weißt, dass ich ein sehr guter Schwimmer bin. Glaubst du wirklich, du kannst mich schlagen?« Ich erklärte, er würde nicht gegen mich antreten, sondern gegen Terry. Er fragte fassungslos: »Die glamouröse PR-Lady? Du willst, dass ich gegen sie schwimme?« Leider war er schlau genug, sie zu fragen, bevor er die Herausforderung annahm: »Terry, bist du eine gute Schwimmerin?« – »Nun, ich war Ersatzschwimmerin in der US-Olympiamannschaft«, antwortete sie. Am Ende gab es kein Wettschwimmen, und ich musste die blauen Flecke an meinem Arm pflegen, wo Garri mich geboxt hatte.

Beim Wettkampf in Philadelphia verlor Garri die erste Partie, gewann jedoch die zweite, fünfte und sechste. Das Match endete 4:2 zu seinen Gunsten. Für IBM war es dennoch ein überwältigender Erfolg. Was als wissenschaftliches Experiment gedacht war, zwang das noch nicht sehr leistungsfähige Internet fast in die Knie. In der Woche nach dem Wettkampf stiegen die IBM-Aktien unaufhaltsam. Das Unternehmen entwickelte sich von einem Hard- und Softwareanbieter für kommerzielle Anwendungen zu einer hochmodernen Firma für den Bereich Künstliche Intelligenz. Bewerbungen von neuen, talentierten Programmierern trudelten in großer Zahl ein.

IBM bot Garri einen Rückkampf an. Ich begleitete ihn zur IBM-Zentrale in Yorktown Heights, wo die Konditionen dafür ausgehandelt wurden. Es lief alles sehr freundlich ab. Das Match sollte genutzt werden, um ein großes Internet-Schachportal aufzubauen: Kasparow plus IBM – unschlagbar! Der Rückkampf wurde für das folgende Jahr 1997 geplant und das Preisgeld auf über eine Million Dollar angehoben. Doch dann nahmen die Gespräche einen unseligen Verlauf.

Es gab viel Streit, nicht zuletzt deswegen, weil IBM Kasparow keinen Zugang zu Partien von *Deeper Blue*, der aktualisierten Version des Rechners, gewährte. Sie selber hatten Tausende von Kasparow-Partien, die sie einspeisen konnten. Wir besaßen vom Computer buchstäblich nichts, weil er angeblich nur sogenannte private Trainingspartien gegen Großmeister gespielt hatte. Das war sehr beunruhigend für einen menschlichen Spieler, der es gewohnt ist, vor jeder Partie die Spielweise seines Gegners zu studieren.

Garri würde mit einem unbekannten Gegner konfrontiert, der inzwischen doppelt so schnell war wie die vorherige Version, die er ansatzweise kannte. Zudem waren die Eröffnungen und die allgemeinen Bewertungskriterien von einem Team von Großmeistern stark verbessert worden.

Im Mai 1997 kamen wir schließlich in New York für den Wettkampf zusammen. Garri, sein Stellvertreter Yury Dokhoian, Garris Freund und Berater Michael Khodarkovsky, sein Manager Owen Williams und ich, der sogenannte Computerexperte. Wir wohnten drei Wochen lang im berühmten Plaza Hotel. Alle Mahlzeiten wurden zusammen eingenommen, und es gab lange Spaziergänge im wunderbaren Central Park gleich gegenüber.

Über diese wegweisende Zeit in der Geschichte von Mensch gegen Maschine ist viel gesagt worden. Bücher wurden geschrieben, Filme gedreht, ein Off-Broadway-Stück inszeniert. Es gab in Deutschland, Uganda und Niger sogar Gedenkbriefmarken. Garri selbst hat die Ereignisse von New York in *Deep Thinking* anschaulich beschrieben. Es erscheint mir nicht angemessen, die altbekannten Geschichten noch einmal zu erzählen. Stattdessen möchte ich einige der vielen Vorfälle und Begebenheiten beschreiben, die die Atmosphäre des Spiels prägten.

Alles begann freundschaftlich. Gespielt wurde in einem privaten Raum im Equitable Center in Manhattan unter Ausschluss der Öffentlichkeit. Es gab nur rund ein Dutzend Plätze für VIP-Gäste und das Kasparow-Team. Ich verbrachte die meiste Zeit einige Stockwerke tiefer, wo ein riesiges Auditorium komplett mit Zuschauern gefüllt war und mehrere Großmeister die Züge auf der Bühne kommentierten. Hunderte von Journalisten von allen möglichen Zeitungen und Nachrichtensendern füllten den Veranstaltungsort. So etwas hatte ich im Schach noch nie erlebt. Ich traf eine Reihe sehr interessanter Persönlichkeiten, wie z. B. den Regisseur Ron Howard, der als einfacher Zuschauer kam und mit dem man eine Stunde lang zwanglos plaudern konnte.

Unser Team war anfangs zuversichtlich. Garri war etwas enttäuscht, dass er für die erste Partie Weiß gezogen hatte. So blieb ihm in den letzten drei Partien, nachdem er die ersten drei Partien von *Deep Blue* kannte, nur eine weiße Partie, um inzwischen gefundene Schwächen bestmöglich auszunutzen. Trotzdem sorgten die beiden letzten Siege in Philadelphia für erheblichen Optimismus.

Für die erste Partie hatte Garri eine gut durchdachte Anti-Computer-Strategie vorbereitet. Er spielte Reti und hatte die beiden Läufer schon nach dem fünften Zug fianchettiert. Im zehnten Zug zog er seinen e-Bauern nur ein Feld nach vorne und brach damit mit aller Theorie. Es funktionierte, und *Deep Blue* wurde zu Zügen verleitet, die eine langfristige Schwächung bedeuteten. Als die Zeitkontrolle im vierzigsten Zug kam, war Garri eindeutig am Gewinnen und hatte zudem viel Zeit auf seiner Uhr. Er hatte keine einzige Figur über die vierte Reihe gezogen, war aber mit seinen Bauern am Königsflügel vorgeprescht. Im Grunde war die Partie entschieden. Dann geschah etwas Eigenartiges: Der letzte Zug, der vierundvierzigste, gespielt von *Deep Blue,* war ziemlich sinnlos. Er führte zu einem leichteren Sieg und einer schnellen Kapitulation des IBM-Teams.

Alle Zuschauer waren begeistert über Garris dritten Sieg in Folge gegen die IBM-Maschine. Zurück im Hotel, war er selbst allerdings verunsichert: »Warum hat *Deep Blue* plötzlich Selbstmord begangen?«, fragte er mich. Leider war ich nicht stark genug und vor allem mein Computer nicht schnell genug, um die Frage zu beantworten. Ich nahm an, dass der Zug 44...Td1? nur gespielt wurde, um das Unvermeidliche um ein oder zwei zusätzliche Züge hinauszuzögern. Das ist, was Computer normalerweise tun. In meinem damaligen Bericht schrieb ich: »*Deep Blue* hat wohl alles bis zum Schluss durchgerechnet und einfach die am wenigsten unangenehme Niederlage gewählt.« In *Deep Thinking* schreibt Garri dazu: »Frederic, der große Geschichtenerzähler, hat diesen unbedeutenden Moment der ersten Partie in eine Legende verwandelt.«

Wir haben an diesem Abend ziemlich viel Zeit damit verbracht (und vielleicht verschwendet), um über den Zug nachzudenken. Heute, Jahrzehnte später, brauche ich nur ein paar Minuten auf einem schnellen Computer, um herauszufinden, dass meine Theorie nicht richtig war. Der Zug von *Deep Blue* führt in ungefähr 18 Zügen zu einem erzwungenen Matt, während alternative Verteidigungen länger durchhalten. Nach dem Wettkampf bestätigte das *Deep Blue*-Team, dass es sich um eine »Zufallsentscheidung« gehandelt hatte, als Ergebnis eines Fehlers im Programm, den sie für die zweite Partie behoben.

Garri begann diese zweite Partie in guter Stimmung, spielte einen ruhigen Spanier. Später erfuhren wir, dass das Team von *Deep Blue* ein paar psychologische Tricks programmiert hatte. Manchmal wurde die Ausführung eines Zuges verzögert, um den Eindruck zu erwecken, der Computer sei nicht mehr in seinem Eröffnungsbuch. Bei anderen Gelegenheiten, bei denen der Gegner einen »besten Zug« spielte, antwortete der Rechner sofort, um ihn zu verunsichern.

Garri strebte eine blockierte Stellung an, wonach der Computer seine Figuren sinnlos herumziehen sollte, ohne ein Weiterkommen zu finden, frei nach dem Ratschlag von David Levy für das Spiel gegen Computer: Tue nichts, aber tue es gut. *Deep Blue* begann jedoch, seine Figuren strategisch sinnvoll zu manövrieren, und bereitete einen Durchbruch vor. Für Garri fühlte es sich an, als würde er gegen einen starken menschlichen Großmeister spielen, nicht gegen einen Computer.

Dann kam der Schlüsselmoment des gesamten Matches. Im sechsunddreißigsten Zug spielte *Deep Blue* einen strategischen Zug, um die gegnerische Stellung einzuengen, anstatt sich zwei Bauern zu schnappen und dabei Garri Chancen auf ein Gegenspiel zu geben. In Zug fünfundvierzig gab Garri auf.

Der Computer hatte seinen Stil seit der ersten Partie – und den Partien in Philadelphia – komplett verändert. Die Kommentatoren im Auditorium schwärmten von dieser Dynamik. »Jeder menschliche Großmeister wäre stolz, so zu spielen«, sagte einer. Die Nachrichten waren voll mit Meldungen über das Ereignis.

Garri und sein Team verbrachten den Abend damit, die Partie durchzugehen, um herauszufinden, wie *Deep Blue* sich von einem rein taktischen Programm zu einem hatte entwickeln können, das ein sehr tiefes Verständnis von Strategie zu haben schien. Keines der Schachprogramme, die wir konsultierten, zog die tiefe strategische Variante in Erwägung, die *Deep Blue* gespielt hatte. War menschliches Eingreifen beteiligt? Hatte ein Großmeister der Maschine gesagt, sie sollte nicht die Bauern nehmen? Es schien unmöglich, dass *Deep Blue* ganz allein darauf gekommen war.

Nach einem unruhigen Abend und einer unruhigen Nacht kam der nächste Schock auf Garri zu. In den frühen Morgenstunden wurde ich vom *ChessBase*-Team und IM Malcolm Pein darüber informiert, dass Kasparow in der Partie nach dem fünfundvierzigsten Zug eine Chance auf ein Remis verpasst hatte. Ich erwischte Yury vor dem Frühstück, und wir sahen uns an, was die Leute in Hamburg und London herausgefunden hatten. Yury war nicht überrascht. Er selbst war bereits auf ähnliche Ideen gekommen.

Nun war die Frage: Wer sollte es Garri sagen? Die beste Vorgehensweise wäre, dachte ich, ihm die Informationen bis zum Ende der nächsten Partie vorzuenthalten. Aber ich wusste, dass bald die ganze Welt davon erfahren würde. Wenn wir in ein Taxi stiegen, könnte der Fahrer ihn nach dem verpassten Unentschieden fragen. Garri musste es von uns hören.

Yury wollte die Aufgabe übernehmen, es ihm zu sagen. In *Deep Thinking* beschreibt Garri die Offenbarung wie folgt: »Mein Team – Yury, Frederic, Michael und Owen – und ich gingen zum Mittagessen die Fifth Avenue hinunter, als Yury mit dem Gesicht eines Mannes auf mich zukam, der gerade jemandem sagen wollte, dass ein enges Familienmitglied soeben verstorben sei. ›Die Endstellung der gestrigen Partie war ein Unentschieden‹, sagte er mir auf Russisch. ›Dauerschach. Dame nach e3. Remis.‹ Ich blieb mit den Händen auf dem Kopf auf dem Bürgersteig stehen und sah jeden von ihnen an. Es war klar, dass sie es alle gewusst und darüber diskutiert hatten, ob, wann und wie sie mir die Nachricht überbringen sollten.«

Für Garri war das eine Tragödie. Er hatte vor den Augen der

ganzen Welt eine äußerst wichtige Partie verloren und erfuhr nun, dass er noch dazu in einer Remisstellung aufgegeben hatte. Schlimmer noch: Wie konnte *Deep Blue* so meisterhaft spielen und sich dann einen grandiosen Sieg entgehen lassen, indem es etwas so Einfaches wie ein Dauerschach verpasste? Und wie konnte Garri selber das übersehen und die Gelegenheit nicht ergreifen?

Heute, Jahrzehnte später, wissen wir, dass es kein sauberes erzwungenes Remis war. Weiß war immer noch im Vorteil und hätte weiterhin Druck machen können. Moderne Schachprogramme verraten uns auch, dass der letzte Zug von *Deep Blue* sicherlich nicht der beste war. Der Computer hätte einfach die Damen tauschen müssen, um einen entscheidenden Vorteil zu erringen. Meine beste neuronale Netzwerkmaschine, *Fat Fritz 2,* zeigt mir das in Sekundenschnelle an, ebenso wie der neueste *Stockfish* (Version 12) nach einer 43-Halbzug-tiefen Suche. Aber natürlich sind diese Programme viel stärker als *Deep Blue* im Jahr 1997.

Der Grund, weswegen Garri die einmalige Gelegenheit verpasste, sich in der zweiten Partie zu wehren, war die latente Vorstellung, dass *Deep Blue* in der ersten Partie etwas gesehen hatte, das kein menschliches Wesen sehen konnte. In der Schlussstellung der zweiten Partie ging er davon aus, dass der Computer einen felsenfesten Sieg errechnet haben musste. Ich konnte Qual und Trauma in Garris Gesicht sehen. Der Verdacht wuchs, dass das außergewöhnliche Spiel der ersten Runde nicht von demselben Spieler stammen konnte, der nun die Möglichkeit einer Remisverteidigung verpasst hatte.

Unsere Aufgabe war es im Anschluss an die Partie, Garri zu beruhigen. Die Aufgabe des Gegners war es, ihm weiter einzuheizen. Genau das schienen sie im Sinn zu haben. Das freundliche Experiment, das wir uns vorgestellt hatten, die Pläne für den großen Start eines Internet-Schachportals, alles wurde von kaum verhehlter Feindseligkeit abgelöst. Wünsche, wie einen

Ruhebereich in der Nähe des Spielzimmers zu bekommen oder einen Raum für sein Team, waren ohne Diskussion abgelehnt worden. Inzwischen wurden sogar einfache Wünsche abgewiesen oder verzögert, bis sie mehrere Instanzen durchlaufen hatten. Ken Thompson und ich haben versucht zu ergründen, was vor sich ging. Wenn eine Anfrage innerhalb von fünf Minuten abgelehnt wurde, bedeutete das, der Leiter des IBM-Teams am Standort hatte die Entscheidung getroffen. Wenn es einen halben Tag dauerte, bedeutete das, die IBM-Zentrale in Yorktown Heights war konsultiert worden. So jedenfalls stellten wir uns das vor.

In der dritten Partie spielte Garri reine Anti-Computer-Eröffnungszüge (1.d3, 3,c4, 4.a3), sodass *Deep Blue* nicht von seiner gigantischen Eröffnungsbibliothek profitieren konnte. Es schien zu klappen, Garri bekam eine optisch vorteilhafte Position. Aber am Ende hielt der Computer durch, und die Partie endete Remis. Partie vier war wenig beeindruckend. *Deep Blue* machte mit Weiß seltsame Züge, und etwa beim sechsunddreißigsten Zug hatte Garri entscheidende Vorteile. In seinem Kommentar zum Match schrieb John Nunn: »Alle verbleibenden Bauern von Weiß sind isoliert, und die schwarzen Figuren sind alle aktiver als ihre weißen Gegenstücke. Bei all diesen Vorteilen ist es unglaublich, dass Kasparow die Stellung nicht gewinnen konnte.« Im zweiundvierzigsten Zug kam es zu einem Computerabsturz. Danach verteidigte *Deep Blue* hartnäckig und erzwang ein Remis.

Über diese Partie schrieb GM Robert Byrne: »Wie kann [*Deep Blue*] an einem Tag sehr stark und am nächsten so bekloppt sein?«

Garris Verdacht wuchs, dass Menschen ins Match eingegriffen haben könnten. Er forderte, die Protokolldateien des Computers während der Partien fünf und sechs zu versiegeln und für die Überprüfung nach dem Match zur Verfügung zu stellen, falls es Verdachtsmomente geben sollte. »Du sorgst dafür, dass das gemacht wird«, trug er mir auf. So befand ich mich am Morgen vor Runde fünf in einer hitzigen, fünfundvierzig Minuten dauernden Diskussion mit der IBM-Delegation und einem ihrer Großmeister-Berater (Joel Benjamin). Schiedsrichterin Carol Jerecki und Ken Thompson waren ebenfalls anwesend. Das Ergebnis war eine glatte Weigerung, unseren Forderungen nachzukommen. Protokolldateien würden, wenn überhaupt, erst nach dem Ende des Wettkampfes angefertigt.

Ich kehrte zum Plaza Hotel zurück, wo Garri bereit war, zur fünften Partie aufzubrechen. »Alles in Ordnung?«, fragte er. »Ja«, antwortete ich. »Sie werden die Ausdrucke nach der Partie versiegeln.« Der Grund für meine Lüge war, dass Garri während der Partie unbedingt ruhig bleiben musste. Er sollte sich nicht über die Absage ärgern – das konnte er nach der Partie machen. Als wir aber das Equitable erreichten, stand leider Ken Thompson in der Halle, und Garri ging auf ihn zu. »Sie haben also zugestimmt, oder?«, fragte er. Ken, der unfähig ist zu lügen, antwortete: »Nein, haben sie nicht.« Garri warf mir einen vorwurfsvollen Blick zu, obwohl er sofort verstand, warum ich ihm die Wahrheit verheimlicht hatte. Jedenfalls trat er in unruhiger Stimmung zur fünften Partie an.

Garri spielte wieder Anti-Computer-Schach. Er merkte allerdings, dass das gleichzeitig Anti-Kasparow-Schach war. Es passte überhaupt nicht zu seinem Stil. Im elften Zug machte *Deep Blue* einen sehr menschenähnlichen Bauernvorstoß, 11...h5, der Garri (und die Kommentatoren im Zuschauerraum) sehr überraschte. Dann, im neunundzwanzigsten Zug, beging die Maschine einen desaströsen Fehler, und Garri gewann die Oberhand. Er hatte eine Stellung, von der er sicher war, dass er sie gegen jeden menschlichen Spieler gewinnen könnte. Aber wieder verteidigte der Computer geschickt, mit überraschenden taktischen Manövern, und Garri musste ein Unentschieden hinnehmen. Er war bis zum Schluss von einem Sieg überzeugt gewesen und nun tief enttäuscht.

Währenddessen befand ich mich im Zuschauerraum, genauer gesagt auf der Bühne, und diskutierte mit den GM-Kommentatoren die Züge. Dann kam plötzlich jemand zu mir und sagte: »Kasparow will dich sehen.« Ich blickte auf den Bildschirm und sah, dass Garri mürrisch am Brett saß. Ich eilte nach oben, und er sagte mir, ich sollte mich ihm gegenübersetzen. »Warum werden die Ausdrucke nicht versiegelt?«, fragte er. »Sag ihnen, dass ich nicht am Bühnengespräch nach der Partie teilnehmen und sie in der Pressekonferenz angreifen werde.« Ich wusste nicht, was ich sagen sollte. Da sah ich den Leiter des *Deep Blue*-Teams, CJ Tan, vorbeigehen. »CJ«, rief ich. »Können Sie Garri erklären, warum Sie die Protokolldateien nicht versiegeln?« CJ trat zu uns und sagte mit ruhiger Stimme: »Wir haben sie versiegelt und der Schiedsrichterin zur sicheren Verwahrung ausgehändigt.«

Ken und ich spekulierten daraufhin wieder über die Strategie unserer Gegner. Er hat es mir so erklärt: »Wenn Garri nach einem Schokoladenriegel fragt, ist die Antwort Nein. Wenn er dann in seinen Ruheraum geht, wartet dort ein Korb voll auf ihn.« Dieses Verhalten zeigte bei Garri definitiv Wirkung.

Es gab noch einen anderen Aspekt, der an seinen Nerven zerrte. Garri war, wie viele seiner Kollegen, immer wegen der Möglichkeit von Spionage in Sorge. Beispielsweise, dass Leute an seine Eröffnungsvorbereitungen gelangen könnten. Während des WM-Wettkampfs 1986 hatte Karpow wiederholt sofort die beste Antwort gespielt, wenn Garri eine sorgfältig vorbereitete Neuerung angebracht hatte. Es bestand der Verdacht, dass jemand aus Garris Team seine Eröffnungspläne mit dem Gegner teilte. Zwei Teammitglieder wurden entlassen.

In New York erfuhren wir, dass der Garri zugeteilte Wachmann Russisch sprach. Wurde er angewiesen, Teile des Gesprächs zwischen Garri und seinen Sekundanten weiterzugeben? Solche Gedanken und Verdächtigungen gingen uns ständig durch den Sinn. Ich war in dieser Hinsicht ziemlich vorsichtig. Wenn ich mich im Arbeitszimmer im Hotel befand, hielt ich mich immer von dem Tisch fern, an dem Garri und Yury analysierten. Nicht, weil Garri das so wollte. Tatsächlich sagte er gelegentlich, ich solle mir einen unglaublichen Zug anschauen, den sie gefunden hatten. Ich lehnte immer ab und erklärte, warum: »Was ist, wenn sie zufällig eine starke Antwort für genau diesen Zug vorbereitet haben? Ich möchte nicht, dass du fünfzehn Minuten lang dasitzt und dich fragst, ob vielleicht Frederic ihnen etwas verraten haben könnte.«

Nach zwölf Jahren Zusammenarbeit vertraute Garri mir voll und ganz. Selbst als er herausfand, dass ich einen Schlüssel zum Haus des führenden *Deep Blue*-Programmierers hatte. Ich erklärte es ihm. Murray Campbell und mich verband eine lange Freundschaft. Er war bei mir in Deutschland zu Gast gewesen, und ich hatte ihn ein paar Mal in Yorktown Heights besucht. Er und seine Frau Gina hatten sich um meinen Sohn Martin gekümmert, der einige Jahre zuvor in den USA war. Gina hatte mir den Schlüssel gegeben, falls ich etwas Zeit in Yorktown verbringen wollte, wenn sie nicht zu Hause waren.

Also versuchte ich, jeglichen Verdacht zu vermeiden. Ich näherte mich dem Arbeitstisch nur, wenn Garri und Yury Computerhilfe brauchten. Was sie vorhatten, welche Varianten sie zu spielen beabsichtigten, musste ich nicht wissen.

Dann gab es einen Zwischenfall. Irgendwann borgte ich mir ein Fernglas, ging zum Fenster des Arbeitszimmers und fing an, die Fenster der Nachbargebäude zu scannen. Plötzlich sah ich einen runden dunklen Kreis in einem von ihnen. In Begleitung von Garris Manager Owen Williams ging ich hinunter auf die Straße und betrachtete von dort aus mit dem Fernglas das Fenster. Owen machte das ebenfalls und rief: »Das ist ein [Kraftausdruck] Teleskop!« Bei näherer Betrachtung stellten wir fest, dass es sich um eine Kamera mit einem Monsterobjektiv handelte – direkt auf das Gebäude gerichtet, auf unser Zimmer. Wir gingen zur Gebäudeverwaltung und baten um eine Inspektion des Zimmers. Natürlich war die Antwort Nein. »Wahrscheinlich handelt es sich um Paparazzi«, sagten sie. »Die versuchen, Aufnahmen von prominenten Leuten zu machen, die das Hotel besuchen.« Völlig legal. Für eine Überprüfung bräuchten wir einen Gerichtsbeschluss.

Also blieb uns nur übrig, die Vorhänge in Garris Arbeitszimmer zuzuziehen. Er protestierte (»Hey, wir brauchen Licht!«), während ich vermeiden musste, ihm zu sagen, warum das notwendig war. Glücklicherweise verschwand die Kamera am nächsten Tag, und die Jalousien des betreffenden Fensters waren heruntergezogen.

Dann kam die schicksalhafte letzte Partie, in der ich möglicherweise zu Garris Sturz beigetragen habe. Ich hatte für ihn und Yury die neuesten Eröffnungsbücher aller großen kommerziellen Schachprogramme besorgt, und sie hatten die meisten Varianten, die *Deep Blue* in den fünf Runden gespielt hatte, in einem von ihnen gefunden. Hatte *Deep Blue* die Eröffnungsvorbereitung darauf gestützt?

Garri spielte in der sechsten Partie einen normalen Caro-Kann, und im siebten Zug zog er mit seinem Bauern von h7 nach h6, womit er einen gegnerischen Springer angriff. Er wusste, dass es eine sehr gefährliche Variante gab, in der der Gegner den Springer einfach opfern konnte. Das stand in keinem der Eröffnungsbücher, und keines der Programme, die wir benutzten, spielte es. Sie alle zogen den Springer zurück. *Deep Blue* nicht. Der IBM-Rechner opferte den Springer. Hatte er es ausgerechnet, hatte er in seiner Suche erkannt, dass das Springeropfer ihm einen gefährlichen Angriff ermöglichen würde? Nein, hatte er nicht.

Zwölf Jahre später enthüllte einer der geheimen Trainer von *Deep Blue*, der spanische GM Miguel Illescas, dass er den Zug nur wenige Stunden vor der Partie im Eröffnungsbuch des Computers gespeichert hatte. »Ich habe *Deep Blue* gesagt, wenn Garri ...h6 spielt, nimm auf e6. Einfach so spielen, nicht denken.« Er wusste, dass die Maschine keinesfalls eine Figur für einen Bauern opfern würde. Sie hätte diesen Zug niemals allein gefunden.

Dennoch hatte sich der Verdacht nicht zerstreut. Garri hatte diese Variante nie gespielt und den Caro-Kann seit fast einem Jahrzehnt ganz aufgegeben. Trotzdem hatte man ihm in der letzten Partie so eine Falle gestellt. Im gleichen Interview bestätigte Illescas, dass IBM Russisch sprechendes Sicherheitspersonal eingestellt hatte, um Garri zu begleiten. Konnten sie etwas über die obskure Variante gehört haben, die er in den Tagen zuvor mit Yury analysiert hatte?

Garri verlor die letzte Partie und akzeptierte die Tatsache, dass *Deep Blue* ihn besiegt hatte. Er lobte das Team für die geleistete Arbeit und forderte IBM zu einem Entscheidungskampf heraus. Er hatte das erste Match 4:2 gewonnen und das zweite mit 2,5:3,5 verloren. Eine Entscheidung war fällig. Er bot sogar an, seinen Weltmeistertitel aufs Spiel zu setzen. Die Herausforderung wurde jedoch nicht angenommen, und *Deep Blue* spielte nie wieder eine Partie.

Das Computersystem, das Kasparow in New York besiegte, steht heute im Computer History Museum in Mountain View, Kalifornien. Wie ich es gegenüber der *New York Times* formulierte: »Der Sieg von *Deep Blue* über Kasparow war ein Meilenstein in der Entwicklung der Künstlichen Intelligenz, aber es ist eine Sünde, dass IBM die Maschine nie wieder spielen ließ. Es ist, als würde man zum Mond fliegen und nach Hause zurückkehren, ohne sich umzusehen.«

Natürlich ist auch das große IBM-Kasparow-Schachportal nie zustande gekommen. So viel Stress, so viele schlaflose Nächte. Ich habe es manchmal bereut, überhaupt mitgemacht zu haben. Mir fehlte die Erfahrung, fehlten die Nerven…

Mensch plus Maschine statt Mensch gegen Maschine! Das war eine Idee, die mir bei einer Limousinenfahrt von Yorktown nach New York präsentiert wurde. »Warum versuchen wir nicht, Matches zu spielen, in denen starke Großmeister während der

Spiele Computer benutzen dürfen?«, fragte Garri. »Damit würde das höchste Schachniveau erreicht, das jemals gesehen wurde. Die Teilnehmer wären stärker als die menschlichen Spieler, aber auch stärker als der Computer, den sie benutzen.« Auf der einstündigen Fahrt arbeiteten wir die Details aus. Jeder Spieler würde mit einem Computer ausgestattet und dürfte während der Partien ein Schachprogramm konsultieren. Sie könnten ihre Pläne auf taktische Solidität überprüfen, was wahrscheinlich zu einer furchtloseren Spielweise führen würde. »Wie oft sitzt man am Brett«, meinte Garri, »und sieht eine wunderschöne Angriffsidee. Aber die Varianten sind so kompliziert und die Zeit so knapp, dass man sich für etwas Ungefährlicheres entscheidet. Auf diese Weise könnten die Spieler gewagte Züge ausführen. Menschlicher Kreativität und strategischer Planung würden freien Lauf gelassen.«

Wir haben für diese Mensch-Maschine-Begegnungen die Bezeichnung »Advanced Chess« (fortgeschrittenes Schach) gewählt. Ein Sponsor war schnell gefunden: die Stadt León im Nordwesten Spaniens. So organisierten wir im Juni 1998 ein Sechs-Partien-Match zwischen Garri und dem bulgarischen Top-GM Weselin Topalow. Beide Spieler verwendeten *ChessBase*-Software und einen Computer ihrer Wahl. Topalow hatte kürzlich ein Schnellschachmatch gegen Kasparow mit 0:4 verloren, aber in León hielt er gegen Garri ein 3:3-Unentschieden. Der Einsatz des Computers hatte ihm geholfen, die überlegenen Fähigkeiten des Weltmeisters bei taktischen Berechnungen zu neutralisieren. Es gab vier Siege und zwei Unentschieden. Am Ende gewann Kasparow das Tiebreak-Blitz mit 2,5:1,5. Erstes Fazit von Garri: »Beim Advanced Chess ist die Partie entschieden, wenn jemand einen deutlichen Vorteil erreicht.« Nachfolgende Fehler werden durch die Computeranalyse eliminiert.

Nach diesem ersten Turnier veranstaltete man in León fünf weitere Advanced-Chess-Matches, alle mit Viswanathan Anand, der jeweils ein Match gegen Anatoli Karpow, Judit Polgár, Peter

Leko und Wladimir Kramnik spielte. Anand verlor nur in seinem Match gegen Kramnik eine Partie, sonst spielte er immer mindestens remis. Die Veranstaltungen fanden großen Anklang: Wir projizierten die Bildschirme der Computer auf große Leinwände. So konnten die Zuschauer die Spieler beim Planen ihrer Züge beobachten. Zum ersten Mal in der Geschichte konnten Menschen Schachgroßmeistern beim Denken zusehen. Es war wunderbar anzuschauen, wie Anand an einem Angriff auf der einen Seite des Bretts arbeitete, während sein Gegner auf der anderen Seite mehr um seine Sicherheit besorgt war. Und wie der Computer Anand plötzlich zeigte, dass der Angriff, den er plante, tatsächlich funktionierte und er ihn ausführen konnte. Computer waren also bereits damals nicht aus dem professionellen Schach wegzudenken.

Noch einmal zurück ins Jahr 1985. Bei Kasparows erstem Besuch in Hamburg hatten die gastgebenden Nachrichtenmagazine *(Der Spiegel, DIE ZEIT)* eine Reihe von Schauveranstaltungen für Garri organisiert. In einem spielte er ein Simultan gegen die 32 besten Schachcomputer, die damals im Handel erhältlich waren. Das Ergebnis lautete 32:0 für den menschlichen Spieler. Garri gewann tatsächlich jede Partie. In einem Fall hatte er einige Probleme mit einem Computer, der seinen Namen trug. Sofort wurde ich von einem Mitglied der mit uns konkurrierenden Firma angesprochen. »Wenn er diese Partie verliert, nur um Werbung für die Marke zu machen, wird das ein Skandal«, sagte er zu mir. Aber Garri konzentrierte sich auf die Partie, opferte eine Figur und sicherte sich einen sauberen Sieg. Für ihn war das wichtiger als jeder theoretische kommerzielle Nutzen, den er aus einer absichtlichen Niederlage gezogen hätte.

Garri liebte neue Herausforderungen. Bei einer Vorführung sollte er simultan mit verbundenen Augen gegen zehn starke Gegner spielen. Während eines Mittagessens bei mir zu Hause äußerte er sich sorgenvoll darüber. Ich ermutigte ihn, während wir die Modalitäten ausarbeiteten: 90 Minuten für 40 Züge plus eine halbe Stunde für die Zugübermittlung und Durchführung. Garri würde an einem Tisch sitzen, die anderen Spieler würden sich in einem separaten Raum befinden. Ihre Züge würden ihm auf Zetteln gebracht, und er würde seine Antwort darauf schreiben. Am Ende ging alles gut. Garri gewann 9:1 (acht Siege, zwei Unentschieden).

Zwei Dinge sind mir von diesem Match in Erinnerung geblieben. Eines betraf einen Freund und Kollegen, Dieter Steinwender, für den ich einen Platz als Spieler in der Simultanrunde gesichert hatte. Dieter ist ein starker Vereinsspieler und hatte im Budapester Gambit gegen Garri eine komplizierte gefährliche Variante vorbereitet. Nach dem Schlüsselzug schob Garri Dieters Zettel einfach zur Seite und spielte an den anderen Brettern weiter. Dieter kam zu mir und sagte: »Siehst du, er steckt in Schwierigkeiten. Er weiß, dass er verliert, und will das Unvermeidliche hinauszögern.« Aber dann, fünfzehn Minuten später, notierte Garri plötzlich einen Zug auf Dieters Papier und antwortete sofort, wenn ein Gegenzug kam. Er hatte sich alles durchgerechnet und eine elegante Widerlegung von Dieters hinterhältiger Falle gefunden, während er sich um die anderen Partien kümmerte. Ein fassungsloser Dieter war der erste Spieler, der seine Partie aufgab.

Ein weiterer Gegner von Garri in diesem blinden Simultanturnier war ein Computer namens *Mephisto*, einer der stärksten Schachrechner seiner Zeit. Plötzlich winkte Garri mich herbei und sagte: »Du musst zugucken. Ich werde den Computer matt setzen.« Und nach ein paar Zügen verkündete er ein Matt in neun, während er nebenbei einen Salat und ein Sandwich zu sich nahm. Können Sie die Mattvariante finden?

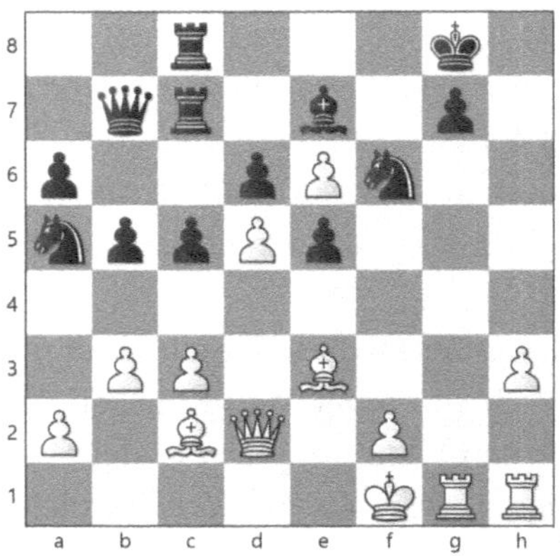

Das sind die Züge, die Garri gespielt hat: **30.Txg7+ Kxg7 31. Lh6+ Kh8 32.Lg7+ Kxg7 33.Dg5+ Kf8 34.Dh6+ Ke8 35.Lg6+ Kd8 36.Dh8+** und der Computer gab auf (Matt in zwei folgt). In einem Artikel über das Turnier fragte sich der Redakteur einer deutschen Schachzeitschrift: »Wozu kann der menschliche Geist wohl noch fähig sein?«

Geschwindigkeit und Zuverlässigkeit beim Erkennen und Auflösen von Schachstellungen sind für einen Weltklassespieler unerlässlich. Bei Garri stellte ich fest, dass er geistige Fähigkeiten hatte, die weit über das mir bisher Bekannte hinausgingen. Eine Vorstellung von seinem Leistungsvermögen bekam ich, als ich mit dem frischgebackenen Weltmeister zu experimentieren begann.

Dabei habe ich einige Dinge ausprobiert. Ich las zum Beispiel, so schnell ich konnte, die Züge einer neuen Partie aus einem Schach-Informator vor. Beim ersten Diagramm hielt ich an, und Garri nannte mir sofort den nächsten Zug, der in der Notation mit einem Ausrufezeichen versehen war. Es war, als würde ich ihm mit hoher Geschwindigkeit eine Geschichte vorlesen und an einem entscheidenden Moment in der Erzählung stoppen.

Historische Partien konnte er normalerweise nach dem Verlesen der ersten Dutzend Züge identifizieren. Also versuchte ich etwas anderes. Ich habe historische Partien in das *ChessBase*-Programm geladen und sie mit der höchstmöglichen Geschwindigkeit ablaufen lassen. Die Figuren blitzten über den Bildschirm, es war so gut wie unmöglich, ihnen mit dem Auge zu folgen. Kein Problem für Garri – er konnte die Partien schnell identifizieren. Das war so beeindruckend, dass wir es mehrmals in deutschen Fernsehsendungen vorgeführt haben.

Das führte zu einem amüsanten Zwischenfall. Wie oben erwähnt, hatte Garri 1986 einen Vertrag mit der Computerfirma Atari abgeschlossen. Zur Feier der Vereinbarung wurde er zu einem Galadinner nach Frankfurt eingeladen, an dem Top-Atari-Manager aus ganz Europa teilnahmen. Es waren ungefähr dreißig Leute anwesend, die an einem langen Tisch saßen, mit Garri in der Mitte. Nach dem Abendessen gab es eine Gesprächsrunde mit Mikrofon und Übersetzer. Garri war sehr entgegenkommend und beantwortete alle Fragen charmant.

Irgendwann stand unser Gastgeber Alwin Stumpf, damaliger Chef von Atari Deutschland, auf und verkündete: »Nun, meine Damen und Herren, möchte ich etwas wirklich Unglaubliches demonstrieren. Am Eingang zu diesem Raum haben wir einen Tisch mit zehn Stellungen aus der Schachgeschichte vorbereitet. Vor jeder liegt ein Zettel, der uns sagt, aus welchen Partien sie stammen – aber umgedreht, damit man es nicht sehen kann. Ich werde jetzt Herrn Kasparow bitten, einen Blick auf die Stellungen zu werfen. Er soll versuchen, sie zu identifizieren.«

Garri blieb jedoch mürrisch sitzen. Er nahm das Mikrofon und sagte: »Ich fühle mich sehr geehrt, dass sich die Manager dieser großen Computerfirma dafür interessieren, wie das Gehirn eines Top-Schachspielers funktioniert. Aber ich bitte Sie um Verzeihung, wenn ich nicht zu dem Tisch hinübergehe …« Alwin Stumpf war erschrocken: Man hatte das Experiment vorher nicht mit Garri abgesprochen, und er wollte nicht mitmachen? Garri fuhr fort: »Der Grund dafür ist, dass ich auf dem Weg zu meinem Platz gezwungen war, an den am Eingang aufgestellten Stellungen vorbeizulaufen, und ich konnte nicht widerstehen, einen Blick darauf zu werfen. Deshalb bitte ich Sie, mir zu gestatten, sitzen zu bleiben und die Stellungen von hier aus zu identifizieren. Das erste Brett ist eine Stellung aus der Partie Steinitz gegen Zukertort, die 1872 gespielt wurde, wo Steinitz eine wunderbare Kombination ausführte …«

Garri identifizierte vom Tisch aus alle zehn Stellungen fehlerlos, ohne Sicht der Bretter. Ein Helfer deckte die Zettel jeweils auf und bestätigte, dass seine Angaben korrekt waren. Als er an den Stellungen vorbeigegangen war, wusste Garri sofort, was wir vorhatten. Also prägte er sich ein, was er sah. Wahrscheinlich verbrachte er die ersten fünfzehn Minuten des Abendessens damit, sich auf den großen Moment vorzubereiten. Als der dann kam, führte er alles mit großer Virtuosität aus. Was für ein Entertainer! Wahrscheinlich erzählen heute etwa dreißig Menschen ihren Enkeln, wie sie 1986 Zeugen von purem Genie wurden.

In den folgenden Jahren beschäftigte ich mich tiefer mit den mentalen Fähigkeiten des Weltmeisters. Ich habe ihm komplizierte Stellungen diktiert und ihn gebeten, sie zu lösen. Er war dabei noch schneller als alle anderen Spitzenspieler, mit denen ich das ausprobierte. Vielleicht kannte er einige der Studien, die ich ihm vorlegte?

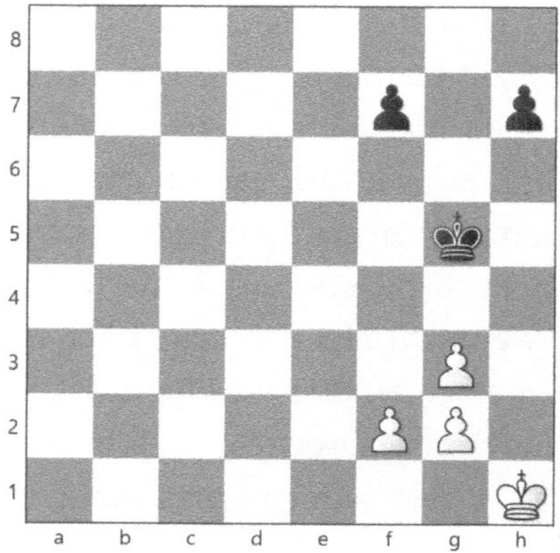

Irgendwann, um 1999 herum, experimentierte John Nunn mit den neuesten Endspieldatenbanken und hatte eine Reihe von Bauernendspiel-Studien komponiert, die niemand auf der Welt gesehen haben konnte. Eine davon habe ich dem Endspielexperten von *ChessBase* vorgelegt, GM Dr. Karsten Müller. Er hat sie in einem halben Tag gelöst. Fast. Er lag bei einer entscheidenden Variante falsch.

Die Aufgabe sieht trügerisch einfach aus: *Weiß am Zug gewinnt.* Ich rief Garri an und diktierte ihm die Stellung. Weniger als eine Stunde später rief er zurück und hatte die Lösung. Alle Varianten auf meinem Computer gab er einwandfrei wieder.

Können Sie sich vorstellen, wie die Lösung beginnt? Weiß muss **1.Kh2** spielen! Es ist der einzige Zug, der gewinnt. Alle anderen Züge führen nur zum Remis. Die stärkste Verteidigung für Schwarz, von Garri diktiert, ist **1...f6**. Jetzt muss Weiß die wirklich absurde Fortsetzung **2.Kh1!!** spielen. Und Garri hat sie gefunden.

»Hast du einen Computer benutzt? Hast du es auf einem Brett gelöst?«, fragte ich. »Fred, ich gehe durch die Straßen von Paris«, antwortete er und reichte das Telefon seiner Frau. »Ja«, bestätigte sie. »Und anstatt die wundervolle Architektur zu bewundern, hat er in den Himmel gestarrt, um dein dummes Problem zu lösen.«

Sie, lieber Leser, können sich die Studie einmal anschauen. Versuchen Sie zu ergründen, warum 1.Kh2 und besonders 2.Kh1 die einzigen Züge sind, die zum Gewinn führen. Wenn Sie den QR-Code mit Ihrem Mobiltelefon oder Tablet scannen, können Sie alle Varianten nachspielen und mithilfe einer Schachsoftware herausfinden, warum alternative Züge nicht funktionieren. Oder Sie können versuchen, das Problem in Ihrem Kopf zu lösen, und dabei mit dem größten Schachgenie konkurrieren, das ich je getroffen habe.

Meine Beziehung zu Garri war aber nicht nur auf Schach ausgerichtet. Nachdem ich mich 1985 mit ihm angefreundet hatte, begann ich, ihn regelmäßig zu Turnieren und Veranstaltungen zu begleiten. Wir haben viel Zeit miteinander verbracht. Eine Sache, der ich nicht widerstehen konnte, war, ihm ab und zu einen Streich zu spielen.

Einmal reisten Garri, sein Beraterteam und ich mit dem Zug von der Schweiz nach Deutschland. Es war eine lange und ermüdende Bahnfahrt. Der Champion litt an seiner einzigen Schwäche im Leben: Langeweile. Gab es nichts, was wir tun könnten? »Lass mich dir ein Kartenspiel zeigen«, schlug ich vor. Toll, er interessiert sich immer für Spiele und Herausforderungen.

Ich zog ein Kartenspiel heraus und mischte gründlich. Nachdem er abgehoben hatte, teilte ich die Karten in sechs ungefähr gleich hohe Stapel. »Okay, jetzt ziehen wir Karten«, sagte ich. »Die höhere Karte gewinnt. Ass ist am höchsten, Rot ist besser als Schwarz, Herz ist höher als Karo, Pik ist besser als Kreuz.«

Garri merkte sich das: Herz besser als Karo, Pik besser als Kreuz … »Jetzt drehen wir beide eine Karte um«, fuhr ich fort, »und die höhere Karte gewinnt. Der Verlierer darf immer zuerst ziehen.« – »Warte mal, was sind die Regeln?«, wollte Garri wissen. »Ich habe sie dir gerade gesagt«, antwortete ich. »Das ist lächerlich«, sagte er. »Alles reiner Zufall. Wo ist die Strategie?« Ich erklärte ihm, dass es sich um ein strategisches Spiel handele, das ich sehr gut beherrschte. »Ich habe jahrelang geübt und wette, dass ich dich schlagen kann.«

Widerwillig begann er zu spielen. Er drehte eine Karte um. Ich drehte eine um, und sie war höher, also gewann ich den Stich. Er wählte erneut, und wieder hatte ich eine höhere Karte. Wir spielten das gesamte Kartenspiel durch, und ich gewann ungefähr mit 22:4.

Garri war bestürzt. Er forderte ein neues Spiel. Diesmal mischte er die Karten selbst sehr gründlich und teilte sie in die Stapel auf. Ich durfte die Karten nicht berühren und nur auf den

Stapel zeigen, den ich ausgewählt hatte. Wieder gewann ich fast jeden Stich. Garri wurde immer aufgeregter und begann, das Spiel mit seinen Beratern zu besprechen. Sie sprachen russisch, und es fiel das Wort *statistika*. Garri sagte verärgert etwas, was nur: »Wie zum Teufel kann Statistik eine Rolle spielen?«, bedeuten konnte. Er wurde immer wütender, also musste ich offenlegen, was ich gemacht hatte.

Der Trick, erklärte ich, sei ein Spiel mit gezinkten Karten. Garri war fassungslos. Er ist einer der klügsten Menschen, die ich je getroffen habe. Aber damals war er im Grunde ein unschuldiger junger Mann aus Baku, Aserbaidschan. Er hatte keine Ahnung davon, wie unehrlich die Welt sein konnte.

Ich besitze das Kartenspiel immer noch, mit dem ich Garri vor mehr als drei Jahrzehnten im Zug hereingelegt habe. Die Karten haben winzige Markierungen auf der Rückseite, die nur sichtbar sind, wenn man weiß, wo man suchen muss.

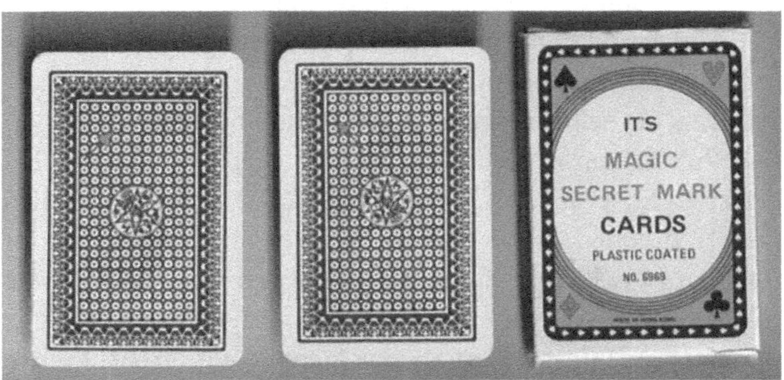

Im obigen Beispiel kann ich mit einem Blick erkennen, dass die Karten Herz-Zwei und Pik-Fünf sind. So fiel es mir leicht, eine höhere Karte zu ziehen. Außer in den seltenen Fällen, in denen zufällig die höchste Karte auf seinem Stapel lag.

Ich will dieser Erfahrung mit Garri einen Versuch gegenüberstellen, bei dem ich einen erfahreneren und abgebrühten Freund auf gleiche Weise zu täuschen versuchte. Nachdem ich vier oder fünf höhere Karten hintereinander aufgedeckt hatte, hörte John Nunn auf zu spielen und begann, die Rückseiten der Stiche, die wir gespielt hatten, sorgfältig zu untersuchen. Nach ein paar Minuten sagte er: »Okay, machen wir weiter.« Danach wählte der Spieler, der zuerst dran war, jedes Mal die höchste Karte. John hatte das System der Markierungen entdeckt und vollständig entschlüsselt.

Mir fällt noch eine Nicht-Schach-Frage ein, mit der ich Garri genervt habe: »Die US-Luftwaffe besitzt die meisten Kampfflugzeuge der Welt. Die russische Luftwaffe liegt auf dem dritten Platz. Wer ist auf Platz zwei?« Garri grübelte lange. China? Indien? Die Europäische Union? Sicherlich nicht Israel. Am Ende gab er auf. Ich verriet ihm die Lösung: Es ist die US Navy. »Aber das ist doch kein Land!«, protestierte er. »Ich habe nie etwas von einem Land gesagt«, antwortete ich.

Er war zutiefst verärgert und sprach eine Stunde lang nicht mit mir. Dann kam er mit Rachegelüsten in seinen Augen zu mir zurück und stellte mir folgende Scherzaufgabe: Die Amerikaner beschließen, einen Spion für den Einsatz in Russland auszubilden. Sie nehmen einen jungen Mann und lassen ihn intensive Russischkurse besuchen, bis er die Sprache perfekt beherrscht. Er lernt alles über russische Kultur, Gewohnheiten und Traditionen. Als er vollständig ausgebildet ist, springt er mit dem Fallschirm über Sibirien ab. Er verbringt einen Monat ganz allein im Wald, um sich zu akklimatisieren. Dann verlässt er den Wald und wandert in eine kleine Stadt. Er sieht einen Imbissstand, der von einer alten Frau betrieben wird. Er geht hinüber und sagt: »Mamuschka, kannst du einem müden Wanderer ein Glas Wasser geben?« – »Natürlich, mein Sohn«, antwortet sie. »Du bist sicher nicht von hier?« Woher wusste sie, dass er kein Russe aus Sibirien war?

Ich habe lange gegrübelt. Seine Schuhe, die Kleidung, seine Aussprache? Nein, er ist gut ausgebildet und sprach sogar mit einem lokalen sibirischen Akzent. Ich hatte keine plausible

Theorie, und Garri genoss meine Ahnungslosigkeit. Die Lösung ist einfach: Der Mann war schwarz. Die CIA hatte einen Afroamerikaner zum sowjetischen Superspion ausgebildet. Eigentlich eine ganz lustige Vorstellung.

Garri ist immer ein Fan von logischen Rätseln gewesen. Hier ist eins, das ich Garri während eines japanischen Mittagessens gestellt habe – bei Miso und Sushi suchte er nach der Lösung:

»Kürzlich erzählte mir ein Freund, wie sein Großvater gestorben war: ›Meine Großeltern gingen sonntags immer in die Kirche‹, sagte er. ›Eines Tages schlief mein Großvater während der langweiligen, eintönigen Predigt ein. In der Woche davor hatte er einen Roman über die Französische Revolution gelesen und begann zu träumen, er sei ein reicher Aristokrat, der in einem wunderschönen Schloss in Frankreich lebte. Plötzlich gab es draußen einen großen Tumult. Eine Bauernhorde stürmte in das Haus, packte ihn und schleifte ihn zum Marktplatz, wo ein Schafott mit einer Guillotine aufgestellt war. Er wurde die Treppe hinaufgezerrt, ein Priester murmelte ihm ein paar Worte zu. Dann wurde sein Kopf in die Guillotine hineingelegt. Ein vermummter Henker näherte sich und griff nach dem Hebel, der das Fallbeil herabsausen lässt … In diesem Moment schnarchte mein Großvater laut, also streckte meine Großmutter die Hand aus und kniff ihn in den Nacken, um ihn aufzuwecken. Das war ein solcher Schock für meinen Großvater, dass er einen Herzinfarkt erlitt und auf der Stelle starb.‹ Meine Reaktion auf die Geschichte meines Freundes: ›Das glaube ich nicht. Das hast du dir ausgedacht.‹ Warum habe ich so reagiert? Woher wusste ich, dass die Geschichte nicht wahr sein konnte?«

Garri begann, über die Geschichte der Französischen Revolution, die Mechanik der Guillotine und die Höhe des Hebels zu sinnieren. Irgendwann ließ er mich die Geschichte wiederholen, um kleine Abweichungen von der ursprünglichen Version zu identifizieren. Als das Essen zu Ende ging, wurde er sauer, und seine Laune verschlechterte sich von Minute zu Minute, also musste ich ihm die Lösung verraten. Er hörte zu und saß dann wie betäubt da. Wie konnte jemand, der einer der intelligentesten und scharfsinnigsten Menschen der Welt war, ein so primitives Rätsel nicht lösen?

Ich habe das Rätsel einer beträchtlichen Anzahl von Menschen vorgetragen. Etwa die Hälfte von ihnen schaut mich völlig verwirrt an, weil ihnen die Antwort sofort klar ist. Aber die andere Hälfte ist verdutzt. Sie grübeln eine Stunde, Tage oder Wochen über das Problem nach, oft ohne Erfolg. Was ist also die Lösung? Leider kann ich es nicht übers Herz bringen, sie hier zu enthüllen.

Aber es gibt einen einfachen Weg für Sie, die Antwort zu finden. Geben Sie die Aufgabe einfach an Ihre Familie oder Ihren Freundeskreis weiter. Etwa die Hälfte wird die Stirn runzeln und Sie mit belanglosen Fragen überhäufen, während die andere Hälfte ein breites Grinsen oder ein verwirrtes Lächeln auf den Gesichtern haben wird. Bitten Sie einen der letzteren Menschen, Ihnen die Lösung ins Ohr zu flüstern.

Ich habe Ihnen nun eine Menge über die mehr als drei Jahrzehnte meiner Bekanntschaft mit Garry Kasparow erzählt. Er war immer einer meiner treuesten und wichtigsten Freunde. Die Zusammenarbeit mit ihm hatte enorme Auswirkungen auf mein Berufsleben, aber abgesehen davon gab es auch unzählige gemeinsame Erlebnisse und Abenteuer. Ich habe so viele attraktive Orte besucht und so viele interessanteste Menschen kennengelernt. Und es hat auch alles einfach eine Menge Spaß gemacht.

Zen hoch Zen

Wissen ist nicht einfach nur Wissen. Es ist viel vertrackter als das. Das zeigt uns die Komödie *Romanoff und Juliet* von Peter Ustinov auf satirische Weise. In einer Szene trifft der Regent eines fiktiven winzigen Landes zur Zeit des Kalten Krieges irgendwo zwischen Amerika und Russland den amerikanischen Botschafter. Der Botschafter teilt dem Herrscher mit, dass man durch geheimdienstliche Mittel von sowjetischen Angriffsplänen auf sein kleines unabhängiges Land erfahren habe.

Sofort kontaktiert der Regent den russischen Botschafter und sagt nach etwas Small Talk in Bezug auf die Amerikaner: »Sie wissen es!« Unbeeindruckt antwortet der Russe: »Wir wissen, dass sie es wissen.« Der Regent eilt zurück zum amerikanischen Gesandten und sagt: »Die wissen, dass ihr es wisst.« Der Amerikaner lächelt nur milde und erwidert: »Wir wissen, dass sie wissen, dass wir es wissen.« Zurück beim russischen Botschafter, sagt der Regent: »Die wissen, dass ihr wisst, dass sie es wissen.« Selbstbewusst antwortet der Russe: »Wir wissen, dass sie wissen, dass wir wissen, dass sie es wissen.« Wieder eilt der Regent zum amerikanischen Gesandten: »Sie wissen, dass ihr wisst, dass sie wissen, dass ihr es wisst.« Der Amerikaner wiederholt diese Worte, während er an den Fingern abzählt, und ruft schließlich im höchsten Grad der Erregung: »Was? Das wissen die auch?« Diese Szene ist eine amüsante Parabel für die unterschiedlichen Arten des Wissens.

In einer Gruppe von Menschen kann nicht nur jeder eine Tatsache T wissen, sondern eventuell kann auch jeder wissen, dass alle die Tatsache T wissen, oder sogar, dass alle wissen, dass jeder weiß, dass alle die Tatsache T wissen usw. Lässt sich dieser Prozess unendlich fortsetzen, bezeichnet man in der Philosophie und der mathematischen Logik diese Tatsache T als »gemeinsames Wissen«. Die Informationsstruktur bezüglich T ist unter den Gruppenmitgliedern dann unendlich verschachtelt.

Manchmal liegt dem Wissen eine vielschichtige Architektur zugrunde. Diese kann sich schrittweise ausbreiten und paradoxerweise sogar durch Behauptungen des Nichtwissens erweitert werden. Das wollen wir an einer kleinen Szene verdeutlichen. Die beiden Zenmeister Sato und Poru treffen einen ihrer Schüler, der an einem Schachturnier teilgenommen hat: »Verehrte Meister, ich habe a Mal mit Schwarz gewonnen und b Mal mit Weiß. Mit Schwarz mindestens zweimal und mit Weiß mindestens so oft wie mit Schwarz.«

Zenmeister Sato sagt: »Nenne mir die Summe a + b der beiden Zahlen.«

Zenmeister Poru sagt: »Nenne mir das Produkt a x b der beiden Zahlen.«

Der Schüler flüstert Meister Sato die Summe und Meister Poru das Produkt der Zahlen ins Ohr. Daraufhin ergibt sich dieser Dialog zwischen den Meistern:

Sato: »Ich weiß nicht, was a und b ist.«

Poru: »Ich weiß ebenfalls nicht, was a und b ist.«

Sato: »Aha, jetzt weiß ich, was a und b ist.«

Poru: »Nun weiß ich es auch.«

Können Sie die Zahlen a und b bestimmen? Ja, es ist möglich. Aussage eins ist zu entnehmen, dass deren Summe mindestens 6 sein muss. Andernfalls wüsste Sato sofort, um welche beiden Zahlen es sich handelt.

Aus demselben Grund folgt aus Aussage zwei, dass deren Produkt zwei verschiedene Darstellungsmöglichkeiten hat, mit Faktoren, deren Summe mindestens 7 ist. Das Produkt könnte also etwa 16 sein, was als 4 x 4 aber auch als 8 x 2 darstellbar ist.

Schreiben wir nun abkürzend M für die Menge aller Produkte, die mit Aussage zwei kompatibel sind. Wie gerade gesehen, liegt das Produkt 16 in dieser Menge M.

Aussage drei erlaubt den Schluss, dass die Summe S höchstens 7 sein kann. Denn wäre S gleich 8 oder größer, so wären die beiden Produkte

$$4 \times (S - 4) = 2 \times (2S - 8) \text{ und } 6 \times (S - 6) = 2 \times (3S - 18) = 3 \times (2S - 12)$$

Elemente der Menge M. Dann könnte Sato jedoch nicht wissen, ob es sich um die beiden Zahlen 4 und S – 4 handelt oder um 6 und S – 6. Aber er weiß es. Daraus können wir schlussfolgern, dass die Summe entweder den Wert 6 oder den Wert 7 hat. Doch den Wert 6 können wir ausschließen, denn 6 hat die beiden Darstellungen 2 + 4 und 3 + 3, und weder 2 x 4 noch 3 x 3 liegen in der Menge M.

Es kommt also nur die Summe 7 infrage. Und tatsächlich: Es ist

$$7 = 2 + 5 = 3 + 4$$

und davon ist

$$2 \times 5 = 10$$

nicht in der Menge M enthalten,

$$3 \times 4 = 2 \times 6 = 12$$

allerdings schon.

Damit können wir als Lösung verkünden:

$$a = 3 \text{ und } b = 4$$

Das hat Spaß gemacht, oder?

Damen auf dem Schachbrett

Haben Sie sich je gefragt, wie viele Damen man so auf ein ansonsten leeres Schachbrett stellen kann, dass keine Dame eine andere angreift? Wenn ja, dann sind Sie hier an der richtigen Stelle. Denn genau darum soll es in diesem Beitrag gehen. Bezeichnen wir abkürzend ein solches Damenensemble, bei dem sich keine zwei Damen gegenseitig attackieren, als friedlich.

Was die Einstiegsfrage betrifft, ist die Antwort nicht leicht. Ein bisschen überlegen muss man schon. Ziemlich schnell stellt sich aber der erste Eindruck ein, dass es nicht mehr als acht Damen sein können. Denn würde man versuchen, neun Damen aufzustellen, müssten mindestens zwei auf derselben Reihe oder in derselben Spalte stehen. Und schon hätten wir kein friedliches Miteinander mehr. Die Obergrenze ist also acht. Aber ist die überhaupt erreichbar? Ist es wirklich möglich, acht Damen friedlich aufzustellen?

Diese Frage geht zurück auf Max Bezzel (1824 bis 1871), den Rechtsrat des bayerischen Städtchens Ansbach, der sie 1848 unter dem Pseudonym »Schachfreund« in der *Berliner Schachzeitung* stellte. Dort formulierte er sie so: »Wie viele Steine mit der Wirksamkeit der Dame können auf das im Übrigen leere Brett in der Art aufgestellt werden, dass keiner den anderen angreift und deckt, und wie müssen sie aufgestellt werden?« Er fragt also auch danach, wie man sie aufstellen muss.

Das Problem zog schnell seine Kreise. In den nächsten Monaten wurden zahlreiche Lösungen veröffentlicht. Auch einer der größten Mathematiker aller Zeiten, Carl Friedrich Gauß, erfuhr davon und beschäftigte sich mit der Frage. Dass ihm die Antwort nicht leichtfiel, zeigt die Tatsache, dass er die Gesamtzahl verschiedener Lösungen falsch berechnete. In einem Brief an seinen Schüler Heinrich Christian Schumacher schrieb Gauß, dass es nicht mehr als 72 verschiedene Lösungen gäbe. Die richtige Antwort ist allerdings 92. Diese wurde erstmals im Jahr 1850 vom Zahnarzt Franz Nauck aus dem thüringischen Ort Scheusingen in der *Leipziger Illustrirten Zeitung* veröffentlicht, jedoch ohne Beweis. So kann auch einmal ein Zahnarzt einen legendären Mathematiker auf dessen Gebiet in die Schranken weisen.

Der fehlende Beweis dafür, dass es nicht mehr als 92 verschiedene Lösungen gibt, wurde dann vom Apotheker Emil Pauls 1874 in zwei Beiträgen der *Deutschen Schachzeitung* veröffentlicht. Die 92 verschiedenen Lösungen kann man so in 12 Gruppen einteilen, dass die Anordnungen jeder Gruppe durch Spiegelung und Drehung um 90 Grad, 180 Grad oder 270 Grad auseinander hervorgehen. Man sagt, dass es zwölf fundamentale Lösungen des Problems gibt, die nicht durch Symmetrieoperationen verbunden sind.

Interessant ist, dass sich in elf dieser zwölf Lösungsgruppen jeweils acht verschiedene Lösungen finden, die wechselseitig durch Spiegelung und Drehung ineinander übergehen. In einer weiteren Gruppe finden sich dagegen nur vier verschiedene Lösungen, die alle symmetrisch sind, sodass nicht alle Drehungen und Spiegelungen zu neuen Aufstellungen führen. Eine dieser symmetrischen Aufstellungen ist die folgende:

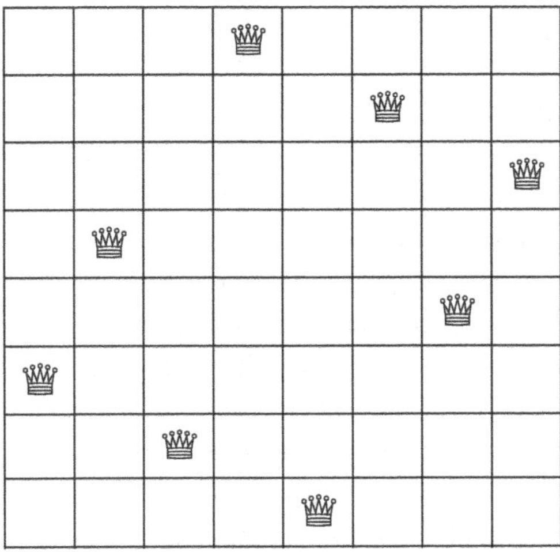

Bei einer Drehung um 180 Grad geht sie in sich selbst über. Wenn Sie das überprüfen möchten, müssen Sie nur dieses Buch auf den Kopf stellen.

Wir baten übrigens einen bekannten Großmeister von Weltrang, der das Acht-Damen-Problem nicht kannte, sich einmal Gedanken über die Anzahl verschiedener Lösungen zu machen. Nach einigen Tagen meinte er, dass es mit ziemlicher Sicherheit nicht mehr als acht bis zehn wären. Umso überraschter war er, als er die tatsächliche Anzahl 92 erfuhr.

Das Problem als solches ist höchst reizvoll. Das zeigt schon die Vielzahl der Menschen, die sich während der letzten 150 Jahre damit beschäftigt hat. Ebenso die große Zahl von Publikationen, die aus diesen Überlegungen entstanden sind. Falls Sie persönlich es noch reizvoller finden würden, wenn ein schachmathematisches Problem Nutzanwendungen im realen Alltagsleben hätte, dann habe ich in diesem Punkt eine gute Nachricht für Sie.

Es gibt nämlich eine Reihe handfester Möglichkeiten, die Lösungen des Damenproblems in der Realität einzusetzen. Unter anderem bei der Optimierung von Verkehrsflüssen und der

Vermeidung von Staus. Ferner spielen die Lösungen bei der Entwicklung von Datenspeichersystemen mit konfliktfreiem Zugriff bei paralleler Verwaltung mehrerer Speicherplätze eine Rolle. So ist das Damenproblem in industriellen, computergestützten und anderen organisatorischen Zusammenhängen durchaus praxisrelevant.

Wir wollen nun einige konkrete mathematische Überlegungen zum Acht-Damen-Problem anstellen. Unser erstes Interesse gilt der Frage, auf wie viele verschiedene Arten man acht Damen ganz beliebig auf die 64 Felder eines normalen 8x8-Schachbretts stellen kann. Die Aufstellung muss nicht »friedlich« sein.

Nun, für die erste Dame gibt es 64 Möglichkeiten. Egal, wo diese erste Dame platziert wird, gibt es 63 verbleibende Positionen für die zweite Dame. Diese sind beliebig kombinierbar. Demnach scheint es 64 x 63 verschiedene Aufstellungen für die ersten beiden Damen zu geben. Das ist aber nicht ganz richtig. Die Anzahl verschiedener Aufstellungen ist nur halb so groß. Denn die Aufstellung ändert sich nicht, wenn die beiden Damen untereinander ausgetauscht werden.

Diese Überlegungen können fortgesetzt werden. Für die dritte Dame gibt es für jede der vorgenommenen 64 x 63 Kombinationen der beiden ersten Damen jeweils 62 mögliche Platzierungen. Sinngemäß geht es so weiter bis zur achten Dame, bei der es für jede beliebige der 64 x 63 x 62 x 61 x 60 x 59 x 58 Kombinationen der ersten sieben Damen jeweils noch 57 mögliche Felder gibt. Das Produkt dieser Zahlen ergibt also

$$64 \times 63 \times 62 \times 61 \times 60 \times 59 \times 58 \times 57 = \\ 178.462.987.637.760$$

Das sind rund 178 Billionen.

Natürlich sind es auch hier nicht ganz so viele verschiedene Anordnungen. Denn die acht Damen auf ihren acht Feldern lassen sich, wie schon die ersten beiden Damen, beliebig untereinander austauschen, ohne dass sich etwas an der Aufstellung ändert. Durch die Produktbildung wurden diese aber bisher alle separat gezählt.

Die acht Damen kann man auf

$$8 \times 7 \times 6 \times 5 \times 4 \times 3 \times 2 \times 1 = 40.320$$

verschiedene Arten miteinander vertauschen. Deshalb ist von den zuvor berechneten gut 178 Billionen Anordnungen nur jeweils eine von 40.320 als verschieden zu werten. Die korrekte Anzahl ist demnach

$$178.462.987.637.760 \,/\, 40.320 = 4.426.165.368$$

Es bleiben also am Ende nur noch gut 4 Milliarden Möglichkeiten übrig. Wenn man sich dann fragt, wie wahrscheinlich es ist, durch rein zufälliges Platzieren von acht Damen auf acht Feldern eines Schachbretts eine friedliche Anordnung zu erhalten, dann liegt die Wahrscheinlichkeit dafür bei

$$92 \,/\, 4.426.165.368 \approx 1{:}48 \text{ Millionen}$$

Das ist eine extrem kleine Wahrscheinlichkeit. Die ebenfalls winzige Chance für einen Sechser im Lotto 6 aus 49 ist im Vergleich damit dreimal so groß.

Für die Anzahl verschiedener Möglichkeiten, aus 64 unterscheidbaren Objekten (den Feldern des Schachbrettes) acht verschiedene Objekte auszuwählen (die Standfelder für die Damen), verwenden Mathematiker den sogenannten Binomialkoeffizienten:

$$\binom{64}{8}$$

was auch als C(64,8) geschrieben wird. Im Deutschen wird dieser Ausdruck als »64 über 8« gelesen. Im Englischen ist die Bezeichnung mit »64 choose 8«, also etwa: »aus 64 wähle 8«, inhaltlich aussagekräftiger.

Nun kann man mit einem Computer eine gründliche Prüfung der möglichen Varianten durchführen, also eine Brute-Force-Suche. Dabei muss der Rechner jede einzelne der 4.426.165.368 Aufstellungen daraufhin untersuchen, ob sie friedlich ist. Alle bis auf 92 sind es nicht, wie wir schon wissen.

Um diese 92 friedlichen Anordnungen zu finden, lässt sich die Zahl der Anordnungen, die mittels Brute-Force untersucht werden müssen, weiter eingrenzen. Der Eingrenzung liegt die Überlegung zugrunde, dass eine friedliche Damenanordnung als Minimalvoraussetzung so gestaltet sein muss, dass in jeder der acht Zeilen nur eine einzige Dame steht. Das verringert die Anzahl der zu prüfenden Anordnungen auf

$$8^8 = 16.772.216$$

Doch nicht allein in jeder der acht Zeilen darf nur eine Dame stehen, auch in jeder der acht Spalten. Das erweitert den verbotenen Bereich bei diesem Zuordnungsproblem abermals. Berücksichtigt man auch diese Anforderung, dann gibt es nur noch

$$8 \times 7 \times 6 \times 5 \times 4 \times 3 \times 2 \times 1 = 40.320$$

zu prüfende Aufstellungen. Das ist eine erhebliche Reduktion gegenüber der Anfangszahl von rund 178 Billionen. Nur diese uns bereits bekannte Zahl von 40.320 Anordnungen (siehe oben) muss also auf die Friedlichkeit zwischen den Damen überprüft werden. Wie kann man das mathematisch bewerkstelligen?

Es ist lehrreich zu sehen, wie Carl Friedrich Gauß dieses

Problem anging. Weil in jeder Zeile und jeder Spalte nur genau eine Dame stehen darf, kann jede Anordnung, die diese Zeilen-Spalten-Eigenschaft als Grundvoraussetzung erfüllt, eindeutig als eine »Verwürfelung« der Zahlen von 1 bis 8 dargestellt werden. Mathematiker sagen statt »Verwürfelung« Permutation.

Die Aufstellung im obigen Diagramm, bei der die Damen in Schachnotation auf den Feldern a3, b5, c2, d8, e1, f7, g4, h6 stehen, kann in Koordinaten-Schreibweise als (1,3), (2,5), (3,2), (4, 8), (5,1), (6,7), (7,4), (8,6) notiert werden. Und diese dann noch kürzer als die Permutation, welche die Werte des ersten Eintrags in jeder Klammer weglässt:

35281746

Der Informationsgehalt ist in allen drei Schreibweisen derselbe. Die Zahlen von 1 bis 8, in eine entsprechende Reihenfolge gebracht, sind ausreichend für die eindeutige Identifikation eines Damenensembles. Umgekehrt kann jede Anordnung, die die Zeilen-Spalten-Eigenschaft erfüllt, als eine spezielle Reihung dieser acht Zahlen erfasst werden.

Damit sind die für eine Lösung des Damenproblems infrage kommenden Aufstellungen in eine mathematische Form gegossen. Es sind die Permutationen der Zahlen von 1 bis 8.

Permutationen sind für einen Computer leicht fassliche Objekte. Er kann auf diese Weise mit Damenaufstellungen rechnen, ohne mit Bildern von Schachfiguren auf Schachbrettern hantieren zu müssen. Aber das ist nur der Anfang der Mathematisierung.

Die Zeilen-Spalten-Eigenschaft reicht für eine vollständige Mathematisierung der Friedlichkeit leider nicht aus. Zusätzlich dürfen nämlich keine zwei Damen auf derselben Diagonalen stehen.

Bevor Sie nun weiterlesen, versuchen Sie doch bitte selbst,

diese Diagonalen-Eigenschaft durch eine mathematische Zusatzanforderung an die Permutationen zu erfassen. Soll heißen: Wie lässt sich einer beliebigen Reihenfolge der Zahlen 1 bis 8 ansehen, dass bei der Damenanordnung, die sie repräsentiert, jede Dame ihre eigene Diagonale hat.

Nicht so einfach, oder? Schauen wir, wie Gauß es gemacht hat.

Um zu prüfen, ob zum Beispiel die Aufstellung 35281746 friedlich ist und somit einer Lösung des Problems entspricht, addierte Gauß die Spaltennummern von 1 bis 8 zu den Gliedern der Permutation hinzu, also zu den Zeilennummern. Er hatte nämlich erkannt, dass für alle Felder auf derselben Abwärtsdiagonalen von links nach rechts die Summe von Zeilennummer und Spaltennummer gleich ist. Zum Beispiel ist diese Summe für die Hauptdiagonale von oben links nach unten rechts gleich 9. Für die Diagonale direkt darunter hat die Summe den Wert 8. Jede Abwärtsdiagonale hat ihren eigenen Summenwert:

3	5	2	8	1	7	4	6
1	2	3	4	5	6	7	8
4	7	5	12	6	13	11	14

In der unteren Zeile der Tabelle stehen acht verschiedene Zahlen als Summenwerte. Deshalb repräsentiert die oberste Zeile eine Anordnung, bei der alle acht Damen auf verschiedenen Abwärtsdiagonalen stehen.

Mit einem weiteren Kunstgriff prüfte Gauß nun dieselbe Eigenschaft für die Aufwärtsdiagonalen. Er addierte dafür zu den Gliedern der Permutation die Zahlen absteigend von 8 bis 1. Geometrisch bedeutet diese Vorgehensweise, dass Gauß das Schachbrett spiegelverkehrt betrachtete. Durch eine Spiegelung an der linken Brettseite werden nämlich alle Aufwärtsdiagonalen zu Abwärtsdiagonalen, und die Reihenfolge der Spalten 1 bis 8 von links nach rechts kehrt sich um. Mit dieser eleganten Idee wird der zweite Fall ohne Mühe auf den ersten zurückgeführt.

3	5	2	8	1	7	4	6
8	7	6	5	4	3	2	1
11	12	8	13	5	10	6	7

Auch in diesem Schema sind alle acht Summenwerte in der dritten Zeile verschieden. Daraus können wir schließen, dass keine zwei Damen auf derselben Aufwärtsdiagonalen stehen.

Mit den beiden konstruierten Summen kann dann ein Computer schnell überprüfen, ob Damen auf derselben Diagonalen aufwärts oder abwärts stehen, und seine Brute-Force-Suche nach friedlichen Ensembles starten.

Das Acht-Damen-Problem lässt sich natürlich mühelos verallgemeinern. Nämlich zu einem n-Damen-Problem auf einem n x n großen Schachbrett. Diese Verallgemeinerung wurde erstmals in einer Publikation von Franz Nauck im Jahr 1869 erwähnt. Er stellte die Frage, für welche Werte von n es Lösungen gibt.

Klar ist, dass dies für n = 2 und n = 3 nicht der Fall ist. Für n = 4 gibt es Lösungen. Es sind zwei, und sie sind leicht durch Ausprobieren zu finden. Lehrreicher ist es aber, sie mit dem sogenannten Backtracking-Algorithmus zu erzeugen, der für beliebige Zahlen n zur Lösungsfindung eingesetzt werden kann.

Das geht so: Der Backtracking-Algorithmus beginnt damit, dass man die erste Dame auf das Feld in der linken unteren Ecke stellt, also auf (1,1) in der Koordinatennotation: das Feld in Spalte eins und Reihe eins. Danach werden alle Felder markiert, die von dieser Dame bedroht werden. Alle anderen gelten als frei. Anschließend wird die zweite Dame auf das erste freie Feld in der zweiten Reihe (von links beginnend) gestellt. Es ist das Feld (3,2).

<table>
<tr><td>X</td><td></td><td></td><td>X</td></tr>
<tr><td>X</td><td></td><td>X</td><td></td></tr>
<tr><td>X</td><td>X</td><td>♕</td><td></td></tr>
<tr><td>♕</td><td>X</td><td>X</td><td>X</td></tr>
</table>

Alle jetzt zusätzlich bedrohten Felder werden ebenfalls markiert. Die dritte Reihe ist nun komplett markiert. Damit kann keine Dame in die dritte Reihe gestellt werden. Dieser Lösungsversuch ist in eine Sackgasse geraten und muss abgebrochen werden.

Der Abbruch eines Lösungsversuches führt zum Backtracking. Backtracking bedeutet, dass die letzte Platzierung rückgängig gemacht wird. Die Dame auf (3,2) wird entfernt und auf das nächste freie Feld in ihrer Reihe gestellt, also auf (4,2). Anschließend werden die durch sie bedrohten Felder markiert und die dritte Dame auf das erste freie Feld der dritten Reihe gestellt, auf (2,3).

<table>
<tr><td>X</td><td>X</td><td></td><td>X</td></tr>
<tr><td>X</td><td>♕</td><td>X</td><td>X</td></tr>
<tr><td>X</td><td>X</td><td>X</td><td>♕</td></tr>
<tr><td>♕</td><td>X</td><td>X</td><td>X</td></tr>
</table>

Nach der anschließenden Markierung, die wir von nun an nicht mehr eigens erwähnen wollen, ergibt sich wiederum kein freies

Feld für die vierte Dame in der vierten Reihe. Auch dieser Lösungsversuch muss abgebrochen werden.

Ein erneutes Backtracking ist erforderlich. Die dritte Dame auf (2,3) wird entfernt, doch für sie gibt es kein anderes begehbares Feld in der dritten Reihe, mit dem man den Algorithmus fortsetzen könnte. Insofern ist abermaliges Backtracking nötig. Die zweite Dame müsste auf das nächste freie Feld in der zweiten Reihe verschoben werden. Doch sie ist schon am Ende der Reihe angekommen. Backtracking! Die zweite Dame wird entfernt und die erste Dame ein Feld weiter rechts angesiedelt, auf (2,1). Der ganze erste Lösungsversuch, beginnend mit einer Dame in der unteren linken Ecke, hat sich als nicht zielführend erwiesen. Der Zwischenstand unserer ganzen bisherigen Bemühungen ist leider nur dieser:

<table>
<tr><td></td><td>X</td><td></td><td></td></tr>
<tr><td></td><td>X</td><td></td><td>X</td></tr>
<tr><td>X</td><td>X</td><td>X</td><td></td></tr>
<tr><td>X</td><td>♕</td><td>X</td><td>X</td></tr>
</table>

Jetzt geht die zweite Dame auf das erste freie Feld in Reihe zwei, nämlich auf (4,2), und die dritte Dame auf das erste freie Feld (1,3) in Reihe drei.

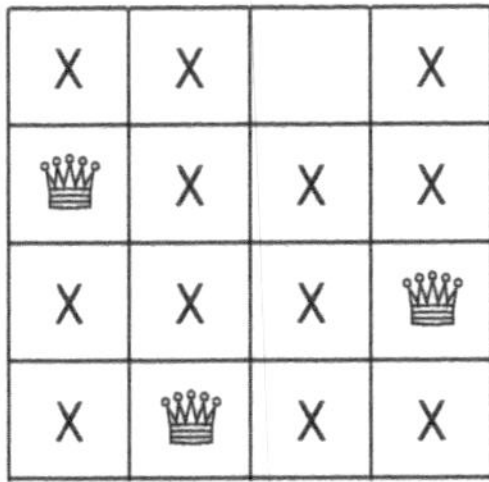

Schließlich bleibt ein friedlicher Platz für die vierte Dame auf dem verbleibenden freien Feld (3,4) in Reihe vier. Damit ist die Lösung gefunden, nämlich: 3142.

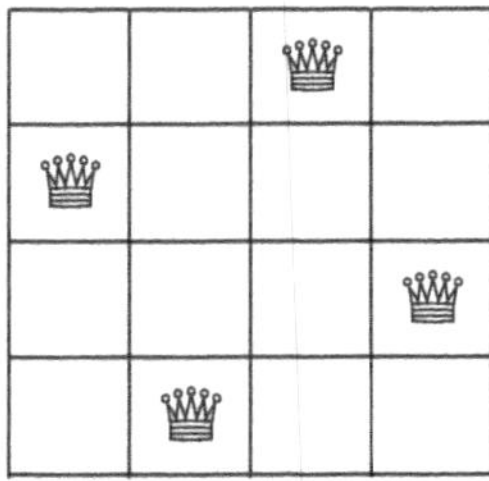

Eine weitere ergibt sich durch Spiegelung dieser Lösung an der Geraden durch den linken unteren und den rechten oberen Eckpunkt des Quadrats. Sie lautet 2413.

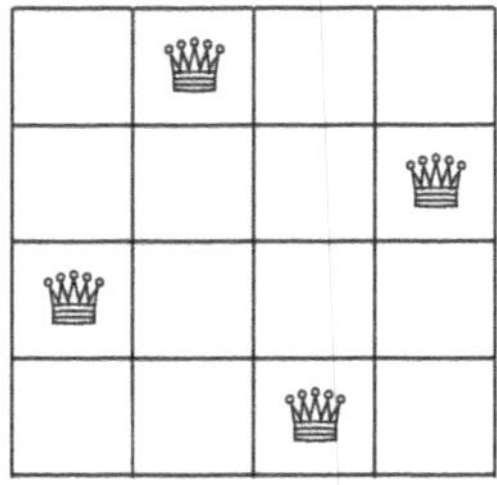

Damit sind die beiden Lösungen des Vier-Damen-Problems gefunden. Sie sind bis auf die Symmetrie gleich. Es gibt also nur eine Basislösung. Auch Rotationen des Bretts um 90 Grad, 180 Grad und 270 Grad liefern keine neue Lösung. So viel zum Vier-Damen-Problem.

Schwieriger ist es zu beweisen, dass sich für alle weiteren natürlichen Zahlen 5, 6, 7 ... ebenfalls Lösungen finden lassen. Für n = 6 gibt es vier Lösungen, die alle aus einer Basislösung erzeugt werden können, nämlich aus 246135:

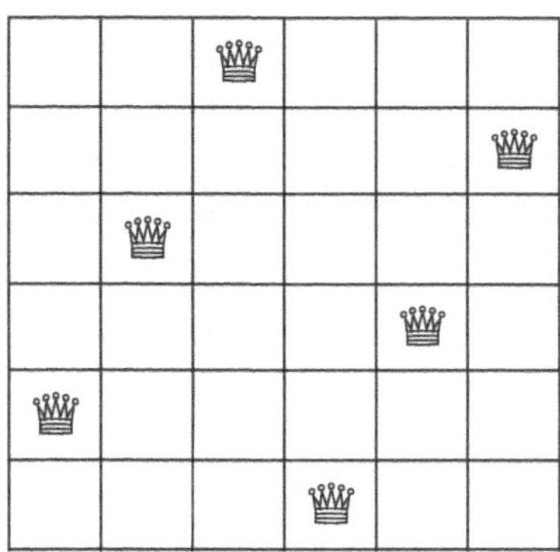

Es stellt sich natürlich die Frage, ob es eine effizientere Methode als den Backtracking-Algorithmus zur Lösungsfindung gibt. Denn dieser mündet bei größeren Brettern oft erst nach vielen platzierten Damen in einer Sackgasse und muss immer und immer wieder einen oder gar viele Schritte an frühere Stellen zurückkehren, um von dort neue Anläufe zu unternehmen.

Die Zahl der Schritte, die der Backtracking-Algorithmus erfordert, wächst im Schnitt exponentiell, wenn die Zahl n vergrößert wird. Man sagt, dass es ein Algorithmus in Exponentialzeit ist. Bevorzugt werden Algorithmen mit Polynomialzeit, bei denen die durchschnittlich benötigte Zeit nur wie eine Potenz der Zahl n anwächst. Handelt es sich um die erste Potenz von n, spricht man von linearer Zeit. Auch solche Algorithmen gibt es für das n-Damen-Problem. Sie sind mathematisch kompliziert und können nur von Computern durchgeführt werden. Deswegen gehen wir hier nicht weiter darauf ein.

Vielmehr widmen wir uns einem leicht verständlichen und dem menschlichen Gehirn zugänglichen Schema, um Lösungen zu konstruieren. Das gibt es tatsächlich.

Eine höchst faszinierende Methode basiert nämlich auf der Verwendung der uns bereits bekannten Magischen Quadrate. Wir erinnern uns, dass dies quadratische Zahlenmuster sind, bei denen sich in jeder Zeile, jeder Spalte und auf beiden Hauptdiagonalen nach Addition der Zahlen jeweils immer dieselbe Summe ergibt. Dieser Summenwert ist die magische Zahl. Ein Beispiel ist das Magische Quadrat *Lo Shu*, das wir bereits detailliert besprochen haben (Seite 66 ff.). Ergibt sich die magische Zahl nur für alle Zeilen und Spalten, nicht aber auch für die Diagonalen, heißt das Quadrat halb-magisch.

Eine Methode, sich Magische Quadrate zu verschaffen, ist nach dem französischen Diplomaten Simon de la Loubère benannt, der 1687 bis 1688 als Abgesandter des Königs Ludwig XIV. in Siam weilte. Auf der Rückreise nach Frankreich zeigte ihm ein Mitreisender die heute nach de la Loubère benannte Methode. Diese war allerdings, wie sich später herausstellte, schon seit einigen Jahrhunderten in Indien bekannt. Nennen wir sie deshalb besser die indische Methode.

Die indische Methode funktioniert für alle n x n großen Quadrate mit ungerader Zahl n. Die Konstruktionsanleitung ist denkbar einfach: Man beginne mit einer 1 in der Mitte der obersten – also n-ten – Zeile des n-x-n-Kästchenschemas. Das Feld für die nächste Zahl ergibt sich, indem man vom letzten Kästchen eine Zeile nach oben und eine Spalte nach rechts geht. Wenn man dafür das quadratische Schema an einer Seite verlassen muss, tritt man an der gegenüberliegenden Seite wieder ein. Diesem Rezept folgend, muss die Zahl 2 in der unteren Zeile stehen, und zwar in der Spalte direkt rechts neben der Spalte mit der Zahl 1.

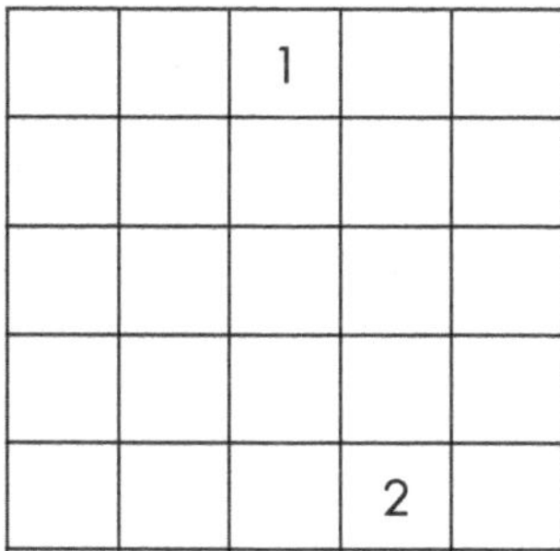

Folgt man dieser Vorgehensweise, trifft man nach n Einträgen auf ein bereits mit einer Zahl versehenes Feld. Wann immer dieser Fall eintritt, gehe man zum letzten Feld zurück und gehe von dort ein Feld nach unten. Nennen wir das einen Umleitungsschritt.

		1		
	5			
4	6			
				3
			2	

Diese Prozedur wird fortgesetzt, bis abermals ein schon beschriftetes Feld erreicht wird. Das erfordert wieder einen Umleitungsschritt und die Fortsetzung auf dem Feld direkt unter dem letzten beschrifteten Feld. Das ist bei der Zahl 11 der Fall:

		1	8	
	5	7		
4	6			
10				3
11			2	9

Die Methode endet, wenn alle n x n Kästchen des quadratischen Schemas mit einer der Zahlen von 1 bis n^2 gefüllt sind.

Für n = 5 beispielsweise entsteht dieses Endprodukt:

17	24	1	8	15
23	5	7	14	16
4	6	13	20	22
10	12	19	21	3
11	18	25	2	9

Es ist also ein indisches Magisches Quadrat.

Aus den indischen – alias de la Loubère – Magischen Quadraten lassen sich nun Lösungen für das n-Damen-Problem konstruieren. Wir machen das mit n = 5. Dazu ersetzt man jede eingetragene Zahl im Magischen Quadrat durch den verbleibenden Rest, der sich bei Division dieser Zahl durch fünf ergibt, wobei anstatt des Restes 0 eine 5 geschrieben wird. Es entsteht das folgende Zahlenquadrat:

2	4	1	3	5
3	5	2	4	1
4	1	3	5	2
5	2	4	1	3
1	3	5	2	4

Das war's auch schon. Fertig! Schneller geht's nicht.

Denn dieses Zahlenquadrat enthält in jeder Reihe eine Lösung des Fünf-Damen-Problems.

In der obersten Reihe ist es die Lösung 24135, in der zweiten die Lösung 35241 und so weiter …

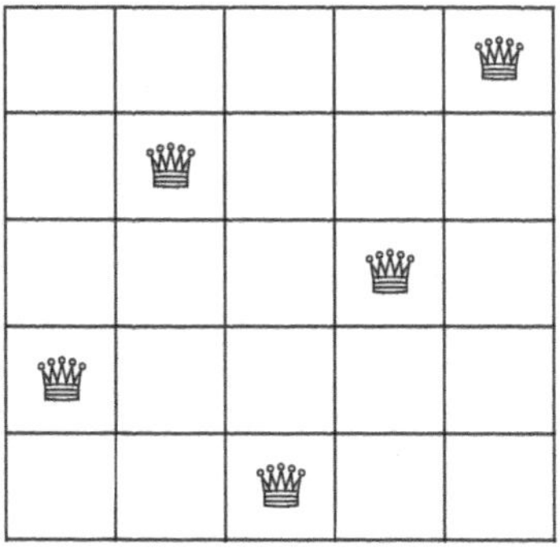

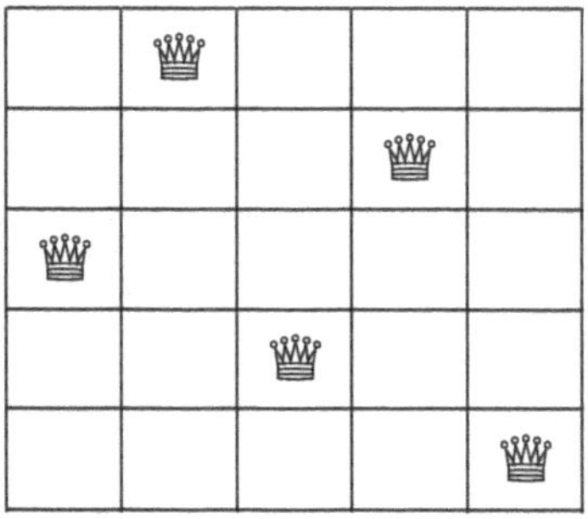

Weitere Lösungen finden sich in diesem Zahlenquadrat in jeder Abwärtsdiagonalen, beginnend mit einem Kästchen der obersten Reihe und von dort aus schräg nach unten rechts verlaufend. Muss die rechte Seite des Quadrats verlassen werden, tritt man auf der linken Seite wieder ins Quadrat ein. Aber das kennen wir ja schon. Eine dieser Diagonalen ist 42531, bei der die Zahl 1 unten links in der Ecke dazugenommen werden muss, nachdem die 3 in der Spalte ganz rechts erreicht ist. Diese Diagonale repräsentiert die folgende Aufstellung:

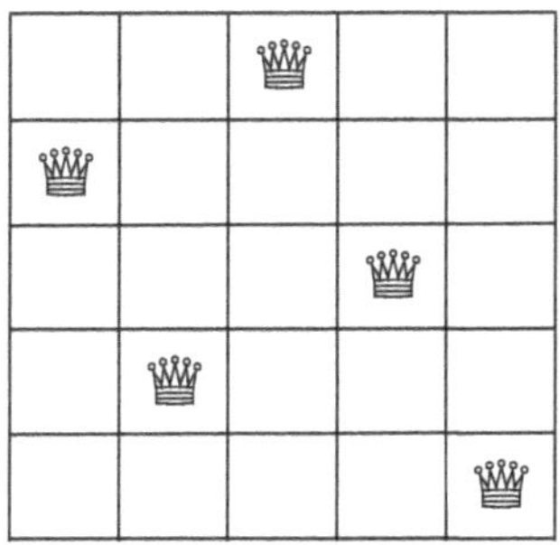

Für n = 5 erhalten wir insgesamt zehn verschiedene Lösungen, die alle aus dem Magischen Quadrat ablesbar sind: 24135, 35241, 41352, 52413, 13524, 53142, 31425, 14253, 42531, 25314.

Wir ordnen sie wie folgt:
Erste Basislösung: 14253
Rotation um 90 Grad: 53142
Rotation um 180 Grad: 31425
Rotation um 270 Grad: 42531
Spiegelung an der mittleren Spalte: 35241
Spiegelung an der mittleren Zeile: 52413
Spiegelung an der Hauptdiagonalen abwärts: 24135
Spiegelung an der Hauptdiagonalen aufwärts: 13524

Zweite Basislösung: 25314
Spiegelung an der mittleren Zeile: 41352
Erste Basislösung, visualisiert:

Zweite Basislösung, visualisiert:

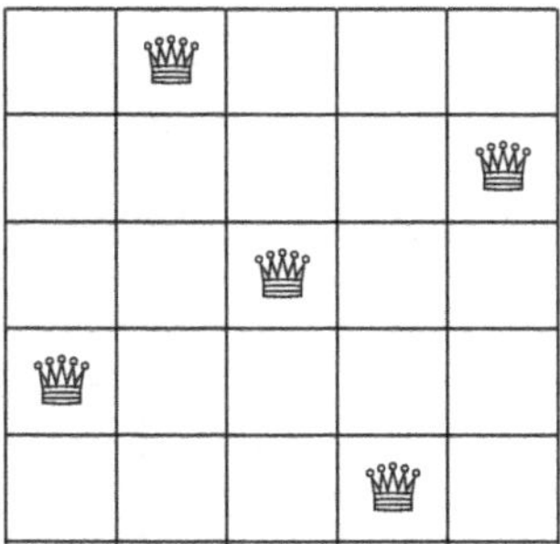

Schon vor de la Loubère hatte Charles Planck ein Magisches Quadrat konstruiert, bei dem zusätzlich zu allen Anforderungen an die Zeilen, Spalten und Hauptdiagonalen auch die Summen entlang aller (!) Aufwärts- und Abwärtsdiagonalen jeweils gleich der magischen Zahl sind. Das ist so sensationell, dass man es nur als mega-magisch bezeichnen kann. Dieses Quadrat besitzt jeweils elf Spalten und elf Zeilen:

40	6	93	59	25	112	78	55	21	108	74
32	119	85	51	17	104	70	36	2	89	66
13	100	77	43	9	96	62	28	115	81	47
5	92	58	24	111	88	54	20	107	73	39
118	84	50	16	103	69	35	1	99	65	31
110	76	42	8	95	61	27	114	80	46	12
91	57	23	121	87	53	19	107	72	38	4
83	49	15	102	68	34	11	98	64	30	117
75	41	7	94	60	26	113	79	45	22	109
56	33	120	86	52	18	105	71	37	3	90
48	14	101	67	44	10	97	63	29	116	82

Das Faszinierende an diesem Mega-magischen Quadrat ist, dass es zudem auch noch Lösungen für das Elf-Damen-Problem auf einem 11 x 11 Felder großen Schachbrett liefert. Man muss dazu Damen auf die mit den Zahlen 1 bis 11 beschrifteten Felder stellen. Dasselbe funktioniert auch für die Felder mit den Zahlen von 12 bis 22, 23 bis 33 und so weiter, bis hin zu den Zahlen 111 bis 121. So sieht die Darstellung der erstgenannten Lösung aus:

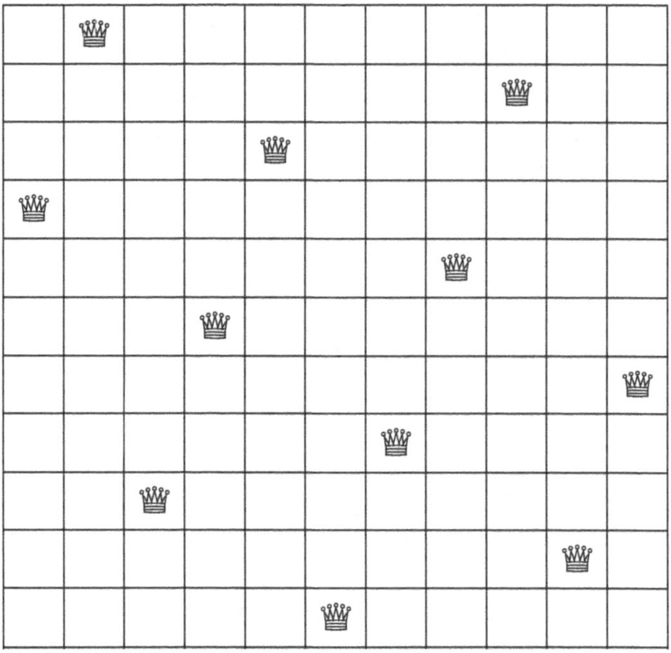

Man spürt, dass die Beziehungen zwischen Magischen Quadraten und Damen-Problemen mathematisch ausgesprochen eng sind. Im Jahr 1992 publizierten die Computerwissenschaftler Onur Demirörs, Nader Rafraf und Murat Tanik eine generell anwendbare Methode, die es erlaubt, aus n x n Magischen Quadraten Lösungen des n-Damenproblems zu entwickeln. Und umgekehrt aus Lösungen des n-Damen-Problems halb-magische Quadrate zu konstruieren. Bei der Konstruktion von Magischen Quadraten und der Anordnung von friedlichen Damen handelt es sich also um identische Probleme.

Es ist deswegen nicht überraschend, dass die Zahl der Lösungen beim n-Damen-Problem in Abhängigkeit von n rasant zunimmt. Aktuell (im Juli 2022) ist die exakte Anzahl der Lösungen nur bis n = 27 bekannt. Diese Anzahl wurde 2016 mit Hochleistungsrechnern ermittelt. Man fand 234.907.967.154.122.528 Lösungen.

Doch im Juli 2021 wurde ein beachtlicher wissenschaftlicher Fortschritt auf diesem Gebiet erzielt. Der US-amerikanische Mathematiker Michael Simkin konnte eine Näherungslösung für die Gesamtzahl der Lösungen für große Schachbretter finden. Gemäß Simkin wächst die Lösungszahl exponentiell mit der Größe n des Brettes gemäß der Formel

$$(0{,}14341682n)^n$$

Für n = 1000 ist die Zahl der Lösungen eine 1 mit rund 2200 Nullen. Für n = 27 gibt die Näherungsformel bis auf einen Faktor 30 die richtige Anzahl an.

Fragt man sich, für welches n die Anzahl der Lösungen dieselbe Größenordnung hat wie die auf 10^{80} geschätzte Zahl der Atome im Universum, so ist das für n = 77 der Fall. Denn für dieses konkrete n liefert die Näherungsformel den Wert 2×10^{80}.

Michael Simkin hat seine Näherungsformel mit großer intellektueller Kunstfertigkeit hervorgebracht. Er konnte die tatsächliche Lösungszahl durch eine etwas darunterliegende Minimalzahl und eine etwas darüberliegende Maximalzahl eingrenzen. Die große Genauigkeit seiner Näherungsformel rührt daher, dass Minimal- und Maximalzahl für große n sehr nahe beieinander sind.

Um die eingrenzenden Zahlen zu berechnen, unterteilte Simkin die mächtig groß dimensionierten Schachbretter in kleinere Bretter mit Felderzahlen in der Größenordnung von einigen Millionen, um später dann die Ergebnisse auf den Teilbrettern geschickt zusammenzuführen.

Ferner benutzte er eine Variante des Backtracking-Algorithmus, bei der die Position für jede hinzugefügte Dame nach dem Zufallsprinzip unter allen möglichen Positionen ausgewählt wird. Für diesen Zweck entwickelte Simkin eine Methode, die bei jedem Schritt die jeweils noch zur Verfügung stehenden Positionen ungefähr erfasst.

Sein je nach Möglichkeit und Erfordernis vor und zurück schreitender Platzierungs-Algorithmus basiert zudem auf einer neuartigen Verfahrensweise für das erforderliche Backtracking, wenn keine weitere Dame mehr friedlich platziert werden kann. Sie besteht darin, eine schon gesetzte Dame auszuwählen und zu entfernen und daraufhin die Positionen einiger anderer Damen geschickt geringfügig so zu verändern, dass zwei weitere Damen friedlich hinzugefügt werden können. Dies kann in einer Weise umgesetzt werden, dass die bei großen Besetzungszahlen immer weniger Spielraum bietenden Verläufe dennoch bei vollständigen Lösungen enden und so Zeit- und Rechenaufwand sparen.

Zum Schluss wollen wir noch auf einen spielerischen Aspekt des Damenproblems eingehen. Es kann nämlich in ein Spiel umgewandelt werden, das man auf einem normalen Brett spielen kann. Zu Anfang wird ausgelost, wer den ersten Zug macht. Dann setzen zwei Spieler jeweils abwechselnd eine Dame auf das Brett, und zwar immer so, dass die neue Dame keine der bereits platzierten Damen angreift. Sie muss also auf ihrer eigenen Zeile, Spalte und Diagonale stehen. Verloren hat, wer keine friedliche Dame mehr platzieren kann.

Auf einem normalen Schachbrett endet eine solche Partie spätestens nach dem Setzen der achten Dame. Uns ist trotz all dieser Überlegungen aber nicht bekannt, ob der Anziehende oder Nachziehende bei diesem Spiel Vorteile hat. Unbekannt ist auch, was der beste Eröffnungszug ist – und eine mehrzügige Eröffnungstheorie mit verschiedenen Varianten gibt es erst recht nicht.

Auch dieses Spiel kann man natürlich auf einem größeren n x n großen Brett spielen. Je größer n ist, desto komplizierter wird es. Aber nur, wenn n eine gerade Zahl ist. Ist n dagegen eine ungerade Zahl, dann kann man den optimalen Eröffnungszug und eine zwingend gewinnende Strategie konstruieren.

Der siegreiche Eröffnungszug besteht darin, die erste Dame genau auf das mittlere Feld des Brettes zu stellen. Warum das der Gewinnzug ist? Weil man es beweisen kann.

Geben wir den Feldern des Brettes andere Koordinaten als die üblichen. Das mittlere Feld bezeichnen wir mit (0,0). Von hier beginnend, gehen wir mit der weiteren Bezeichnung nach rechts, links, oben und unten so vor wie bei einem normalen Koordinatensystem. Die erste Koordinate steht für die horizontale Richtung von links nach rechts und die zweite für die vertikale Richtung von unten nach oben. So ist zum Beispiel das Feld (5,8) fünf Felder zur rechten des Zentrumsfeldes und acht Felder oberhalb. Das Feld (–4, -6) ist vier Felder links vom Zentrumsfeld und sechs Felder unterhalb.

Wenn der Anziehende nun das Zentrumsfeld besetzt, dann zwingt er den Nachziehenden, ein beliebiges Feld (i, j) zu besetzen, bei dem i und j verschieden und nicht 0 sind. Wenn der Nachziehende seinen Zug auf ein solches Feld gemacht hat, zieht der Anziehende einfach auf das Feld (–i, –j). Mit anderen Worten: Zieht der Nachziehende auf (–6, 9), dann zieht der Anziehende anschließend auf (6,–9). Geometrisch ausgedrückt, ist es genau das Feld, das sich nach Spiegelung des Feldes (i, j) am Brettmittelpunkt ergibt. Man kann es auch so formulieren, dass das eine in das andere übergeht, wenn das Koordinatensystem um 180 Grad gedreht wird.

Wenn also der Anziehende bei jedem Zug des Nachziehenden das spiegelbildliche Feld besetzt, dann gehen dem Nachziehenden irgendwann die möglichen Züge aus – er verliert.

Zu klären ist nun noch, ob das Feld (–i, –j) tatsächlich zu besetzen ist, ganz egal, was die gemäß dieser Strategie entstandene Vorgeschichte des Zuges (i, j) war. Das ist in der Tat der Fall. Der Grund besteht darin, dass jede paarweise Platzierung zweier Damen auf (i, j) durch den Nachziehenden und anschließend auf (–i, –j) durch den Anziehenden die Spiegelsymmetrie aufrechterhält. Wann immer also für den Nachziehenden ein Zug auf ein bestimmtes Feld (i, j) ausgeführt werden kann, dann kann auch der Anziehende auf das gespiegelte Feld (–i, –j) ziehen. Wichtig ist dabei, dass dieses gespiegelte Feld immer auf einer anderen Diagonalen liegt. Diese Strategie gewinnt also ausnahmslos.

Das gilt allerdings nur bei ungeradem n. Auf Brettern mit geradem n kann diese Strategie nicht verwendet werden. Denn dort gibt es kein einzelnes mittleres Feld auf dem Brett, und somit liegt auch keine Spiegelsymmetrie am Brettmittelpunkt vor.

Als krönenden Abschluss wollen wir es nun nicht versäumen, Ihnen eine Möglichkeit aufzuzeigen, mit dem Damen-Problem eine Million Dollar zu gewinnen, wenn Sie gerne knobeln und anspruchsvolle Rätsel lösen. Dazu müssen Sie einfach das sogenannte »Damen-Ergänzungsproblem« lösen.

Bei diesem Problem stehen schon ein paar friedliche Damen auf einem n x n Felder großen Brett. Diese Damengruppe muss zu n friedlichen Damen ergänzt werden. Für die Lösung hat das Clay-Mathematik-Institut als Teil seiner Millennium-Probleme-Challenge eine Belohnung von einer Million Dollar ausgelobt. Konkret geht es darum, entweder eine Folge von Handlungsanweisungen zu finden, sprich: ein Computerprogramm zu entwickeln, das dieses Problem schnell löst, also in Polynomialzeit. Oder zu beweisen, dass es ein solches Programm gar nicht geben kann.

Gäbe es ein solches Computerprogramm, wäre das ein erheblicher Fortschritt für die Menschheit. Denn dann könnte es modifiziert werden, um viele andere der hochkomplexen und auch für Höchstleistungscomputer extrem zeitraubenden Probleme zu lösen, die in fast allen Wissenschaften und vielen Bereichen des modernen Alltags auftreten, zum Beispiel bei der Erstellung präziser Wetterprognosen für mehr als nur wenige Tage in der Zukunft.

Haben Sie Lust auf eine wirkliche mathematische Schachrätsel-Herausforderung bekommen? Dann informieren Sie sich beim Clay-Institut, was genau Sie für eine Million Dollar tun müssen. Viel Erfolg!

Fermat im Schach

Bestimmt kennen Sie Pythagoras von Samos und seinen wichtigsten Beitrag zur Mathematik. Es geht um eine Entdeckung (manche Historiker sagen: Wiederentdeckung), die er im 6. Jahrhundert vor Christus machte. Er stellte fest, dass man für jedes rechtwinklige Dreieck die Beziehung zwischen den Längen der beiden kürzeren Seiten a, b und der längeren Seite c wie folgt ausdrücken kann:

$$a^2 + b^2 = c^2$$

Der Satz des Pythagoras besagt, dass sich die Quadrate der beiden Seiten des rechten Winkels flächenmäßig zum Quadrat der gegenüberliegenden Seite (der Hypotenuse) addieren. Es ist wahrscheinlich die bekannteste Gleichung aller Zeiten.

Zweitausend Jahre später wussten die Mathematiker, dass es viele ganze Zahlen gibt, die die sogenannte pythagoräische Gleichung erfüllen. Die einfachste dieser Gleichungen lautet

$$3^2 + 4^2 = 5^2$$

Man beachte, dass beim Satz des Pythagoras die Seitenlängen quadriert, also mit zwei potenziert werden.

Merkwürdig dabei ist Folgendes: Obwohl es eine unendliche Anzahl von positiven ganzen Zahlen a, b, c gibt, die die Gleichung erfüllen können, und viele Lösungen für die zweite Potenz leicht zu finden sind, scheitert jeder gute Wille und noch so harte Arbeit an der dreidimensionalen, also kubischen Version

$$a^3 + b^3 = c^3$$

Die frühen Mathematiker begannen schließlich zu vermuten, dass es keine Zahlen geben könnte, die diese letzte Gleichung erfüllen würden. Das wurde bereits im 3. Jahrhundert vom griechischen Mathematiker Diophant von Alexandria in seiner Schrift *Arithmetica* formuliert.

Mehr als tausend Jahre später fiel diese Schrift einem Hobbywissenschaftler in die Hände, der heute als einer der größten Mathematiker aller Zeiten gilt, dem Franzosen Pierre de Fermat. Der gelernte Jurist und praktizierende Richter beschäftigte sich nur in seiner Freizeit mit der Mathematik, nahm sich aber unglaublich schwierige Probleme vor und löste sie mit neu entwickelten Methoden.

Normalerweise lieferte er nie Beweise für seine Thesen, sondern schrieb sie nieder und forderte die zeitgenössischen Mathematiker auf, die Belege selbst zu erarbeiten. Oftmals waren sie aufgrund der Komplexität von Fermats Problemstellungen dazu nicht in der Lage. Als Fermat im Jahr 1665 starb, waren viele seiner Behauptungen noch nicht bewiesen. Doch mit der Zeit stellte sich eine nach der anderen als richtig heraus. Fermats Behauptungen bewahrheiteten sich alle, egal wie kompliziert sie waren.

Schließlich blieb nur noch eine einzige seiner Thesen unbewiesen. Sie wurde als *Fermats letzter Satz* bekannt. Was hatte es damit auf sich?

Nun, nach Fermats Tod entdeckte sein Sohn ein Exemplar von Diophants *Arithmetica,* in dem sein Vater auf einer Seite geschrieben hatte: »Ich habe einen wahrhaft wunderbaren Beweis dieses Satzes gefunden, für den dieser Rand aber zu schmal ist.«

Der Satz, den er meinte, handelte von der Unmöglichkeit von Lösungen für die oben genannten Gleichungen, wenn die Hochzahlen größer als zwei sind. Soll heißen: Es gibt keine drei ganzen Zahlen a, b, c, die eine dieser Gleichungen erfüllen

$$a^3 + b^3 = c^3$$
$$a^4 + b^4 = c^4$$
$$a^5 + b^5 = c^5$$

und so weiter für jede Hochzahl größer als zwei.

Der Sohn veröffentlichte die Notiz seines Vaters, und in den folgenden Jahrhunderten versuchten Mathematiker in aller Welt, den Beweis zu finden. In der zweiten Hälfte des 20. Jahrhunderts war *Fermats letzter Satz* zum berühmtesten ungelösten Rätsel der gesamten Mathematik avanciert.

Viele der klügsten Köpfe der Mathematik hatten sich an ihrem Beweis versucht, darunter auch der legendäre Leonhard Euler (1707 bis 1783). Alle waren gescheitert. Kein Wunder also, dass das Problem Legendenstatus erlangte. Der amerikanische Mathematiker Eric Temple Bell (1883 bis 1960) war überzeugt, dass eher das Ende der Menschheit durch einen Atomkrieg besiegelt würde, als dass Fermats mysteriöse Aufgabe gelöst werden könnte.

Fermats kurze Randbemerkung hatte eine tiefgreifende Wirkung auf viele Menschen. So zum Beispiel auf den deutschen Mathematiker Paul Wolfskehl (1856 bis 1906). Es gab einen Zeitpunkt in seinem Leben, an dem er so deprimiert war, dass er Selbstmord begehen wollte. Er legte sogar ein Datum dafür fest und verabschiedete sich von Freunden und Familie. Doch ein paar Tage vorher fiel ihm die Randbemerkung von Fermat in die Hände. Wolfskehl war so fasziniert von dem Problem, dass er begann, über die Gleichung nachzudenken. Der Zeitpunkt für seinen Selbstmord rückte näher … und verstrich. Denn Wolfskehl war so begeistert von den Fortschritten, die er machte, dass er beschloss, erst einmal weiterzuleben. Am Ende konnte auch er nicht beweisen, was Fermat behauptet hatte. Aber als er aufgab, wollte er sich nicht mehr umbringen. Im Gegenteil, durch das Problem hatte er die Lust am Leben zurückgewonnen. Trotz all dieser gigantischen Anstrengungen blieb der Beweis für die Behauptung von Fermat weiter ungeklärt.

Mitte der 1960er-Jahre las dann ein zehnjähriger britischer Junge in einer öffentlichen Bibliothek etwas über Fermat und seine Randnotiz. Hinsichtlich seiner mathematischen Fähigkeiten war er seinem Alter weit voraus. Er hatte über den Satz des Pythagoras nachgedacht und fand es unglaublich, dass im unendlichen Kosmos der Zahlen angeblich keine ganzen Zahlen zu finden seien, die eine so einfach aussehende Gleichung für höhere Potenzen als zwei erfüllten. So wie viele andere vor ihm wurde auch er von der Magie dieser Behauptung ergriffen. Nicht lange danach beschloss er, sein Leben dem Versuch zu widmen, den fehlenden Beweis zu finden. Er kultivierte sein mathematisches Wissen in der Highschool, studierte danach Mathematik, spezialisierte sich auf Zahlentheorie und verlor in all den Jahren nie aus den Augen, was er sich vorgenommen hatte. Sein Name war Andrew John Wiles.

Es dauerte mehr als dreißig Jahre, bis er der Welt einen ersten Beweis für den letzten Satz von Fermat vorlegen konnte. Aber er hatte einen Fehler gemacht. Es gab eine große Lücke in seiner Argumentationskette. Damit galt seine Argumentation nicht als Beweis. Also kehrte er zurück an seinen Schreibtisch, in sein Arbeitszimmer und in die Bibliothek. Nach einigen weiteren Monaten fruchtloser Arbeit, kurz bevor er aufgeben wollte, hatte er eine Eingebung, mit der es ihm Mitte der 1990er-Jahre gelang, die Lücke zu schließen. Die letzte Behauptung von Fermat war bestätigt worden.

In der Tat hatte Andrew Wiles sogar noch viel mehr erreicht. In einem Forschungsartikel hatte er einen Beweis der sogenannten Taniyama-Shimura-Vermutung für halbstabile elliptische Kurven geliefert, aus der die Gültigkeit der Fermat'schen Behauptung relativ einfach zu schließen ist. Dieser Beweis kann allerdings nur von einer Handvoll Menschen auf der Welt verstanden werden.

Was hat das alles mit uns zu tun? Warum steht es in einem Buch über Schach? Nun, ich möchte diese komplexen mathematischen Ideen auf den Boden des Alltäglichen holen, indem ich Ihnen ein Problem zeige, das zum ersten Mal die Fermat'sche Gleichung in einem Schachkontext verwendet.

Ein Zenmeister hat eine Gruppe von Schülern in seinem Garten versammelt und sagt zu ihnen: »Ich habe gehört, dass ihr euch im Mathematikunterricht mit der Fermat'schen Vermutung beschäftigt habt. Und ich habe kürzlich eine interessante Schachstudie entdeckt. Die Figuren bestehen neben Bauern beider Farben aus einigen Offizieren, also Nicht-Bauern. Sechzig Prozent der Figuren sind schwarze und weiße Bauern. Mir ist Folgendes aufgefallen: Wenn ich die Anzahl der schwarzen Bauern, der schwarzen Offiziere und der weißen Offiziere jeweils zur Potenz der Gesamtzahl der Läufer (Plural!) erhöhe, ist die Summe der ersten beiden Zahlen genau gleich der dritten.«

Der Schüler Kaito, der in mathematischen Angelegenheiten der Beste der Gruppe ist, denkt ein paar Minuten nach und sagt dann: »Ah, die Studie besteht aus insgesamt zwanzig Figuren. Acht sind weiße Bauern, vier sind schwarze Bauern, fünf sind weiße Offiziere, und drei sind schwarze Offiziere.« – »Das ist genau richtig«, entgegnet der Zenmeister und nickt anerkennend.

Wie konnte Kaito das wissen? Und Sie, liebe Leserin, lieber Leser, können Sie darüber hinaus ermitteln, wie viele Läufer sich auf dem Brett befinden?

Eine Lösung erscheint erst einmal unwahrscheinlich, eigentlich unmöglich. Aber schauen wir uns das Problem genauer an. Wir werden im Laufe unserer Überlegungen sehen, wie mächtig der Satz von Fermat ist. Am Ende der folgenden Erklärung finden Sie dann die Studie, die der Zenmeister im Sinn hatte. Doch sehen wir uns zunächst die Überlegungen von Kaito an.

x = Anzahl der schwarzen Bauern
y = Anzahl der schwarzen Offiziere
z = Anzahl der weißen Offiziere

Angenommen, es sind n Läufer auf dem Brett. Dann ist die Anzahl der weißen Offiziere erhöht zur Potenz der Anzahl der Läufer gleich z hoch n. In ähnlicher Weise ermitteln wir y hoch n und x hoch n. Aus den gegebenen Informationen ergibt sich die Gleichung

$$x^n + y^n = z^n$$

Durch Fermat und Andrew Wiles wissen wir, dass es nur dann positive ganze Zahlen x, y und z gibt, die diese Gleichung erfüllen, wenn n = 0, n = 1 oder n = 2 ist. Da mindestens zwei Läufer auf dem Brett stehen, können wir schließen, dass n = 2 sein muss. Zwischen den Figuren-Anzahlen besteht also die Beziehung

$$x^2 + y^2 = z^2$$

Was sind mögliche Lösungen dieser Gleichung?

Aus dem Schachkontext und den gegebenen Informationen können wir entnehmen, dass x, y und z mindestens 1 sind, weil es mindestens zwei Könige und Bauern beider Farben gibt. Außerdem kann x höchstens 8 sein. Das ist jedoch noch nicht alles, was wir erschließen können. Eine Lösung gibt es in diesem Bereich durch die ganzen Zahlen 3, 4 und 5, da offensichtlich

$$3^2 + 4^2 = 5^2$$

Die nächstgrößeren Lösungen sind

$$6^2 + 8^2 = 10^2$$

und

$$5^2 + 12^2 = 13^2$$

Die letzte Lösung ist aber unzulässig, weil es nicht fünf schwarze Bauern und zwölf weitere schwarze Figuren auf dem Brett geben kann.

Daher können wir die Lösung auf vier Möglichkeiten eingrenzen:

- Schwarz hat vier Bauern und drei Offiziere oder umgekehrt (und Weiß somit fünf Offiziere). Oder
- Schwarz hat sechs Bauern und acht Offiziere oder umgekehrt (und damit Weiß zehn Offiziere).

Um genau bestimmen zu können, welche Lösung zutrifft und wie viele weiße Bauern auf dem Brett sind, kommt die Sechzig-Prozent-Information des Zenmeisters ins Spiel.

Wenn es zum Beispiel drei schwarze Bauern und nur einen weißen Bauern gäbe, hätten wir vier Bauern von insgesamt dreizehn Schachfiguren. Das sind keine sechzig Prozent. In ähnlicher Weise kann man alle anderen möglichen Anzahlen von Bauern ausschließen, außer den Fall mit vier schwarzen und acht weißen Bauern. Dies würde dann zu zwölf Bauern bei zwanzig Schachfiguren führen. Das sind genau sechzig Prozent.

Die Lösung lautet demnach: Auf dem Brett befinden sich zwei Läufer, und die Studie besteht aus acht weißen Bauern, vier schwarzen Bauern, fünf weißen Offizieren und drei schwarzen Offizieren, also insgesamt zwanzig Figuren. All das lässt sich aus der Aussage des Zenmeisters ableiten.

Hier ist die Studie, die der Zenmeister im Sinn hatte. Sie wurde von Jan Timman komponiert und von Karsten Müller aus einer großen Datenbank von Studien herausgefiltert.

Jan Timman

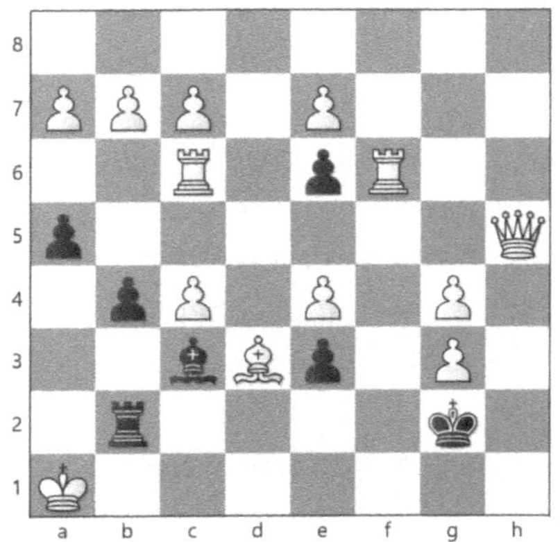

Weiß zieht und gewinnt.

1.Lf1+ [1.Tf2+? exf2 2.Lf1+ Kxf1=]

1…Kg1 2.Tf2! exf2 [2…Txf2+ 3.Kb1 b3 4.Ld3 Ta2 5.Kc1 e2 6.Dc5+ Kg2 7.De3+-]

3.Dh8! e5 [3…Lxh8 4.c8D! Lc3 5.Dh8! Lxh8 6. e5 Lxe5 7.Txe6 Lc3 8.Te3 Ld4 9.Td3 Lg7 10.e8S! Lh8 11.g5+-]

4.Dxe5 Lxe5 5.e8D Lc3 6.Dh8! Lxh8 7.c8D Lc3 8.Dh8! Lxh8 9.e5 Lxe5 10.b8D Lc3 11.Dh8! Lxh8 12.Th6 Lc3 13. Th1+! Kxh1 14.a8D+ Kg1 15.Dg2#

Jan Timman hat seine Studie eigens für dieses Kapitel detaillierter kommentiert. Seinen Kommentar sehen Sie, wenn Sie den QR-Code aktivieren.

Eine sensationell schöne Studie und enorme Bereicherung für das Fermat-Problem im Schach.

Wladimir Kramnik – Förderer junger Talente

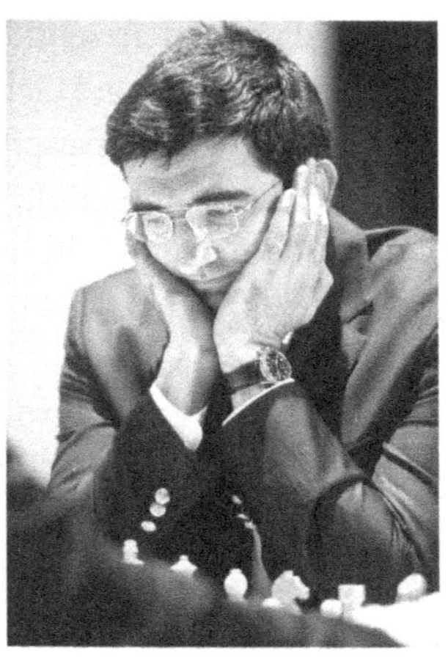

Um über ein wichtiges Großmeisterturnier zu berichten, fuhr ich im April 1992 nach Dortmund. Als ich ankam, war die dritte Runde im Gange. Ich betrat die Halle, sofort sah mich Garri Kasparow. Er winkte kurz, stand auf und ging zu seiner Frau Mascha, die in der ersten Reihe saß. Er flüsterte ihr etwas zu. Daraufhin kam sie zu mir herüber, nahm mich bei der Hand und führte mich aus der Halle. All dies wurde vom Reporter einer großen deutschen Zeitung beobachtet. Am nächsten Tag gab es Spekulationen in der Presse: Hatte Kasparow seiner Frau gesagt, sie solle mich wegen seiner unangenehmen Position konsultieren? Wollte er, dass ich etwas auf dem Computer nachschaue?

Alles falsch. Mascha führte mich wortlos in den Keller des Gebäudes, wo ein Teil eines offenen Turniers stattfand. Als wir an den Tischen vorbeigingen, schaute sie auf die Namensschilder der Teilnehmer. In einer Ecke blieb sie stehen, zeigte auf einen schlaksigen Spieler und flüsterte mir zu: »Das ist er.« – »Wer? Was ist mit ihm?«, fragte ich. »Warum zeigst du mir irgendeinen Spieler?« – »Weil Garri sagte, ich solle es tun«, antwortete sie. Es war alles ziemlich mysteriös.

Am Abend fragte ich Garri, warum ich mir »Kramkin« anschauen sollte – ich hatte das Namensschild nicht richtig lesen können. »Sein Name ist Kramnik«, sagte Garri. »Er ist sechzehn Jahre alt und ein kommender Weltklassespieler. Beobachte ihn genau.« Das klang ziemlich weit hergeholt. Der Junge war ein bescheidener FIDE-Meister, und niemand hatte bisher von ihm gehört. Aber ich hatte gelernt, Garris Einschätzungen zu vertrauen.

Einige Jahre zuvor wurde Garri nach großen Schachtalenten gefragt und hatte einen Teenager, Gata Kamsky, als möglichen zukünftigen Herausforderer bezeichnet. Ein Journalist von der Pressekonferenz reiste sogar nach St. Petersburg und suchte Kamskys Trainer auf. Dieser wollte nicht glauben, dass der Weltmeister seinen jungen Schüler als Supertalent betrachtet hatte. Und jetzt spielte Garri in Dortmund gegen just diesen Gata Kamsky, und verlor sogar die Partie. So viel zu seiner Nase für Talente.

Später im selben Jahr hörte ich von Kollegen aus Moskau, dass sich im sowjetischen Schachverband Ärger zusammenbraute. Sie nominierten gerade ihr Team für die 30. Schacholympiade in Manila, Philippinen, natürlich mit Kasparow an Brett eins. Garri bestand darauf, Kramnik ins Team aufzunehmen. »Absurd«, meinte ein hoher Beamter und Freund zu mir. »Es gibt so viele Spieler, starke Großmeister, die besser und erfahrener sind als dieser titellose Junge.« Am Ende, nach Rücktrittsdrohungen von Garri, gab die Föderation nach. Der junge Wladimir Kramnik wurde erster Reservespieler. »Das wird eine absolute Katastrophe«, murrte mein Freund.

Was geschah dann in Manila? Kramnik erzielte atemberaubende 8,5 von 9 Punkten mit einer Elo-Leistung von 2958. Das waren fünfzig Wertungspunkte mehr als Kasparow, der an Brett eins 8,5 von 10 Punkten erzielte. Russland gewann die Goldmedaille, und ein neuer Star war geboren. Einer, der zur absoluten Spitze der Schachwelt aufsteigen würde.

Richtig kennengelernt habe ich Wladimir erst fünf Jahre später, im Oktober 1997 in Tilburg. Es war bei einem Frühstück im Freien, wo ich mit meinem Freund Peter Svidler und Kramnik zusammen an einem Tisch saß. Mit Peter habe ich immer hundert Dinge zu besprechen, und unsere Treffen sind jedes Mal sehr anregend.

In Tilburg sagte ich zu ihm: »Es ist so ein Vergnügen, mit einem Aristokraten aus St. Petersburg zu sprechen.« »... und mit Bauer aus Tuapse?«, kam eine mürrische Bemerkung von der anderen Seite des Tisches. Wladi wurde in der kleinen Stadt am Ufer des Schwarzen Meeres geboren.

Ich konnte dieser humorvollen, selbstironischen Bemerkung entnehmen, dass wir Freunde werden würden. Und ich hatte recht. Ich traf ihn oft bei Turnieren, und Wladi besuchte mich mehrmals zu Hause in Hamburg. Es hat immer Spaß gemacht mit ihm – bis er Herausforderer um den Weltmeistertitel von Garri Kasparow wurde. Da wurde die Freundschaft etwas defensiv, weil ich bekanntlich ein Kasparow-Verbündeter war.

Erst nachdem Wladimir 2000 in London seinem Mentor Kasparow den Titel entrissen hatte, normalisierte sich unser Verhältnis wieder. Im Jahr 2006 unterstützte ich ihn dann bei seinem Weltmeisterschaftsmatch gegen Wesselin Topalow in Elista. Nach vier Spielen führte Wladimir mit 3:1, als Topalows Betreuer scharf protestierten. Kramnik, behaupteten sie, benutze die Toilette mit verdächtiger Häufigkeit. Bekam er dort Hilfe von außen? Sie bestanden sogar darauf, die Decke von Kramniks Toilettenraum zu untersuchen. Über den Deckenpaneelen fanden sie – Stromleitungen. Wladimir weigerte sich, das fünfte Spiel zu spielen, das seinem Gegner zugesprochen wurde.

Ich habe auf meiner Newsseite täglich über diese Machenschaften berichtet. Mein Lohn war die Anerkennung von Kramnik und die lebenslange Feindschaft des Topalow-Lagers – und die höchste Besucherzahl, die die Nachrichtenseite je hatte.

Am Ende siegte Wladimir und wurde Weltmeister. In den Jahren danach war Viswanathan Anand sein Hauptrivale, ein anderer guter Freund, den ich unterstützte. Meine Beziehung zu Wladi blieb freundlich und gesellig.

Zwei Jahre später, also 2008, wurde das WM-Match zwischen den beiden in Bonn ausgetragen. Ich gehörte eindeutig zu Anands Lager. Damals war das Thema illegale Computerunterstützung im Profischach aktuell, und ich machte mir generell große Sorgen deswegen. Während seiner Partien gegen Anand sah ich, dass Wladimir auf dem Weg zum Ruheraum an seinem Computerberater vorbeigehen musste. Stefan Meyer-Kahlen war der Autor eines der damals besten Schachprogramme namens *Shredder*. Und er arbeitete in der Turnierhalle mit einem Computer, weil er den Wettkampf live übertrug. Es wäre trivial für ihn gewesen, Züge unauffällig weiterzugeben. Ich wurde ziemlich paranoid.

In einer Schlüsselpartie bat ich ein Mitglied von Anands Team, genau zu notieren, wann Wladimir an Stefan vorbeiging, und welchen Zug er danach spielte. Alle meine theoretischen Verdächtigungen wurden hinfällig, als Kramnik die Partie verlor. Da wurde mir klar, dass es eine Sache gibt, die er unter keinen Umständen tun würde – nämlich beim Schach zu schummeln. Nichts könnte ihn jemals dazu bringen, unehrlich zu sein.

Im neuen Jahrtausend nahm Wladimir auch an zwei spektakulären Matches gegen Schach spielende Computer teil. In 2002 bestritt er im Golfstaat Bahrain ein Match über acht Runden gegen ein von uns entwickeltes Programm namens *Deep Fritz*. Das Match endete unentschieden. Vier Jahre später kam es zu einer Revanche über sechs Runden in Bonn. Trotz einer Reihe von Handicaps, die die Stärke des Programms einschränkten, verlor Kramnik 2:4. Es war das letzte Mal, dass ein Spitzenspieler ein formelles Match gegen einen Computer spielte. Der Wettkampf Mensch gegen Maschine war endgültig entschieden.

In dieser Zeit gab es einen Vorfall, von dem ich mit voller Zustimmung der beteiligten Personen erzählen muss. Er ereignete sich bei einem Galadinner, wo Kramniks Match gegen *Deep Fritz* angekündigt wurde. Eine große Menge von Gästen war anwesend. Kramnik saß zusammen mit den Gastgebern an einem Tisch auf einem erhöhten Podest. Neben ihm saß *ein Mädchen.* Wer war sie? Neugier erfüllte den Raum.

Nach dem Abendessen kam Wladi mit dem Mädchen zu mir. »Okay, Fred, es ist mir klar, dass du es wissen willst. Das ist Marie-Laure. Sie ist meine Verlobte, wir werden bald heiraten.« Ich war hocherfreut. Marie-Laure war eine schöne, elegante junge Dame. Nach einem kurzen Gespräch konnte ich feststellen, dass sie außerdem sehr klug und gebildet war. Sie arbeitete als Meinungsredakteurin bei einer nationalen französischen Zeitung. Natürlich umringten bald die anderen Gäste das Paar. Alle wollten sie kennenlernen.

Ich wartete am Rand der Menschenmenge. Als sich die beiden endlich auf den Weg machen wollten, kamen sie zu mir, um sich zu verabschieden. »Bevor du gehst«, sagte ich zu Marie-Laure, »möchte ich dir eine kleine Geschichte erzählen. Eine Episode aus meinem Leben.« Sie war verblüfft: eine persönliche Geschichte, aus heiterem Himmel, von einem völlig Fremden? Was könnte der Grund dafür sein? Ich erzählte ihr und Wladimir die folgende Geschichte.

Vor zehn Jahren war ich bei einem großen Kandidatenturnier in Holland. Ich ging zusammen mit Viswanathan Anand einen Korridor entlang. Er sagte plötzlich: »Junge, er bedrängt sie wirklich.« Ich blickte zurück und sah ein junges Mädchen, vielleicht sechzehn oder siebzehn, das von einem sehr hartnäckigen jungen Großmeister, den ich gut kannte, bedrängt wurde. Sie sagte: »Nein, nein!«, und er sagte: »Warum nicht?«

Ich drehte mich um, ging zu den beiden zurück und sprach das Mädchen an. »Anand steht jetzt für das Interview zur Verfügung. Wir sind im Presseraum, müssen aber in Kürze gehen. Wenn du also das Interview machen willst, dann sofort.« Das Mädchen war völlig perplex, folgte mir aber. Der junge Großmeister warf mir einen Blick unverfälschten Hasses zu. Als wir den Presseraum erreichten, fragte das Mädchen: »Ich verstehe nicht … Welches Interview? Ich habe nie mit Anand gesprochen. Vielleicht verwechseln Sie mich?« Ich erklärte ihr, dass das nur ein Weg war, sie aus den Fängen dieses Typen zu befreien. Er war ein bekannter Schürzenjäger. Sie war immer noch total verblüfft. Anand und ich gingen fort. Am nächsten Tag im Presseraum kam Marie zu mir, gab mir einen Küsschen und sagte: »Sie sind ein guter Mann.«

Wladimir sah mich neugierig an, weil er wusste, dass ich nicht nur herumschwafelte. Und Marie-Laure? Mit einem Lächeln im Gesicht sagte sie: »Ja, Frederic, das war ich. Aber eigentlich war ich damals neunzehn.« Ich dachte, ich hätte sie wiedererkannt, und habe es auf diese verschlungene Weise herausgefunden. Ich begegnete Marie danach noch oft, und sie ist die netteste und liebevollste Person, die ich kenne.

Viele Jahre später, im Januar 2019, zeigte Wladimir, als Nummer sieben der Welt, eine enttäuschende Leistung beim Tata-Steel-Turnier in Wijk aan Zee. Zum Entsetzen seiner Kollegen und Freunde und Schachfans gab er daraufhin seinen Rücktritt vom Wettkampfschach bekannt. Undenkbar, dass jemand mit einer Bewertung von 2777 das Spiel aufgibt. Aus der ganzen Welt gingen Proteste und Appelle ein. Er sollte seine Entscheidung rückgängig machen.

Am Tag nach der Ankündigung rief ich Wladimir an. »Ich weiß, was du willst, Frederic«, sagte er. »Aber ich habe mich entschieden. Mir macht das Spiel nicht mehr so viel Spaß wie früher. Und ich habe andere Pläne.« Meine Antwort: »Ich rufe nicht an, weil ich möchte, dass du deine Entscheidung änderst.

Ich rufe an, um dir zu gratulieren. Jetzt hast du Zeit für deine Familie und für all die anderen Dinge, in denen du gut bist.« Und ich fing an zu beschreiben, wie ich seine zukünftigen Möglichkeiten sah.

Eine davon war das Schachtraining. »Es gibt so viele junge Spieler mit außergewöhnlichem Talent. Mit Großmeisterstärke. Du solltest sie trainieren. Gib dein Wissen weiter, verschaffe ihnen Zugang zu deinem tiefen Schachverständnis. Das sollte dein Vermächtnis sein.«

»Klingt interessant«, meinte Kramnik. »Wer sind diese Talente? Wie alt sind sie?« Ich erklärte ihm, dass die meisten zwischen dreizehn und fünfzehn Jahren alt waren. »Werde ich in der Lage sein, ihre Namen auszusprechen?« Wladimir wusste genau, wen ich meinte – indische Supertalente. »Ich habe einen neben mir stehen«, sagte ich. »Gukesh Dommaraju, zwölf Jahre alt. Willst du ein paar Blitzpartien gegen ihn auf *Playchess* spielen, um sein Talent zu testen?« – »Nein«, sagte Wladimir. »Ich kenne seine Partien sehr gut. Außerdem hasse ich es, im Blitz zu verlieren. Dieser Junge wird in fünf Jahren unter den ersten zehn der Welt sein – und in acht Jahren Weltmeister.« Tatsächlich? »Aber nur, wenn du ihn trainierst, richtig?« – »Wenn ich ihn trainiere, wird es zehn Jahre dauern.« Das ist Kramnik-Humor.

Aber ich meinte ernsthaft: »Ich denke, die derzeitige indische Schachgeneration ist die stärkste der Welt – vielleicht die stärkste jemals in irgendeinem Land. Indien hat einige wirklich sehr talentierte Kinder, die großes Potenzial haben, in Zukunft Top-Spieler zu sein.«

Indien entwickelt sich in der Tat schnell zur Supermacht des Schachs. Bis vor Kurzem war das Land nirgendwo auf der Karte des internationalen Schachs zu finden. Dann, im Jahr 1988, wurde Viswanathan Anand Indiens erster Großmeister, und danach irgendwann auch Weltmeister. Er erlangte gottähnlichen Status und inspirierte unzählige Kinder dazu, Schach zu spielen. Heute stammt ein Großteil der jungen Talente aus dem Land, in dem das Spiel ursprünglich erfunden wurde. Und sie werden immer jünger, wie ich selbst erfahren konnte.

Auf einer Reise besuchte ich ein internationales Turnier in Mumbai, und als ich um die Tische herumschlenderte, sah ich etwas Bemerkenswertes. Überall in der Turnierhalle saßen kleine Kinder. Mein erster Gedanke war: »Wie süß, so jung, und sie wissen schon, wie sich die Figuren bewegen.« Aber auf der anderen Seite des Bretts sitzt ein erwachsener Spieler, der verzweifelt seinen Kopf schüttelt. Diese Kinder waren beängstigend stark. Ich traf ein halbes Dutzend jugendliche Spieler, die teilweise schon Großmeister-Normen erfüllt hatten.

Wladimir stimmte mir also nach seinem Rücktritt zu, die Trainingsidee auszuprobieren. Daraufhin erzählte ich es unserem *ChessBase*-Vertreter in Indien, IM Sagar Shah. Er ging auf die Suche nach einem Sponsor, der das gesamte Projekt finanzieren würde. Nach einigen Monaten meldete sich eine Firma, deren geschäftsführender Direktor ein ehemaliger Schachmeister von Tamil Nadu (einem Bundesstaat Indiens) war. Herr Kailasanathan war entschlossen, jungen indischen Talenten dabei zu helfen, Weltklasse-Schachspieler zu werden. Deswegen erklärte er sich bereit, eine Reihe von Trainingslagern mit Kramnik zu finanzieren.

Das erste dieser Trainings fand 2020 in Frankreich statt. Wladimir arbeitete dort mit sechs jungen Talenten zwischen dreizehn und sechzehn Jahren. Es war ein enormer Erfolg. Die meisten dieser Teenager sind heute, zwei Jahre später, gestandene Großmeister.

Fünf Monate nach dem ersten Trainingslager gab es ein zweites, diesmal in Chennai. Der Sponsor beschloss, die Anzahl der Schachtalente zu verdoppeln und einen weiteren, sehr erfahrenen Großmeister, Boris Gelfand, für das Training einzustellen.

Ich nahm an der Trainingseinheit in Frankreich teil und reiste auch ins südindische Chennai. Dort hatte man insgesamt 16 Schüler (darunter zwei Mädchen) in zwei Gruppen aufgeteilt, die abwechselnd mit Kramnik und Gelfand arbeiteten. Sechs bis acht Stunden pro Tag. Es war zutiefst inspirierend zu sehen, wie die Weltklasse-GMs diese jungen Supertalente unterrichteten. Mit der Art von Training, das ich in Frankreich und Chennai gesehen habe, bin ich sicher, dass mindestens einer von ihnen bald ein Herausforderer für die Weltmeisterschaft sein wird.

Und Wladimir Kramnik hat einen großen Beitrag dazu geleistet!

Fibonacci, Magie und Schach

Auf der ganzen Welt ist er unter seinem Spitznamen Fibonacci bekannt. Geboren wurde er um 1170 als Leonardo da Pisa und trug die italienische Stadt im Namen, in der er die meiste Zeit seines Lebens verbrachte. Sein Vater hatte den Familiennamen Bonacci, was »freundlicher Helfer« bedeutet. Aus Respekt vor seinem Vater nannte er sich später Figlio di Bonacci (Sohn von Bonacci), was mit der Zeit zu Fibonacci abgekürzt wurde.

Fibonacci verfasste eines der einflussreichsten Bücher, die je über die Wissenschaft geschrieben wurden. Sein *Liber Abaci* (Buch des Abakus) wurde im Jahr 1202 veröffentlicht. Schon im Titel des Buches zeigt sich Fibonaccis Neigung zu Wortspielen. *Liber* bedeutet nicht nur Buch, sondern ist auch der Name eines Gottes in der alten römischen Mythologie. Der Gott war ursprünglich als *Liber Pater* bekannt, was schließlich zu *Liber Bacchus* wurde. Er galt als Gott des Weins, der Fruchtbarkeit und der freien Rede.

In einer Zeit, in der die römisch-katholische Kirche über die Verbreitung von Wissen bestimmte, wird die doppelte Bedeutung des Titels wohl nicht unbemerkt geblieben sein. Zumal Fibonacci in dem Buch das etablierte römische Zahlensystem kritisierte, das die Symbole M, D, C, X, L, V und I verwendet. Als Alternative schlug er etwas fast Unvorstellbares vor. Schon auf Seite zwei seiner 459-seitigen Abhandlung schreibt er nieder, was schließlich die Art und Weise verändern sollte, wie die Menschheit die Zahlen und damit letztlich die Welt betrachtet: »Die neun indischen Symbole sind: 9 8 7 6 5 4 3 2 1. Mit diesen neun Symbolen und dem Zeichen 0, welches die Araber *Zephirum* nennen, lässt sich jedwede Zahl schreiben, wie gleich gezeigt wird.« So lauteten seine Worte. Ihre Wirkung war durchschlagend. Sie wurden in einer Epoche gesagt, in der die Menschen, die rechnen konnten, ihre Berechnungen entweder mit einem Abakus, einem rudimentären Rechenbrett oder mit kleinen Steinen auf Holzbrettern durchführten. Das Ergebnis notierten sie in römischen Ziffern.

Das alte Zahlensystem machte das Multiplizieren und Dividieren extrem schwierig. Seine Befürworter waren einflussreiche sogenannte Abakisten. Noch um 1300 war es in Teilen Italiens verboten, die indisch-arabischen Ziffern in offiziellen Dokumenten zu verwenden. Ihre Befürworter nannte man Algoristen. Die Polarisierung zwischen diesen Gruppen hatte über viele Jahrhunderte hinweg Bestand. Erst nach der Französischen Revolution von 1789 gewannen die Algoristen die Oberhand, und die neuen Ziffern setzten sich in ganz Europa durch.

Neben Fibonaccis lebenslangen Bemühungen um die Verbreitung des modernen Zahlensystems ist er vor allem für die nach ihm benannten Fibonacci-Zahlen bekannt. Die ersten von ihnen lauten 0, 1, 1, 2, 3, 5, 8, 13, 21, 34, 55 … Erkennen Sie das Muster, nach dem diese Zahlenreihe aufgebaut ist? Ich bin mir sicher, dass Sie es sehen!

Genau! Beginnend mit 0 und 1, ist jede folgende Zahl die Summe der beiden vorhergehenden. Auf den ersten Blick besitzt das eher überschaubaren Reiz. Doch nach und nach wurde diese Zahlenfolge zur beliebtesten und am intensivsten untersuchten der gesamten Mathematik. Der Grund dafür mag Sie überraschen. Es liegt an der enormen Vielfalt kurioser Eigenschaften und den vielfältigen Anwendungsmöglichkeiten in praktisch allen Bereichen von Kultur, Natur, Wissenschaft und Technik. Seit ihrer Entdeckung durch Fibonacci werden diese Zahlen praktisch ununterbrochen auf ihre Auswirkungen untersucht.

So entdeckt man noch heute ungewöhnlich innovative Aspekte und überraschende neue Anwendungen der Fibonacci-

Zahlen. Die Erkenntnisse füllen Ausgabe um Ausgabe der nur zu diesem Zweck herausgegebenen wissenschaftlichen Zeitschrift *The Fibonacci Quarterly*, die seit 1963 viermal pro Jahr erscheint.

Eine der erstaunlichen Eigenschaften der Fibs, wie sie manchmal liebevoll genannt werden, ist ihre Fähigkeit, jede ganze Zahl auszudrücken. Alle ganzen Zahlen können nur auf eine Weise als Summe verschiedener, nicht aufeinanderfolgender Fibonacci-Zahlen ausgedrückt werden. Diese Tatsache wurde vom belgischen Hobbymathematiker Edouard Zeckendorf entdeckt, aber erst durch den Mathematikprofessor Cornelis Gerrit Lekkerkerker bekannt, der sie veröffentlichte. Es handelt sich um die Zeckendorf-Lekkerkerker-Darstellung. Im Fall von 42 kann diese Zahl unter obigen Bedingungen nur als Summe von

$$42 = 34 + 8$$

dargestellt werden.

Der Grund dafür ist, dass z. B. die scheinbar alternativen Darstellungen

$$42 = 21 + 21 \text{ und}$$
$$42 = 21 + 13 + 8$$

nicht gültig sind, weil die Fibs in der ersten Darstellung nicht verschieden sind und in der zweiten Darstellung aufeinander folgen.

Um die Darstellung für eine bestimmte Zahl, z. B. 88, zu erhalten, müssen Sie die nächstkleinere Zahl in der Fibonacci-Folge suchen. Im vorliegenden Fall ist dies 55. Dann subtrahieren Sie

$$88 - 55 = 33$$

Nun wiederholen Sie den Prozess. Suchen Sie wieder die nächstkleinere Fibonacci-Zahl und fahren Sie auf diese Weise fort. Sie erhalten nun 21. Und

$$33 - 21 = 12 \text{ und}$$
$$12 = 8 + 3 + 1$$

Wenn Sie das kombinieren, erhalten Sie

$$88 = 55 + 21 + 8 + 3 + 1$$

Was kann man nun mit der Zeckendorf-Lekkerkerker-Erkenntnis anfangen? Ich meine, nachdem man diesen wunderbaren Doppelnamen ausgekostet hat. Nun, wenn Sie sich verzaubern lassen wollen, zeige ich Ihnen einen tollen Trick, der durch diese beiden Männer möglich wurde. Lassen Sie uns ein bisschen zaubern und ein wenig Magie auf einem Schachbrett betreiben.

Wir nummerieren die Felder auf dem Schachbrett von 1 bis 64, beginnend mit der ersten Reihe von Feld a1 bis h1, nummeriert von 1 bis 8. Das setzen wir in gleicher Weise für die anderen Reihen von links nach rechts fort.

Möchten Sie in die Rolle der Zauberin schlüpfen? Sehr gut! Dann ist diese Rolle besetzt. Jetzt brauchen wir noch jemanden, dem Sie Ihren Zauber vorführen können: eine Zuschauerin oder einen Zuschauer. Diese Zuschauerin denkt an ein Feld auf dem Schachbrett und hat somit eine geheime Zahl. Natürlich darf sie Ihnen nicht sagen, an welches Feld sie gedacht hat und welche geheime Zahl sie im Kopf hat. Dann zeigen Sie der Zuschauerin die folgenden Karten, auf denen jeweils Zahlen stehen. Für jede Karte muss die Zuschauerin nur mit Ja oder Nein antworten, je nachdem, ob ihre Geheimzahl auf der Karte steht oder nicht. Das sind die Karten:

A

1	4	6	9	12
14	17	19	22	25
27	30	33	35	38
40	43	46	48	51
53	56	59	61	64

B

2	7	10	15
20	23	28	31
36	41	44	49
54	57	62	

C

3	4	11	12	16
17	24	25	32	33
37	38	45	46	50
51	58	59		

D

5	6	7	18	19
20	26	27	28	39
40	41	52	53	54
60	61	62		

E

8	9	10	11	12
29	30	31	32	33
42	43	44	45	46
63	64			

F

13	14	15	16
17	18	19	20
47	48	49	50
51	52	53	54

G

21	22	23	24
25	26	27	28
29	30	31	32
33			

H

34	35	36	37	38
39	40	41	42	43
44	45	46	47	48
49	50	51	52	53
54				

I

55	56	57	58
59	60	61	62
63	64		

Anhand der Ja/Nein-Informationen sind Sie nun in der Lage, die Zahl zu ermitteln. Richtig?

»Wie soll das funktionieren?«, werden Sie an dieser Stelle vielleicht denken. Nun, wenn Sie zufälligerweise über ein fotografisches Gedächtnis verfügen, können Sie sich jede nummerierte Karte vor Ihrem geistigen Auge vorstellen. Mit dieser Fähigkeit und der Ja/Nein-Information können Sie mit etwas Zeit sicher die einzige Zahl identifizieren, die auf allen Karten steht, bei denen die Zuschauerin Ja gesagt hat, und auf keiner der Karten, bei denen sie Nein gesagt hat. Leider erfordert dies unrealistische mentale Fähigkeiten.

Wenn Sie Ihr Gehirn also nicht so sehr anstrengen wollen, dann können Sie stattdessen auch ein wenig rechnen. Sie addieren einfach alle Zahlen, die in den oberen linken Ecken der Karten stehen, bei denen die Zuschauerin bestätigt hat, dass ihre Geheimzahl darauf vorkommt.

Was passiert dann? Sehen wir uns ein konkretes Beispiel an. Nehmen wir an, die Zuschauerin hat das Feld a3 auf dem Schachbrett gewählt. Der erste Schritt besteht darin festzustellen, für welche Zahl das Feld steht. Es ist die Zahl 17. Diese Zahl kommt nur auf den Karten A, C und F vor. Auf diesen drei Karten lauten die Zahlen ganz oben links 1, 3 und 13. Und siehe da:

$$1 + 3 + 13 = 17$$

Sie haben die Zahl der Zuschauerin herausgefunden und damit auch das geheime Quadrat a3. Das ist alles, was Sie für die

Durchführung dieses simplen, aber eindrucksvollen Zaubertricks wissen müssen. Wenn Sie sich jedoch dafür interessieren, wie die zugrunde liegende Mathematik funktioniert, dann werden Sie sehen, wie genial sie ist.

Ich demonstriere die Funktionsweise an dem einfacheren Fall, dass das geheime Feld nur aus Quadraten der ersten und zweiten Reihe ausgewählt wird. Es kommen also nur die Zahlen 1 bis 16 in Betracht. Nun fertigen wir die Karten an, die die Zauberkünstlerin einem Zuschauer vorlegen muss. Ein nützliches Hilfsmittel dafür ist die folgende Tabelle:

Zahl	13	8	5	3	2	1
1	0	0	0	0	0	1
2	0	0	0	0	1	0
3	0	0	0	1	0	0
4	0	0	0	1	0	1
5	0	0	1	0	0	0
6	0	0	1	0	0	1
7	0	0	1	0	1	0
8	0	1	0	0	0	0
9	0	1	0	0	0	1
10	0	1	0	0	1	0
11	0	1	0	1	0	0
12	0	1	0	1	0	1
13	1	0	0	0	0	0
14	1	0	0	0	0	1
15	1	0	0	0	1	0
16	1	0	0	1	0	0

Diese Tabelle enthält die Zeckendorf-Lekkerkerker-Darstellung für die ersten sechzehn ganzen Zahlen. Die Ziffer 1 steht in einer bestimmten Spalte, wenn die Fibonacci-Zahl über dieser Spalte als Summand in der Darstellung vorkommt. Zum Beispiel erhält die Zahl

$$12 = 8 + 3 + 1$$

jeweils die Einträge 1 in den Spalten, die den Fibonacci-Summanden 8, 3 und 1 entsprechen.

Als Nächstes werden alle Zahlen auf eine Karte A geschrieben, die die Ziffer 1 in der Spalte ganz rechts aufweisen, dann alle Zahlen auf eine Karte B, die die Ziffer 1 in der zweiten Spalte von rechts aufweisen, und so weiter. So erhalten wir für unser kleines Beispiel die folgenden sechs Karten A, B, C, D, E, F:

A	**B**	**C**	**D**	**E**	**F**
1 4 6 9 12 14	2 7 10 15	3 4 11 12 16	5 6 7	8 9 10 11 12	13 14 15 16

Beachten Sie dabei, dass die erste Zahl auf jeder Karte die Fibonacci-Zahl der Spalte ist, die sie in der Tabelle weiter oben darstellt. Was bedeutet das für die Funktionsweise des Zaubertricks?

Nehmen wir an, die geheime Zahl ist 10. Da 10 die Zeckendorf-Lekkerkerker-Summanden 8 und 2 hat, wird die Tabelle eine Ziffer 1 in den beiden Spalten haben, die diesen beiden Fibs entspricht. Hier sind es die zweite und die fünfte Spalte von rechts. Dies wiederum bedeutet, dass die Zahl 10 auf den beiden Karten B und E erscheinen muss, die aus diesen Spalten gebildet werden. Da auf den Karten B und E die Startziffern 2 bzw. 8 sind, schließt sich der Kreis. Die geheime Zahl ergibt sich durch die Addition der Ziffern 2 und 8. Das ist alles.

In diesem kleinen Exempel sieht der Trick nicht besonders beeindruckend aus. Überraschender wirkt es, wenn man viele Karten mit Zahlen aus der Tasche holt, die man nur kurz vorzeigt. Lässt man Zuschauende z. B. eine Zahl zwischen 1 und 1000 wählen, braucht man 15 Karten, wobei die letzte Karte die Fibonacci-Zahl 987 darstellt. Auf der Karte, der die Fibonacci-Zahl 1 zugeordnet ist, befinden sich 382 verschiedene Zahlen, was bedeutet, dass so viele Zahlen unter den ersten 1000 ganzen Zahlen eine Eins in ihrer Zeckendorf-Lekkerkerker-Darstellung haben. Die Karte mit der nächstgrößeren Anzahl enthält 377 Zahlen und stellt die Fibonacci-Zahl 610 dar. Beeindruckend, oder?

Kommen wir nun zu einer anderen Anwendung der Fibonacci-Folge. Wenn sie, wie zuvor behauptet, fast überall vorkommt, ist anzunehmen, dass sie auch im Schach eine Rolle spielt. Und tatsächlich, wir können Fibonacci-Zahlen auf dem Schachbrett entdecken.

Schauen wir uns dafür zunächst an, wie viele Wege ein Turm vom Feld a1 zu jedem anderen Feld auf dem Brett nehmen kann, vorausgesetzt, er kann nur nach Norden und Osten ziehen. Die Möglichkeiten sind in der folgenden Tabelle festgehalten.

1	8	36	120	330	792	1716	3432
1	7	28	84	210	462	924	1716
1	6	21	56	126	252	462	792
1	5	15	35	70	126	210	330
1	4	10	20	35	56	84	120
1	3	6	10	15	21	28	36
1	2	3	4	5	6	7	8
1	1	1	1	1	1	1	1

Nennen wir das Feld mit der Zahl 1 in der unteren linken Ecke die nullte Diagonale. Sie besteht nur aus dem Quadrat a1. Die erste Diagonale wird von den Quadraten a2 und b1 gebildet, die ebenfalls jeweils die Zahl 1 tragen. Die zweite Diagonale besteht aus a3, b2, c1 und diese Quadrate tragen die Zahlen 1, 2, 1. Die folgende Diagonale lautet 1, 3, 3, 1.

Nun kann man etwas wirklich Erstaunliches feststellen: Diese Zahlen sind die nullte, erste, zweite und dritte Reihe in dem, was in der Mathematik als Pascals Dreieck bekannt ist.

1									
1	1								
1	2	1							
1	3	3	1						
1	4	6	4	1					
1	5	10	10	5	1				
1	6	15	20	15	6	1			
1	7	21	35	35	21	7	1		
1	8	28	56	70	56	28	8	1	
1	9	36	84	126	126	84	36	9	1

Jede innere Zahl in Pascals Dreieck (d. h. alle Zahlen außer den Ziffern 1 oben und an den Seiten) erhält man durch Addition der beiden Zahlen, die direkt eine Reihe darüber liegen.

Das Pascal'sche Dreieck besitzt viele auffällige Eigenschaften. Zum Beispiel ergibt die Addition der Zahlen in jeder Reihe nacheinander alle Potenzen von zwei. Bevor wir aber sehen, warum das so ist, möchte ich Ihnen den eigentlichen Clou verraten. Wenn man in der obigen quadratischen Tabelle mit einem Springer von Feld zu Feld springt und die Zahlen auf den Feldern addiert, erhält man unsere legendären Fibonacci-Zahlen:

a1 = 1
b1 = 1
c1 + a2 = 2
d1 + b2 = 3
e1 + c2 + a3 = 5
f1 + d2 + b3 = 8
g1 + e2 + c3 + a4 = 13
h1 + f2 + d3 + b4 = 21 usw.

Betrachten wir nun die Turmwege von a1 bis h8, von Ecke zu Ecke. Wir können jeden einzelnen Weg dadurch charakterisieren, ob der Turm an einem bestimmten Zwischenpunkt der Route einen Schritt nach Osten oder nach Norden macht. Wir schreiben O für Ersteres und N für Letzteres. Auf diese Weise erhält man die kürzesten Wege von der linken unteren Ecke zum rechten oberen Feld. Wie kann zum Beispiel der Weg dargestellt werden, bei dem der Turm zuerst von a1 nach h1 und dann von h1 nach h8 zieht? Schreibt man diesen Weg in der O-N-Notation auf, dann ist das offensichtlich

OOOOOOONNNNNNN

Es handelt sich um 14 Symbole, wobei die ersten sieben ein O und die letzten sieben ein N sind. Damit ein Pfad auf h8 endet, braucht man also sieben O und sieben N. Sie können allerdings in beliebiger Reihenfolge angeordnet werden. Jeder Anordnung dieser sieben O und sieben N entspricht ein einziger Pfad. Zum Beispiel entspricht die Folge

ONONONONONONON

dem Pfad, der schrittweise die Diagonale hinaufkriecht.

Um nun die Frage zu beantworten, wie viele Wege es gibt, die auf h8 enden und nur Schritte nach Osten und Norden beinhalten, muss man feststellen, wie viele verschiedene Reihungen mit 14 Symbolen es gibt, die aus sieben O und sieben N bestehen.

Überlegen Sie zunächst, wie viele Symbole Sie an die erste Stelle setzen können. Es gibt 14 Auswahlmöglichkeiten dafür. Wenn diese erste Wahl getroffen ist, wie viele Möglichkeiten gibt es anschließend für die zweite Position? Offensichtlich 13. Und 12 Auswahlmöglichkeiten für die dritte Position. Und so geht es weiter bis zur letzten Position, für die es nur noch ein mögliches Symbol gibt. Wenn man all dies berücksichtigt, kommt man auf

$$14 \times 13 \times 12 \times 11 \times \ldots \times 3 \times 2 \times 1 = 87.178.291.200$$

mögliche Wege. In der Mathematik wird diese Zahl als 14 mit einem Ausrufezeichen abgekürzt: 14! Gesprochen: »14 Fakultät«.

Nicht alle diese rund 87 Milliarden Anordnungen von 14 Symbolen entsprechen verschiedenen Turmwegen. Denn jede O-N-Folge unter diesen 14! Anordnungen wird nicht nur einmal, sondern mehrmals gezählt. Zum Beispiel wird die Abfolge

NNNNNNNOOOOOOO

in den 14! Anordnungen genau 7! x 7! Mal gezählt. Das liegt daran, dass die 7 N auf 7! Arten gemischt werden können, ohne dass sich eine andere Abfolge ergibt. Dasselbe gilt für die 7 O.

Das bedeutet, jede dieser 7! x 7!-Vertauschungen stellt nur einen einzigen Weg dar. Um die Anzahl der verschiedenen Abfolgen und damit auch die Anzahl der verschiedenen Turmwege von a1 nach h8 zu erhalten, müssen wir also 14! durch 7! x 7! teilen.

Die resultierende Zahl wird, wie wir schon wissen, in der Mathematik mit C(14,7) abgekürzt und als Binomialkoeffizient bezeichnet.

Dieser Binomialkoeffizient C(14,7) = 3432 kann so verstanden werden, dass er die Gesamtzahl der verschiedenen Möglichkeiten angibt, sieben Dinge anzuordnen (z. B. die Positionen für die sieben N), wenn man insgesamt vierzehn Optionen hat (z. B. die vierzehn verschiedenen Positionen für die Positionierung dieser sieben N in einer Buchstabenfolge der Länge vierzehn). Binomialkoeffizienten zählen die Auswahlmöglichkeiten von einer bestimmten Zahl von Objekten aus einer Gesamtpopulation von Objekten. Zum Beispiel ist C(49,6) = 13.983.816 die Anzahl verschiedener Tippreihen beim Lotto 6 aus 49.

In ähnlicher Weise kann man die Anzahl der kürzesten Wege eines Turms von a1 auf ein beliebiges anderes Feld ermitteln, z. B. auf das Feld f5. Dieses Feld befindet sich in der 6. Spalte der fünften Reihe des Schachbretts. Um es zu erreichen, sind fünf

Züge nach Osten und vier Züge nach Norden erforderlich, dargestellt durch neun Symbole. Von diesen Symbolen sind 5 O und 4 N. Die Antwort lautet dieses Mal C(9,5) = 126. Dieser Binomialkoeffizient ist übrigens derselbe wie der Binomialkoeffizient C(9,4). Sie entsprechen der Zahl, die man erhält, wenn man 9! zuerst durch 5! und dann durch 4! teilt.

Im Pascal-Dreieck sind die Binomialkoeffizienten C(n, k) für n = 0, 1, 2, 3, … und für k = 0, 1, 2, …, n so angeordnet, dass für ein festes n die Zahlen C(n, 0) bis C(n, n) alle in der n-ten Zeile stehen.

1	8	36	120	330	792	1716	3432
	7	28	84	210	462	924	1716
1	6	21	56	126	252	462	792
1	5	15	35	70	126	210	330
1	4	10	20	35	56	84	120
1	3	5	10	15	21	28	36
1	2	3	4	5	6	7	8
1	1	1	1	1	1		1

Die Zweier-Potenzen ergeben sich durch Addition aller n + 1 Zahlen in der n-ten Zeile. Für die n-te Zeile erhält man so die n-te Potenz von zwei. Warum ist das so?

Es gibt eine einfache Herangehensweise, um das zu verstehen. Es handelt sich um ein ziemlich cleveres Argument auf der Basis von doppeltem Zählen. Doppeltes Zählen bedeutet: Wenn man dieselbe Anzahl von Objekten auf zwei verschiedene Arten zählt und dabei keinen Fehler macht, erhält man dasselbe Ergebnis. Mit dieser einfachen Technik kann man in allen Bereichen der Mathematik erstaunliche Formeln erzeugen. Ein

Beispiel: Betrachten Sie eine Gruppe von n Personen, aus der Sie eine kleine Gruppe auswählen wollen, die nur aus k dieser n Personen besteht. Dann ist die Anzahl der verschiedenen Kleingruppen genau der Binomialkoeffizient C(n, k).

Bildet man nun die Summe über k, also die Summe der Binomialkoeffizienten C(n, 0), C(n, 1) bis C(n, n), so erhält man die Anzahl aller Kleingruppen beliebiger Größe, die man aus n Personen bilden kann, einschließlich der Gruppe, die aus allen n Personen besteht, und sogar die »Gruppe«, die niemanden enthält.

Diese Anzahl aller möglichen Aufteilungen lässt sich auch auf eine ganz andere und viel einfachere Weise herausfinden. Man muss nur für jede Person entscheiden, ob sie einer bestimmten Gruppe angehört oder nicht. Diese Entscheidung treffen Sie für jede der n Personen. Für jede Person gibt es also zwei Möglichkeiten: Sie gehört zu einer bestimmten Gruppe, oder sie gehört nicht dazu. Für n Personen gibt es also 2 x 2 x … x 2 verschiedene Wahlmöglichkeiten, also n Faktoren, die jeweils 2 sind. Dies ist die n-te Potenz von 2. Die Potenz stellt somit die Anzahl der verschiedenen Kleingruppen dar, die aus n Personen gebildet werden können. Und sie entspricht auch der Summe der zeilenweisen Einträge im Pascal'schen Dreieck.

Damit wäre also erklärt, warum die Potenzen von 2 im Pascal'schen Dreieck auftauchen. Aber was ist mit den Fibonaccis? Das folgende Diagramm zeigt besser als tausend Worte, wie die Fibonacci-Zahlen durch eine Addition mit einem Springerzug nicht nur auf dem Schachbrett mit den Zahlen der Turmwege, sondern auch im Pascal'schen Dreieck auftauchen:

1	1	1
1	1	1 1
2	1+1	1 2 1
3	1+2	1 3 3 1
5	1+3+1	1 4 6 4 1
8	1+4+3	1 5 10 10 5 1
13	1+5+6+1	1 6 15 20 15 6 1
21	1+6+10+4	1 7 21 35 35 21 7 1

Im folgenden Diagramm finden Sie die Potenzen von 2.

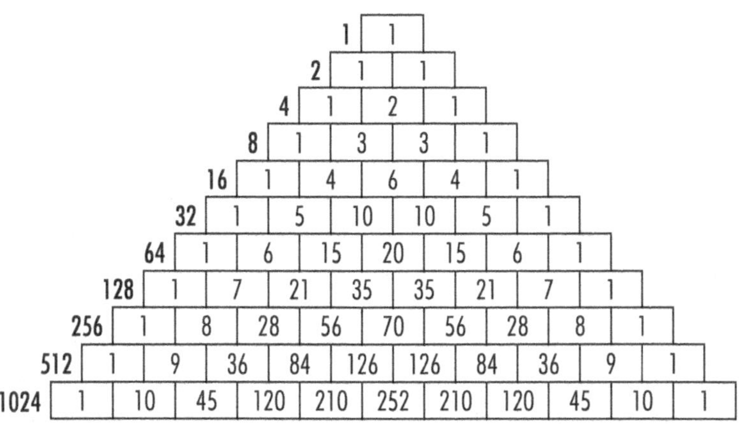

Viel Spaß mit all diesen wunderbaren Zusammenhängen!

Vishy Anand – der Beginn des indischen Schachwunders

Im Dezember 2019 sprach ich in Bangalore mit Sagar Shah über meine Zeit mit Vishy Anand. Sie können das Interview sehen, wenn Sie diesen QR-Code ihrem Handy oder Tablet zeigen.

Vor 36 Jahren habe ich mit Partnern das Schachprogramm *ChessBase* und die gleichnamige Schachdatenbank entwickelt. Kurze Zeit später war ich in London bei einem Turnier – ich glaube, 1986 oder 1987 – und habe den Teilnehmern dort das Programm gezeigt. Irgendwann kam jemand zu mir und sagte: »Ich will dir einen Spieler vorstellen, der dich kennenlernen möchte.« Der Spieler war ein Teenager, ein Inder. Ich sprach kurz mit ihm und sagte, ich würde gleich auf ihn zurückkommen. Dann arbeitete ich weiter. Eine halbe Stunde später stand er wieder vor mir und sagte: »Ich muss jetzt gehen.« Es war mir peinlich, dass ich ihn hatte warten lassen. Ich entschuldigte mich und begleitete ihn zu seiner U-Bahn-Station. Wir hatten ein kurzes, aber intensives Gespräch. Ich fragte ihn nach seiner Spielstärke, und er nannte mir eine Elo-Zahl von 2480 oder 2500. Das war erstaunlich.

Bei dem Jungen handelte es sich um Viswanathan Anand. Er sagte, er würde sein nächstes Event eine Woche nach diesem Turnier spielen, ebenfalls in London. Er könne es sich aber nicht leisten, für eine Woche zurück nach Indien zu fliegen. »Also wirst du in einem drittklassigen Hotel übernachten?«, fragte ich ihn. »Nein, nein, viertklassig«, antwortete er. »Hör zu«, sagte ich. »Wenn du mal irgendwo in Europa feststeckst, kannst du zu uns nach Hamburg kommen und bei uns unterschlüpfen.« Er nahm dieses Angebot höflich zur Kenntnis.

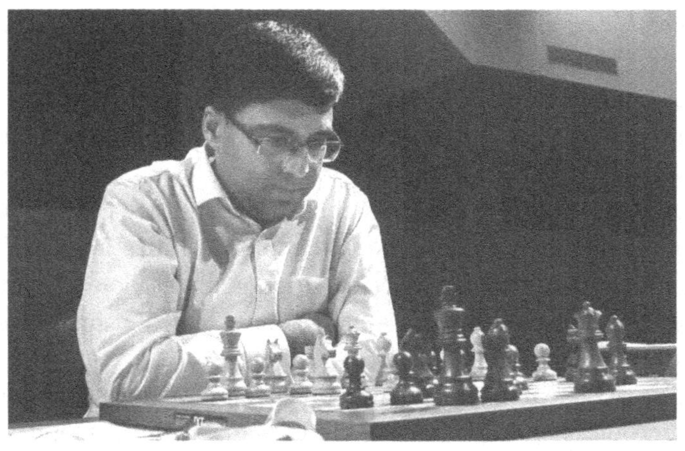

Ein paar Monate später erhielt ich einen Anruf von Anand, der mich fragte, ob ich das damals ernst gemeint hätte. Ich versicherte ihm, dass er kommen könne. Meine Familie war etwas unruhig. »Du hast ein Schachwunderkind für eine Woche zu uns nach Hause eingeladen?«, fragte meine Frau. »Okay, mal sehen, wie das läuft.« Als Anand ankam, dauerte es nur zwei oder drei Stunden, bis die ganze Familie verzaubert war. »Er ist so ein toller Junge«, sagten sie. »Wir wollen ihn behalten, er kann jederzeit wiederkommen.«

Wir hatten also alle viel Spaß mit ihm – bis zum Abendessen, als es ein großes Problem gab. Anand war strikter Vegetarier und aß keinerlei Fleischprodukte. Was tun? Wir mussten improvisieren. Am Ende haben wir es geschafft, etwas Gemüse für ihn vorzubereiten. Es schmeckte ihm wohl ziemlich fade, wir hatten keine Erfahrung mit der Zubereitung. Danach kauften wir ein Buch über südindische vegetarische Küche und fingen an, so für ihn zu kochen. Wir selbst fanden es auch lecker. Problem gelöst!

Bevor ich fortfahre, möchte ich etwas zu seinem Namen klarstellen. Bei seiner Geburt nannten die Eltern ihn Anand. Da er ein südindischer Brahmane ist, wurde dieser Name an den seines Vaters angehängt, um ihn von den Hunderttausenden anderer Anands zu unterscheiden, die in Indien lebten. Das System ist denkbar einfach: Man erhält einen Namen und fügt den Namen des Vaters hinzu. Mal vor dem eigenen Namen, mal danach.

Anands Vater, ein umgänglicher Eisenbahnmanager, der das Golfspielen liebte, hieß Viswanathan. So wurde daraus Viswanathan Anand, was in etwa »Viswanathans Sohn Anand« bedeutet. Schnelles Quiz: Anands Vater hieß Krishnamurthy Viswanathan. Wie hieß Anands Großvater?

Die richtige Art, Anand anzusprechen, ist nicht ganz unkompliziert und hängt, wie so vieles in Indien, von der persönlichen Beziehung zu der Person ab. Wenn Sie ein Fremder sind und Respekt zeigen möchten, nennen Sie ihn Herr Anand. Sind Sie ein Freund, ein Verwandter oder befinden Sie sich in einer informellen Situation, nennen Sie ihn einfach Anand. Ein absolutes No-Go ist die Anrede »Herr Viswanathan.« Das wäre einfach albern und eine unpassende Erwähnung seines Vaters.

Noch ein Beispiel dazu: Ein aktuelles indisches Top-Wunderkind heißt Nihal Sarin. Ich sehe Kommentare, in denen Leute schreiben: »Brillantes Spiel von Sarin.« Hat sein Vater den Zug gemacht? Sein Vater, Sarin Abdulsalam, ist Dermatologe. Der junge Großmeister heißt Nihal oder Herr Nihal.

Als Anand zum ersten Mal zu Besuch kam, nannten wir ihn natürlich Anand. Er war damals siebzehn. Einige Jahre später – ich glaube, es war während einer Veranstaltung in Las Palmas – hörte ich jemanden zum ersten Mal »Vishy« sagen. Wahrscheinlich war es Max Dlugy, der ihn so nannte. Ich fand das ziemlich albern und fragte Anand danach. »Alles gut, ich bin damit einverstanden«, sagte er. So wurde er Vishy. Im Laufe der Jahre fingen alle an, ihn Vishy Anand zu nennen.

Als Anand heiratete, wurde seine Frau Aruna zu Aruna Anand. Die formelle Anrede ist Frau Anand. Wer sie gut kennt, kann sie Aruna nennen.

Interessanterweise lautet der Name ihres Vaters Ananth, also hieß sie vor ihrer Heirat Aruna Ananth. Wenn sie zusammen sind, nennt Aruna ihn Anand: »Anand, sag ihm, er soll mich nicht ärgern!« Wenn sie mit anderen Menschen, insbesondere Europäern, über ihn spricht, nennt sie ihn manchmal Vishy, wahrscheinlich, weil sie weiß, dass man sonst verwirrt sein könnte. So ging es beispielsweise einer gemeinsamen Freundin, Almira Skripchenko. »Warum ruft sie ihn oft mit seinem Nachnamen?«, fragte sie.

Doch zurück zu Anands erstem Besuch bei uns. Damals machte er sich gleich daran, unser neues Datenbankprogramm testen. Er saß stundenlang vor dem Computer in meinem Büro. Es war das erste Mal, dass ich einen Spitzenspieler sah, der täglich Hunderte von Partien durchspielt und sich dabei köstlich amüsiert. Manchmal kam er aufgeregt zu mir und wollte, dass ich mir einen Zug anschaue, den ich offensichtlich nicht verstand. Einen Zug, der bei ihm schallendes Gelächter auslöste.

Eines Tages beim Frühstück sagte Anand zu mir: »Weißt du, dass die Datenbank ein paar Fehler enthält? Einige Ergebnisse sind falsch, und manche Partien sind zweimal drin.« Ich sagte ihm, dass es sich um kürzlich übermittelte Rohdaten handelte und dass es sehr hilfreich wäre, wenn er solche Fehler notieren könnte. Die Mitarbeiter von *ChessBase* würden sie dann zeitnah korrigieren. Zu meiner Verblüffung nahm er Stift und Papier und fing gleich dort am Frühstückstisch an, die Fehler aufzuschreiben, die er entdeckt hatte. »Partie Nummer 127 hat ein falsches Ergebnis. Die Partien 267 und 513 sind gleich …« Und so weiter und so fort. Er erinnerte sich nicht nur an alle Partien, sondern auch an ihre Seriennummer in der Datenbank. Die Festplatte in seinem Kopf hatte offensichtlich noch sehr viel freien Speicherplatz.

Anand war nicht nur in der Lage, die Datenbank zu studieren und daraus zu lernen, sondern tat dies zudem mit enormer Geschwindigkeit. Wenn ich ihm eine Aufgabe zeigte, verstand er sie innerhalb von Sekunden und sagte mir die richtige Lösung.

Eines Tages war ich mit ihm bei einem Turnier, und wir gingen durch den Analyseraum, wo die Spieler saßen und mit ihren Gegnern die vorangegangene Partie besprachen. Anand ging vorbei, warf einen Blick auf eines der Bretter und sagte: »Ah, sehr schön, Turm e8.« Einer der Spieler, GM Joel Benjamin, sprang auf und fragte ihn, ob er das Spiel gesehen habe. Er konnte nicht glauben, dass Anand den brillanten Zug im Vorbeigehen gesehen hatte. Das ging einfach zu schnell, um wahr zu sein.

Manchmal spielte Anand eine ganze Turnierpartie, für die er zwei Stunden hatte, in sechs bis sieben Minuten. Ich habe ihm immer gesagt, er solle langsamer spielen und gründlicher über seine Züge nachdenken. Manchmal tat er das, dachte über eine Stellung einige Minuten nach – und spielte am Ende doch den Zug, den er in den ersten paar Sekunden gesehen hatte.

Eines war für mich absolut sicher: Anand würde eines Tages Weltmeister werden. Er war so unglaublich stark, dass er auch ohne systematisches Training, wie bei den Sowjets üblich, ganz oben mitspielte. Als Kasparow zehn oder elf Jahre alt war und klar wurde, dass er ein Supertalent war, bekam er sofort Großmeister als Trainer zugeteilt. Er erhielt jede Unterstützung, die er brauchte, um zum größten Spieler der Geschichte zu werden.

Als sich herausstellte, dass Anand ein Wunderkind war, sagten seine Eltern: »Okay, du kannst in den Schachklub gehen. Aber nur, wenn du zuerst deine Hausaufgaben machst.« Das war der Unterschied. Trotzdem hat er es geschafft, fast auf Kasparows Niveau aufzusteigen.

Ständig habe ich Anand angespornt, daran zu arbeiten, Weltmeister zu werden. In einem Jahr verpasste ich ihm den Spitznamen »Mittelmäßig« (»Av« für Average), weil er sich nicht so schnell verbesserte, wie ich es mir vorstellte: »Hey, Mittelmäßig, das Essen ist fertig.«

Ein andermal habe ich über der Tür zum Esszimmer ein Diagramm von einer schrecklichen Niederlage angebracht, die er erlitten hatte. Er musste es sich jeden Tag ansehen. Die Qualen, die ich ihm zugefügt habe, sind bis heute nicht vergessen. Ich wollte, dass er sein volles Potenzial ausschöpft – und das gelang. Er wurde Weltmeister, gewann oder verteidigte den Titel fünfmal. Und er wurde die charismatischste Person im indischen Schach, ein Schachgott, der sich in die Tausende von Göttern einreiht, die Indien kennt.

Am Anfang war Anand nur ein Freund, wurde aber bald ein Teil meiner Familie. Er war sehr häufig bei uns zu Besuch und blieb meist über eine Woche. Beweise dafür habe ich in meinem Gästebuch genügend. Wir haben die Zeit mit ihm sehr genossen und hatten jede Menge Spaß. Aber eines Tages heiratete er, und die Zahl der Besuche bei uns ging drastisch zurück.

Die Ehe kam auf sehr indische Weise zustande. Eines Tages fuhren Anand und ich vom Büro nach Hause, als er zu mir sagte: »Frederic, ich denke, ich sollte heiraten.« Ich war begeistert »Oh wow«, rief ich. »Es ist der richtige Zeitpunkt. Mach es! Wer ist sie?« Seine Antwort: »Ich weiß es nicht.« Ich war zutiefst schockiert. »Du wirst doch nicht so eine arrangierte Ehe eingehen, oder?«, fragte ich entsetzt. »Sicher, warum nicht?«, meinte er. Ich versuchte, ihm das auszureden. Wir befänden uns am Ende des 20. Jahrhunderts, und er lebte in der modernen Welt. Aber er bestand darauf, dass es für ihn der beste Weg sei.

Wie so ein Arrangement zustande kommt, konnte ich selbst miterleben, als ich Anand und seine Familie in Chennai besuchte. Vorher war ich in Bangalore gewesen, wo ich von einer sehr einflussreichen Persönlichkeit zum Frühstück in ein luxuriöses südindisches Restaurant eingeladen wurde. Mir gegenüber saß seine etwa 19-jährige Tochter. Nach dem Essen sagte ich zum Vater: »Herzlichen Glückwunsch, Sie haben eine wundervolle Tochter. Sie ist hübsch und intelligent. Es hat mich entzückt, sie kennenzulernen.« Der Vater war sehr erfreut und sagte: »Hier, lassen Sie mich Ihnen meine Karte geben.« Und er gab mir gleich drei Visitenkarten.

Später in Chennai zeigte ich sie Anand. »Warum hat er mir drei Karten gegeben?«, fragte ich. »Wegen der Heiratsgeschichte«, antwortete Anand. »Du sollst sie den Familien von geeigneten Junggesellen geben, die du triffst.«

Später an jenem Abend saßen wir mit der ganzen Familie im Wohnzimmer und unterhielten uns. Anand saß neben mir. Ich zog eine der Karten aus meiner Tasche. Er sah es und zischte durch zusammengebissene Zähne: »Mach das nicht, Fred.« Aber natürlich konnte ich nicht widerstehen und habe die Karte seinem Vater überreicht. Bestürzung machte sich breit. Ich war kein Brahmane, nicht einmal ein Hindu und durfte das eigentlich nicht. Aber Anands Vater nahm die Karte, betrachtete sie, hörte sich meine Beschreibung des Mädchens an und legte die Karte in einem kleinen Karteikasten ab.

Langsam wurde mir klar, dass es sich beim traditionellen Anbahnen einer Ehe in Indien um ein ziemlich ausgeklügeltes System handelte. Anstatt zu versuchen, die Person, mit der man den Rest des Lebens verbringen wird, in einer Bar oder auf einer Party zu treffen, sucht man nach Übereinstimmungen. Wenn die Familie des Jungen eine passende Kandidatin findet, wird das Mädchen eingeladen, mit ihrer Familie vorbeizukommen. Die beiden jungen Leute gehen dann in einen separaten Raum und trinken zusammen eine Tasse Tee. Zehn Minuten später kommen sie heraus. Zu diesem Zeitpunkt können beide Seiten Nein sagen, ohne die andere Seite zu verletzen. Wenn die beiden jedoch einverstanden sind, lassen sie die Verhandlungen der Familien weiterlaufen. Während dieser Zeit trinken Junge und Mädchen irgendwann zusammen sogar eine Cola in einem Restaurant. Es ist ein sehr nuancierter, sorgfältig geplanter Prozess.

Am Ende heiratete Anand das Mädchen, sie hieß Aruna. Wenn Europäer fragen: »War es eine arrangierte Ehe?«, antworte ich oft: »Nein, eine Katalogehe.« Das mache ich besonders gern, wenn die beiden dabei sind, um sie zu necken. Ich behaupte dann, dass Anand und ich einen Katalog mit potenziellen Bräuten durchgesehen und uns für Aruna entschieden hätten.

Anand lud mich zur Hochzeit ein. »Ich kann nicht nach Chennai fliegen«, dachte ich. »Das ist eine halbe Weltreise.« Aber Anand hatte einen sehr guten gemeinsamen Freund, einen leitenden Redakteur des Nachrichtenmagazins *Der Spiegel*, ebenfalls eingeladen. Hajo war sehr hartnäckig und bestand darauf, dass ich mitkommen müsste. Also stiegen er, seine Frau Susanne und ich in ein Flugzeug und flogen nach Chennai.

Der Auswanderungsbeamte am Flughafen wusste sofort Bescheid. »Sie gehen zu einer Hochzeit in Madras? Zu der von Anand? Sie kennen Anand?« Selbstverständlich hatte er davon gehört. In Madras verkündete die größte Zeitung, der *Indian Express*, ganz oben auf der Titelseite die freudige Nachricht: *Anand to wed Aruna*. Kein Wort in dem Bericht darüber, wer genau dieser Anand ist. Anscheinend hat er in seinem Land bereits den Status eines Superstars erreicht, sodass eine Vorstellung nicht nötig war.

Um mich auf das vielversprechende Ereignis vorzubereiten, hatte ich einige Sätze in der Sprache des Brautpaares, Tamil, gelernt. *Kalyanam* bedeutet Heirat. *Walthugal* heißt Glückwünsche. Alles etwas schwierig in der Aussprache. Es waren noch einige andere Gäste aus Europa anwesend, und ich habe ihnen die Schlüsselsätze beigebracht.

Endlich begann die Hochzeitszeremonie, und wir sahen zum ersten Mal die Braut Aruna. Sie war zweiundzwanzig, sehr schlank, mit großen, ausdrucksstarken Augen, und zudem eine talentierte Künstlerin, die Bharatanatyam studiert hatte, eine der klassischen Tanzformen Indiens. Wir Europäer trugen natürlich Anzug und Krawatte und setzten damit in der schwülen Hitze von Madras unser Leben aufs Spiel. Eine wohlwollende Seele bemerkte das, und in der Mittagspause bekamen wir alle Kurtas geschenkt, weiße indische Hemden, die offen, bequem und sicher nicht weniger festlich waren als unsere westliche Kleidung.

Am Abend gab es einen großen Empfang mit über zweieinhalbtausend Besuchern, darunter ein ehemaliger Präsident Indiens sowie unzählige prominente Persönlichkeiten. Anand und Aruna standen einige Stunden wie ein Paar aus einem Märchen auf einer Bühne, um Glückwünsche und Geschenke der Hochzeitsgäste entgegenzunehmen.

Anands »Pflegevater« in Spanien, Mauricio Perea, hatte sich tagelang auf diesen Augenblick vorbereitet. Als er sich der Braut näherte, verkündete er feierlich: »*Kalyanam walthugal.*« Aruna lächelte schüchtern und antwortete: »Sorry, Mr Perea, ich spreche kein Spanisch.« Mauricio beherrschte die knifflige Aussprache leider nicht korrekt.

Die Hochzeitsfeierlichkeiten dauerten drei Tage. Am letzten Abend gab es ein großes Abschiedsessen, das mir besonders in Erinnerung geblieben ist. Es wurde in einer riesigen Halle mit langen Tischen und Bänken serviert. »Warum liegen Blätter auf dem Tisch?«, fragte Hajo. »Das sind die Teller«, erklärte ich ihm. Nach einer Weile kam ein Mann mit einem großen Eimer und einem riesigen Löffel vorbei. Er verteilte mit einem Plopp einen großen Klumpen Reis auf jedem dieser Teller. Dann kam ein zweiter Mann mit einem Linsenbrei, der *Dal* heißt, und zuletzt ein dritter mit gut gewürztem Gemüse. Es gab kein Besteck, und Hajo und Susanne fühlten sich ziemlich unsicher. Wir mussten mit den Händen essen. Sie waren sehr skeptisch und vorsichtig.

Am Ende des Essens sagte Hajo zu mir: »Schau mal, Fred, wir könnten drei von diesen Leuten nach Hamburg ausfliegen. Bananenblätter bekommen wir aus Afrika. Wir eröffnen ein Restaurant!« So schnell lässt sich ein Norddeutscher für das südindische vegetarische Essen begeistern.

Nachdem die Hochzeit vorbei war, unternahm das Brautpaar eine Reise nach Dortmund, wo Anand an einem Turnier der Kategorie 18 teilnehmen sollte. So tauchte Aruna mit sehr wenig

Vorbereitung in die Schachwelt ein, nicht gerade die romantischste Erfahrung für eine junge Braut. Aber sie hielt tapfer durch und schien die Partien sogar zu genießen. Anand spielte brillant und widerlegte die Legende, dass mit der Ehe die Leistung am Schachbrett zumindest für eine Weile beeinträchtigt wird.

Aruna wurde ebenfalls ein Teil meiner Familie und kam einige Male mit Anand zu mir nach Hause. Dort brachte sie uns die Feinheiten der südindischen Küche bei. Wir bereiten bis heute regelmäßig ihre Gerichte zu.

Anand nahm an vielen Schachweltmeisterschaften teil und gewann fünf davon. In unzähligen Artikeln im Internet, insbesondere auf Wikipedia, wurde das alles akribisch beschrieben. Daher werde ich mich hier auf die Ereignisse beschränken, bei denen ich Teil seines Teams oder zumindest unmittelbarer Besucher war. Es war jedes Mal unvergesslich und abenteuerlich.

Im Jahr 1995 spielte Anand bei der PCA-Weltmeisterschaft im World Trade Center gegen Garri Kasparow, im 107. Stock des Südturms. Dazu muss man wissen, dass Garri Kasparow und Nigel Short im Jahr 1993 die *Professional Chess Association* (PCA) als Konkurrenzorganisation zum Internationalen Schachverband (FIDE) gründeten. Ich wurde zum Vorstandsmitglied ernannt.

Kaum in New York angekommen, wurde ich von Garri konfrontiert. Er wollte wissen, wem meine Loyalität galt. »Bist du als Vorstandsmitglied der PCA hier oder um deinen Jungen zu unterstützen?«, fragte er. Das konnte ich nicht beantworten. Garri fand eine Kompromisslösung: »Du bist mit deinem Herzen für Anand, aber mit deinem Verstand für mich.« Nach acht anfänglichen Remispartien ging Anand in Führung, um dann vier der nächsten fünf Partien zu verlieren. Das Match endete 10,5:7,5 für Kasparow.

Das nächste Abenteuer erlebte ich 1998. Die FIDE hatte dafür gesorgt, dass Anatoli Karpow, der amtierende FIDE-Weltmeister, direkt ins Finale des folgenden Zyklus gesetzt wurde. Er würde gegen den Gewinner des Kandidatenturniers im holländischen Groningen spielen. Das war ein zermürbendes K.-o.-Turnier mit sieben Runden. Anand bestritt dort 21 Partien in 23 Tagen. Unmittelbar nach der Endrunde, die er gegen den britischen GM Michael Adams gewann, musste er nach Lausanne in die Schweiz fliegen, um im Weltmeisterschaftsfinale über sechs Runden gegen Karpow zu spielen.

Als wir in Lausanne ankamen, fragte ich Anand, wie er sich fühle. »Wie eine Leiche«, sagte er. Journalisten erzählte er, dass er sich wie ein Läufer fühle, der unmittelbar nach einem Marathon einen Hundert-Meter-Sprint absolvieren müsse. Er hatte nur vier Stunden Vorbereitungszeit, bevor er einem gänseblümchenfrischen Karpow gegenübersaß. Dieser spielte ein atemberaubendes Damenopfer, das schlussendlich zum Sieg in der ersten Partie führte.

Die zweite Partie begann ziemlich katastrophal für Anand, und im vierunddreißigsten Zug war die Stellung vollkommen verloren. Ich verfolgte das Spiel auf einem Computer und sah, dass Karpow, der Schwarz hatte, mehr als fünf Bauerneinheiten im Plus war. Doch kurz bevor ich endgültig in Schwermut und Niedergeschlagenheit versank, machte Karpow einen Fehler. Anand konnte das nutzen und mit einem Sieg ausgleichen. Hoffnung am Horizont? Anand verlor Spiel vier, doch in Spiel sechs glich er mit einem mutigen Trompowsky erneut aus. Beim Stand von 3:3 wurde es Zeit für das Stechen.

In der ersten Schnellpartie hatte Anand die schwarzen Figuren, und es lief gut für ihn. Ich saß am Computer in meinem Zimmer und sah beim siebenunddreißigsten Zug an der Bewertung, dass Anand einen Vorsprung von zwei Bauern hatte. Also ging ich runter in den Saal, um mir die letzten Züge dieser Schlüsselpartie anzusehen. Als ich in die Spielhalle kam, begegnete ich einem stirnrunzelnden Albert Toby, einem gemeinsamen Freund und Teil des Anand-Teams. »Das gefällt mir überhaupt nicht. Ich denke, er könnte besser spielen«, sagte Albert. Ich eilte zurück in mein Zimmer, und meine Computerauswertung zeigt eine Punktzahl von null an. Danach begann sich die Bewertung sogar langsam zugunsten von Karpow zu verschieben. Ein letzter Fehler von Anand im fünfundfünfzigsten Zug besiegelte sein Schicksal.

Karpow gewann auch die zweite Partie und blieb damit FIDE-Champion. Nach dem letzten Spiel schlich ich mich am Boden zerstört in Anands Zimmer. Dort haben Anand und Aruna *mich getröstet!* Anand war natürlich sehr verbittert über die Bedingungen des Spiels, aber ihm war klar, dass er seine Karriere noch vor sich hatte. Auch diesen Titel würde er sich früher oder später holen.

Zwei Jahre später nahm Anand dann mit hundert anderen Spielern an der FIDE-Schachweltmeisterschaft teil, die im Jahr 2000 in Neu-Delhi und Teheran stattfand. Er gewann das Turnier, blieb in zwanzig Partien ungeschlagen und wurde der erste asiatische Weltmeister in der Geschichte. Leider war ich damals nicht mit dabei.

Die FIDE-Schachweltmeisterschaften von 1998 bis 2004 wurden im K.-o.-Format ausgetragen, was zu unbefriedigenden Ergebnissen führte. 1999 gewann beispielsweise Alexander Khalifman, der auf Platz 44 der Weltrangliste stand. Zu viel Zufall und Glück waren im Spiel. Im Jahr 2005 wechselte die FIDE dann das Format zu einem traditionellen Doppelrunden-Turnier mit acht Spielern. Die erste Veranstaltung im neuen Format fand in San Luis, Argentinien, statt. Dieses Mal war ich dabei. Zum ersten Mal in meinem Leben überquerte ich den Äquator. Ich kam zu Beginn der zweiten Turnierhälfte an. Zu diesem Zeitpunkt hatte der bulgarische GM Wesselin Topalow mit einer Leistung von 3177 einen unglaublichen Vorsprung von 6,5/7 Punkten erspielt. So etwas hatte es im Meisterschaftsschach noch nie gegeben. Anand lag bei 3,5/7. In der zweiten Hälfte des Zyklus endeten alle Partien von Topalow remis, während Anand drei gewann. Im Endergebnis gewann Topalow mit 10/14, 1,5 Punkte vor seinen engsten Rivalen Anand und Svidler.

Die nächste FIDE-Schachweltmeisterschaft im September 2007 wurde als Doppelrunden-Turnier mit acht Spielern ausgetragen. Sie fand in einem Fünf-Sterne-Hotel in der Altstadt von Mexiko City statt. Von dort habe ich drei Wochen lang live im Internet berichtet. Am Ende gewann Anand das Turnier mit 1,5 Punkten Vorsprung und wurde der fünfzehnte Weltmeister der Schachgeschichte.

Wiederum ein Jahr später wurde 2008 ein Zwölf-Partien-Match in der Kunst- und Ausstellungshalle in Bonn ausgetragen. Dabei traf Anand auf Wladimir Kramnik. Diesmal war ich Teil von Anands Team und wohnte im selben Flügel des Hotels. Ich half dabei, eine entspannte Atmosphäre zu schaffen. Anand siegte 6,5:4,5. Er gewann die Partien drei, fünf und sechs und verlor nur Runde zehn.

Eine meiner Aufgaben war es, Anands Sekundanten zum Frühstück zu bringen, das sie in einem abgelegenen Teil des Hotelrestaurants einnahmen. Eines Tages, in der zweiten Hälfte des Wettkampfs, klopfte ich an die Tür von GM Surya Ganguly, Anands indischem Sekundanten, und sah ein Gesicht vor mir, das mit Ausschlag und Pickeln übersät war. Ich ging sofort zu Aruna, und wir riefen einen Arzt. »Masern«, lautete die Diagnose.

Wir hatten ein Problem. Es war klar, dass Surya sich nicht mehr im selben Raum wie Anand aufhalten durfte. Außerdem entschieden wir, dass Anand nicht über die Erkrankung informiert werden sollte. Aruna und ich gingen zum Vorbereitungsraum und entfernten den Tisch und den Stuhl, den Surya normalerweise benutzte. »Was macht ihr da?«, fragte Anand. Wir sagten ihm, Surya ginge es nicht gut und er würde von seinem Zimmer aus arbeiten. Das tat er auch für den Rest des Wettkampfs.

Während der letzten Partie fühlte sich Anand nicht allzu gut. Er hatte entzündete Augen und eine laufende Nase. Aber er schaffte es, das Match und den Titel zu gewinnen. Am Abend fand ein großes Festessen statt, und am nächsten Tag fuhren Anand und Aruna nach Frankfurt, von wo aus sie nach Chennai zurückfliegen sollten. Doch plötzlich bekamen beide Fieber und einen Ausschlag, was darauf hinwies, dass sie sich mit dem Masernvirus angesteckt hatten. Sie mussten den Flug stornieren und verbrachten zwei Wochen in Frankfurt, um sich gesund zu pflegen. Wir waren dankbar, dass Suryas Masern nicht eine Woche früher ausgebrochen waren. Das hätte das Match zweifelsohne frühzeitig beendet. Wladimir, muss ich hinzufügen, hat sich nicht angesteckt.

Die Weltmeisterschaft 2010 in Sofia war die ereignisreichste Veranstaltung, an der ich nicht direkt teilgenommen habe. Der bulgarische Großmeister (und ehemalige FIDE-Weltmeister) Wesselin Topalow hatte sich qualifiziert, Anand herauszufordern. Nach langen Verhandlungen – und einer erheblichen Prämienaufstockung – stimmte Anand zu, in Bulgarien und in Topalows Heimatstadt Sofia zu spielen.

Zur Vorbereitung arbeitete Anand mit seinen üblichen Sekundanten Rustam Kasimdzhanov, Peter Heine Nielsen, Radoslaw Wojtaszek und Surya Ganguly zusammen. Als das Match näher rückte, half ich ihm, weitere Spieler zu rekrutieren. Magnus Carlsen bot ein Sparring an, was Anand sehr hilfreich fand. Nach ihrem Treffen hielt Magnus eine kleine Abschiedsrede: »Ich hatte eine wundervolle Zeit, ich habe es wirklich genossen, mit dir zu arbeiten. Moment, wollen wir diesen Quatsch nicht einfach überspringen?« Anand fand das ziemlich lustig.

Garri Kasparow erklärte sich ebenfalls bereit zu helfen. Anand schickte ihm Fragen, insgesamt etwa dreißig, um dann Garris Antworten mit seinen eigenen Ideen abzugleichen. Sie gingen alles per Skype durch. »Wenn man mir vor zwei Jahren gesagt hätte, dass Garri und ich eines Tages Emojis austauschen würden, hätte ich gelacht«, sagte Anand. Die beiden blieben auch während des gesamten Wettkampfs in Kontakt. »Nach der achten Partie hielt er mir einen Vortrag über ungleichfarbige Läuferendspiele. Genauso nach der neunten Partie«, erzählte mir Anand. »Sehr, sehr lieb von ihm, das habe ich wirklich sehr geschätzt.«

Ein weiterer Helfer, den ich vor dem Spiel rekrutierte, war etwas anders. Einige Zeit vorher lernte ich einen außergewöhnlich talentierten Jungen kennen, Anish Giri. Er hatte im Alter von vierzehn Jahren gerade den Großmeistertitel errungen. Ich fragte Anand, ob er ein paar Tage mit Anish arbeiten möchte. »Bring ihn mal rüber«, sagte Anand. Also besuchte ich ein Turnier, bei dem Anish spielte, und nachdem es vorbei war, nahm ich ihn mit zu Anands damaliger Wohnung in Frankfurt. Auf geheimnisvolle Art und Weise, damit niemand von der Zusammenarbeit erfuhr. Wir sind in die falsche Richtung in einen Zug eingestiegen, nur für den Fall, dass jemand uns sah und erriet, wohin wir wollten. Ein paar Stationen später stiegen wir aus und nahmen einen Zug in die entgegengesetzte Richtung. Die Sitzung mit Anand war sehr fruchtbar, besonders für Anish, denke ich. Heute gehört er zu den zehn besten Spielern der Welt.

Kurz vor Beginn der Weltmeisterschaft in Sofia gab es eine Computerkrise. Wir erfuhren, dass dem Topalow-Team ein IBM Blue Gene/P zur Verfügung gestellt wurde, der eine Rechengeschwindigkeit im PetaFLOP-Bereich (Billionen Gleitkommaoperationen pro Sekunde) erreichen konnte. Das System wurde in Sofia von der Bulgarischen Akademie der Wissenschaften und der Universität Sofia installiert, und Topalow erhielt für seine Vorbereitung auf den Wettkampf Zugriff auf die volle Leistungsfähigkeit des Systems. Wie viel das gekostet hat? Topalows Manager und Sekundant Silvio Danailow wurde kurz nach dem Spiel darauf angesprochen. »Wir haben sehr viel Geld in die Vorbereitung investiert«, sagte er. »Ich möchte die genaue Zahl nicht nennen, weil jemand einen Herzinfarkt bekommen könnte.«

Als die Nachricht von Topalows Computerausstattung bekannt wurde, nahm Anand das zunächst ziemlich gelassen hin. »Lass sie durchdrehen«, sagte er zu mir. »Ich bleibe bei meinen menschlichen Recheneinheiten.« Aber am nächsten Tag war er dann doch besorgt. Ich kontaktierte einige Freunde in Großbritannien, Marc Uniacke, den Autor des Schachprogramms HIARCS, und seinen Kollegen Harvey Williamson, der zu Hause ein ziemlich leistungsfähiges Computercluster besaß. Harvey stimmte zu, es Anand für das ganze Spiel benutzen zu lassen. »Es hat geholfen«, sagte Anand. »Zumindest konnten wir einige der kritischeren Bereiche mit wirklich leistungsfähiger Hardware überprüfen. Das hat unsere Lage deutlich verbessert.«

Angesichts von Topalows Computervorteil beschloss das Anand-Team jedoch, sich von gewagten Eröffnungsvarianten fernzuhalten. Solche Positionen konnten von einem Computer erschöpfend analysiert werden. Laut Danailow lief die Sache für Topalow gut: »Unsere Mannschaft hat in den Eröffnungen total dominiert. Anand hat in allen Schwarzpartien (außer der letzten) gelitten, und mit Weiß hatte er überhaupt keinen Vorteil (außer in Partie vier).«

Bevor das Spiel beginnen konnte, ereignete sich jedoch ein weiteres Drama: Eyjafjallajökull. Es war nicht die Aussprache des Namens, die für Unruhe sorgte, sondern die Tatsache, dass dieser isländische Vulkan wenige Tage vor Beginn des Wettkampfs ausbrach und eine gigantische Aschewolke in die Luft pustete. Das führte zur Schließung fast des gesamten europäischen Luftraums.

Anand hatte einen Flug von seinem damaligen Wohnort Madrid nach Frankfurt gebucht, mit Weiterflug nach Sofia am nächsten Tag. Als er und Aruna jedoch in Frankfurt landeten, wurden sie darüber informiert, dass alle Flüge dort gestrichen worden waren. Bald schlossen auch andere Flughäfen, bis der gesamte Flugverkehr zum Erliegen kam.

Anand und Aruna waren also in Frankfurt gestrandet. Sie beantragten eine dreitägige Verschiebung des Spiels, aber das wurde abgelehnt. Der Bulgarische Schachverband schrieb: »Für die Tatsache, dass Herr Anand nicht rechtzeitig in Sofia eintreffen kann, tragen die Organisatoren keine Verantwortung. Die Schuld liegt bei ihm und seinem Team … Wenn Herr Anand alternative Transportmittel zwischen Frankfurt und Sofia benutzen würde (Zug, Bus, Privatauto etc.), könnte er vor Beginn der ersten Partie eintreffen.«

Der Zugverkehr war aber völlig überlastet. Aruna verbrachte viel Zeit damit, Fahrpläne herauszusuchen. Schnell wurde klar, dass alles ausgebucht war und es keine Fahrkarten gab. Was konnte man also tun? Es gab einige großzügige Angebote von Anand-Unterstützern, die helfen wollten, den Weltmeister und sein Team so schnell wie möglich nach Sofia zu bringen. Wolfgang Grenke, Sponsor der Bundesligamannschaft, in der Anand spielte, bot die Nutzung seines Privatjets an. Die deutschen Behörden verweigerten ihm jedoch die Flugerlaubnis, da der Luftraum gesperrt war.

In der Zwischenzeit waren auch einige von Anands Sekundanten in Frankfurt eingetroffen, um sich der Mannschaft anzuschließen. Sie kamen aus verschiedenen Ländern und waren meist über zwölf Stunden mit dem Zug unterwegs gewesen. Es wurde klar, dass das Auto die einzige Möglichkeit war, nach Sofia zu gelangen. Doch die meisten Autovermietungen, Taxi-Unternehmen und VIP-Dienste hatten keine Fahrzeuge mehr. Alles war ausgebucht. Nach stundenlangen Versuchen gelang es Team Anand schließlich, ein VIP-Taxi im 500 Kilometer entfernten Amstelveen in den Niederlanden zu mieten. Zwei Fahrer kamen mit einem Mercedes Sprinter nach Frankfurt. Der Wagen war mit einem Kühlschrank, zwei Fernsehern und einem DVD-Player ausgestattet. Die Reise nach Sofia konnte beginnen.

Es war eine 1000 Kilometer lange Fahrt, bei der einige Länder umfahren werden mussten, für die Anand und Aruna keine Visa hatten. Die Route führte durch Österreich, Ungarn und Rumänien.

Um zwei Uhr fünfzehn nachts überquerte das Fahrzeug schließlich die Grenze nach Bulgarien. Auf den letzten 100 Kilometern wurde die Reisegesellschaft von der bulgarischen Polizei angehalten, weil sie zu schnell gefahren war (74 km/h statt der erlaubten 50 km/h). Als der Polizeibeamte sah, dass Vishy Anand und sein Team an Bord waren, lächelte er und sagte: »Okay, bringt ihn nach Sofia, aber nicht zu schnell, bitte.«

Schließlich erreichte das Team Anand am 20. April 2010 um fünf Uhr dreißig morgens und nach einer mehr als vierzigstündigen Reise seinen Zielort, ein Fünf-Sterne-Hotel in Sofia.

Glücklicherweise wurde der Beginn des Matches auf Anweisung der FIDE um einen Tag verschoben. Danailow drohte zu klagen: »Die Entscheidung, das Spiel um einen Tag zu verschieben, ist in meinen Augen illegal und respektlos gegenüber dem Organisationskomitee. Wir behalten uns das Recht vor, den Internationalen Schachverband (FIDE) wegen entgangener Gewinne zu verklagen.« Doch die Entscheidung blieb bestehen.

Die erste Partie begann für den erschöpften Anand katastrophal. Mit Schwarz wählte er die Grünfeld-Abtauschvariante und patzte im dreiundzwanzigsten Zug (... Kf7?? statt ... Ld7). Er hatte versucht, sich an seine Vorbereitung zu erinnern, anstatt die Stellung sorgfältig zu studieren. Sieben Züge später musste er aufgeben. Die ganze Partie dauerte nur etwas über eine Stunde.

Es war ein furchtbarer Schock. Aber nach einer für mich schlaflosen Nacht eröffnete Anand die zweite Partie mit dem d-Bauern. Topalow versuchte es mit einem scharfen Ragozin oder der Wiener Variante. Anand steuerte daraufhin die Partie in eine ruhige Katalanische Variante, die eine berüchtigte Waffe von Ex-Weltmeister Kramnik war. Es folgte eine gefährliche, kämpferische Partie, in der Anand Topalow überspielte und zum 1:1 ausglich. Auf unserer Nachrichtenseite wurde die Partie enthusiastisch kommentiert von ... Anish Giri.

In der dritten Partie erwartete Topalow wahrscheinlich einen weiteren gefährlichen Grünfeld, aber Anand konfrontierte ihn mit einer felsenfesten Slawischen Variante. Topalow sollte zeigen, was sie gegen diese Eröffnung ausgearbeitet hatten. Der Bulgare war nicht in der Lage, Anands Aufbau zu knacken, und der Weltmeister geriet nie wirklich in Gefahr. Die Partie endete unentschieden. Der Spielstand lautete 1,5:1,5.

Nach dieser dritten Partie rief mich Wladimir Kramnik nach Mitternacht über Skype an. Er fing an, mich sehr intensiv darüber zu belehren, was Anand gegen Topalow tun oder nicht tun sollte. Ich bat ihn, direkt mit Anand zu sprechen. Das tat er am nächsten Tag. Wladimir begann tatsächlich, sich aktiv an dem Wettkampf zu beteiligen. Die beiden sprachen oft miteinander.

Wenn Anand schlief, diskutierte Wladimir gerne mit anderen Teammitgliedern, insbesondere mit Rustam Kasimdzhanov. Er gab ihnen, wie Anand es nannte, »ziemlich viele gehaltvolle Ideen«. Anand genoss die Zusammenarbeit und besonders »Wladis trockenen Humor«. Nach einer der Weißpartien, auf die er besonders stolz war, fand Anand eine Skype-Nachricht vor, in der es hieß: »Ah, du hast es also geschafft, mit Weiß auszugleichen.« Witzig! Anand fand die Interaktion »erbaulich« und Kramniks Hilfe »unbezahlbar«.

Vor Beginn des Wettkampfs hatte Topalow verlangt, dass der Wettkampf nach den Sofia-Regeln ausgetragen wird, bei der die Spieler kein Remis vorschlagen dürfen. Diese Regeln hatten sich bei Turnieren zur Eindämmung von frühzeitigen Remisangeboten durchgesetzt. Anand antwortete, dass er sich nicht daran halten würde. Das veranlasste Silvio Danailow zu der Aussage: »Wenn Anand den Regeln nicht zustimmt, wird er dazu gezwungen sein, denn Topalow wird ihm kein Remis anbieten, und er wird nicht antworten, wenn ihm eines angeboten wird.«

Es stellte sich heraus, dass die Kontroverse gar nicht notwendig war. Mit einem zweiten Katalanen errang Anand einen schnellen, ziemlich spektakulären Sieg. Wann hatte man schon einmal so etwas erlebt: Drei entschiedene Partien in den ersten vier Runden eines Weltmeisterschaftskampfes? Wieder erhielten wir eine ausführliche und enthusiastische Analyse des 15-jährigen GM Anish Giri, der die meisten Partien für unsere Nachrichtenseite kommentierte.

Die nächsten drei Partien endeten unentschieden, aber in der achten Partie zeigte der Herausforderer eine gute Vorbereitung und darüber hinaus aggressiven Instinkt. So besiegte er Anand in sechsundfünfzig Zügen. Nun stand es 4:4, und die nächsten drei Partien blieben unentschieden. In der zehnten Partie schlug Anand mündlich ein Remis vor. Topalow gab dem Schiedsrichter ein Zeichen, um seine Zustimmung zu signalisieren. Es gab keine Strafe oder Disqualifikation für den Verstoß gegen die Sofia-Regeln. Man folgte den regulären Weltmeisterschaftsregeln.

In der letzten (zwölften) Partie hatte Topalow Weiß. Anand spielte ein abgelehntes Damengambit und schien seine Bereitschaft zu signalisieren, ein Remis zu akzeptieren. Im anschließenden Schnellschach-Endspiel wäre Anand der Favorit gewesen. Topalow gab später zu, dass er dies um jeden Preis vermeiden wollte. Er geriet in Panik, spielte schnell und machte einen Fehler, der einem Angriff auf seinen König Tür und Tor öffnete. Schon bald attackierten Anands Dame und Türme den weißen König. Topalow spielte hartnäckig weiter, gab aber im sechsundfünfzigsten Zug in einer hoffnungslosen Stellung auf. Es war eine fantastische letzte Partie, ein Sieg mit den schwarzen Figuren, und Anand konnte seine Krone mit 6,5:5,5 Punkten behalten.

Es gibt noch ein weiteres Detail zu erwähnen. Nach dem Match sagte der Präsident des bulgarischen Schachverbands, Stefan Sergiew, es sei wichtig gewesen, »die Vorstellung zurückzuweisen, die die Russen zu verbreiten versuchen, dass in Sofia die illegalen Methoden verwendet würden, die sie selbst zum Gewinn der Meisterschaft [Kramnik gegen Topalow] in Elista verwendet haben. Die ganze Welt sah, dass alles perfekt organisiert war und wir es hier nicht mit Detektivgeschichten zu tun hatten.«

Tatsächlich war ich angesichts der breiten Diskussion über Computerunterstützung im Schach ziemlich paranoid gewesen. Ich hatte einen guten Freund, Mark Lefler, gebeten, sich Anands Team anzuschließen und dafür zu sorgen, dass es in den Partien keine Schummeleien gab. Mark ist ein Sicherheitsexperte für US-Botschaften im Ausland, Schachprogrammierer *(Komodo)* und Amateurmagier. Außerdem hatte er einige Jahre lang in Sofia gearbeitet. Er war also ideal, um die Partien zu überwachen. Am Ende berichtete uns Mark, dass nichts Verdächtiges vorgefallen war.

Anand verteidigte seinen Titel 2012 gegen Boris Gelfand in einem Match über zwölf Partien, das in der Tretjakow-Galerie in Moskau ausgetragen wurde. Boris gewann die siebte Partie, und Anand schlug ihn mit einem Siebzehn-Züge-Sieg in der achten Partie. Es war der schnellste Sieg in der Geschichte aller Weltmeisterschaften. Das Endergebnis lautete 6:6. Anand gewann den Schnellschach-Tiebreak mit 2,5:1,5 und behielt seinen Titel. Ich war damals weder in Moskau noch im Team von Anand.

Der indische Schachverband schlug vor, das nächste Weltmeisterschaftsspiel in Chennai auszutragen, Anands Heimatstadt. Der Herausforderer war Magnus Carlsen. Ursprünglich wollten einige norwegische Zeitungen, dass die Weltmeisterschaft in Tromsø im Norden Norwegens stattfinden sollte. Obwohl ich Tromsø wirklich liebe und alles dafür gegeben hätte, drei Wochen dort zu verbringen, gab es ein kleines Problem. Die Austragung des Wettkampfs am Polarkreis im November hätte bedeutet, dass es in der ersten Runde fünf Stunden und einundvierzig Minuten Tageslicht geben würde (Sonnenaufgang bis Sonnenuntergang) und am letzten Tag des Turniers nur noch vierundfünfzig Minuten. Am 27. November, dem geplanten Abreisetag, würde die Sonne den Horizont überhaupt nicht mehr übersteigen. Zumindest wären die Besucher dann vielleicht in der Lage, die Aurora Borealis zu sehen, das Nordlicht.

Die FIDE sprach den Wettkampf der südindischen Stadt Chennai zu. Magnus brachte seine tiefe Enttäuschung über die FIDE-Entscheidung zum Ausdruck, stimmte aber der Austragung in Indien zu, wo Anand (buchstäblich) eine Milliarde Fans hat. Der Wettkampf wurde 2013 in Chennai ausgetragen. Ich war nur für ein paar Tage als Journalist dort und fand es sehr angenehm, mit jungen indischen Schachtalenten und dem Pressekorps zu verkehren. Magnus gewann drei Partien und das Match mit 6,5:3,5 und wurde der neue Weltmeister.

Heute leben Anand und Aruna in einer wunderschönen Wohnung in Chennai. Sie haben einen lebhaften und aufgeweckten Sohn namens Akhil.

Alles Zufall, oder was?

Besonders große Zufälle sind auch besonders faszinierend. Sie lassen einen aufmerken, innehalten und nachdenklich werden. Beschäftigen wir uns doch einmal mit solchen Zufällen.

Um uns einzustimmen, fangen wir mit Geburtstagen an. Nehmen wir an, dass sich zwei Menschen treffen, die am gleichen Tag Geburtstag haben. Das kommt ja nicht allzu häufig vor. Lassen Sie uns solche Geburtstags-Doppelungen empirisch untersuchen. Zum Beispiel bei einer beliebigen, größeren Menschenmenge. Da dies ein Schachbuch ist, betrachten wir die Gruppen der stärksten Schachspieler und Schachspielerinnen auf dem Planeten. Diese können beispielsweise der Weltrangliste entnommen werden.

Zum Zweck einer kleinen privaten Studie habe ich an einem verregneten Oktobersonntag des Jahres 2021 die Geburtstage der Topspieler recherchiert, beginnend mit Magnus Carlsen. Ich wollte mich die Liste der Top-Spieler herunterarbeiten, bis sich zum ersten Mal eine Doppelung bei den Geburtstagen ergeben würde. Wie wahrscheinlich oder unwahrscheinlich mag das unter den Top 100 sein? Immerhin gibt es 365 mögliche Geburtstage, wenn wir den 29. Februar außer Acht lassen. Theoretisch wäre es also möglich, dass ich bis zum 366. Platz der Weltrangliste heruntergehen muss, bis ein Geburtstag zum zweiten Mal auftritt. Wie gesagt, rein theoretisch, im ungünstigsten Fall.

Nach und nach ermittelte ich die Geburtstage und stieß schon bei Santosh Vidit auf Platz 22 der Weltrangliste auf die erste Wiederholung. Denn er und der Weltranglisten-Dritte Ding Liren sind beide an einem 24. Oktober geboren. Was für ein großer Zufall, oder? Große Zufälle sind ja die, die eine kleine

Wahrscheinlichkeit haben. Aber wie klein ist die Wahrscheinlichkeit für das eben berichtete Ereignis eigentlich?

Oder anders gefragt: Wie groß muss eine Gruppe von Menschen sein, damit die Wahrscheinlichkeit für ein gemeinsames Geburtsdatum (Monat und Tag) 50 Prozent ist?

Wenn sie gebeten werden, diese Zahl aus dem Bauch heraus zu schätzen, nennen viele Menschen Schätzwerte in der Gegend von hundertachtzig, also etwa die halbe Anzahl der Tage eines Jahres. Die Mehrzahl der Schätzwerte, die mir genannt wurden, lag über hundert. Umso überraschter waren die Befragten, als ich ihnen mitteilte, dass schon für eine relativ kleine Gruppe von 23 Personen die Chance besser als fifty-fifty steht. Es war also keineswegs unwahrscheinlich, dass unter den Top-22-Spielern zwei am selben Tag Geburtstag feiern. Für Gruppen dieser Größe ist es ein Allerweltsereignis. Wenn Sie das nächste Mal auf einer Party mit ungefähr dieser Anzahl von Teilnehmern eingeladen sind, wetten Sie doch einfach als kleiner Partygag darauf, dass zwei der Anwesenden am gleichen Tag Geburtstag haben.

Oder nehmen wir ein Fußballspiel: 23 Personen auf dem Spielfeld, zweimal elf Spieler plus ein Schiedsrichter. Das bedeutet, dass im Schnitt bei jedem zweiten Fußballspiel die Geburtstage von zwei Akteuren übereinstimmen.

Zwei Geburtstage an einem Tag sind auch deshalb überraschend, weil bei 23 Personen die durchschnittliche Anzahl von Geburtstagen pro Tag nur 23/365 sind, also etwa ein Sechzehntel. Ein Tag, auf den sogar zwei Geburtstage fallen, tritt dann relativ zu 343 Tagen mit null Geburtstagen doch sehr prominent hervor. Insofern ist es sehr überraschend, dass die Wahrscheinlichkeit dieses als außergewöhnlich empfundenen Ereignisses größer ist als die Wahrscheinlichkeit des vermeintlich gar nicht außergewöhnlichen Ereignisses von unterschiedlichen Geburtstagen aller Gruppenmitglieder.

Natürlich habe ich den Geburtstags-Check im Oktober 2021 auch bei der Weltrangliste der Frauen gemacht. Da gab es eine wirklich große Überraschung. Man muss in der Liste nur bis zu Platz 13 hinuntergehen, bis zu Zhansaya Abdumalik. Sie und Dronavalli Harika auf Platz 11 feiern beide am 12. Januar Geburtstag. Das ist ein eigentlich ziemlich unwahrscheinliches Ereignis. Dass man eine Namensliste für ein solches Ereignis nur bis zum dreizehnten Platz prüfen muss, um eine Doppelung zu finden, passiert nur mit einer Wahrscheinlichkeit 19,4 Prozent. Diese Wahrscheinlichkeit ist aber immer noch größer, als man vielleicht ursprünglich dachte.

Eine Geburtstagsdoppelung in einer überschaubaren Gruppe von Menschen ist demnach gar kein seltenes Ereignis. Aber es gibt natürlich im Zusammenhang mit Geburtstagen auch extrem seltene Ereignisse.

Angenommen, ein Sohn hat am gleichen Tag Geburtstag wie seine Mutter, sein Onkel, seine Tante und, wie sich Jahre später herausstellte, sein engster Freund. Wenn man von durchschnittlichen Familiengrößen und Freundeskreisen ausgeht, ist eine solche Wahrscheinlichkeit seltener als die für einen Jackpot im Lotto. Es ist zwar kein materieller, aber ein schöner ideeller Jackpot, der den Sohn durch das Band des gemeinsamen Geburtstages mit Menschen verbindet, die ihm emotional etwas bedeuten.

Das kann ich mit Sicherheit so sagen, denn dieser Sohn bin ich, Christian Hesse.

Ich bin Teil dieses sehr seltenen Geburtstags-Quintuplets. Allesamt haben wir am 2. August Geburtstag. Und es gibt noch eine weitere Wendung. Auch der Mitautor dieses Buches, Frederic Friedel, hat am 2. August Geburtstag. Mit diesem Geburtstag sind wir natürlich nicht allein. Es gibt viele, auch bekannte Persönlichkeiten, die an diesem Tag das Licht der Welt erblickten. Frederic Bartholdi, der Baumeister der amerikanischen Freiheitsstatue, die Schriftstellerin Isabel Allende, die Musikerin Inga Rumpf, der Designer Luigi Colani, der Schauspieler Peter O'Toole, der israelische Staatspräsident Shimon Peres, die Moderatorin Katrin Müller-Hohenstein und der Fußballer Stefan Effenberg gehören zu diesen Menschen.

Der Zufall spielte also von Anfang an eine gewisse Rolle in meinem Leben. Vielleicht ist das der Grund, warum ich mich zu einem nicht unerheblichen Teil mit ihm befasst habe. Mit den Gesetzen, denen er unterliegt, den Mustern, die er zeigt, den Regelmäßigkeiten, die er hat. Kurzum mit der Frage, wie zufällig der Zufall eigentlich ist.

In welcher Weise man sich auch mit Geburtstagen befassen kann, zeigen die folgenden beiden Studien, die der Problemkomponist Werner Keym geschaffen hat. Die erste Studie entstand zum 75. Geburtstag meines Mitautors Frederic Friedel. Es ist ein sehr persönliches Stück. Die vier Figuren sind auf F2, F4, F5 und F8, entsprechend den Anfangsbuchstaben F für Frederic und Friedel und dem Geburtsdatum 2. 8. 45.

Werner Keym

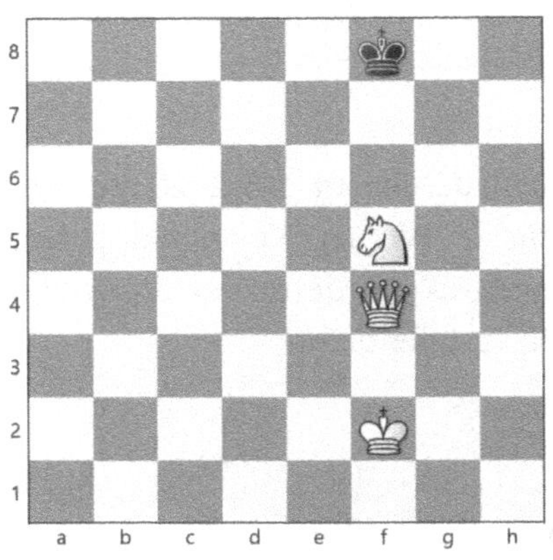

Matt in zwei Zügen

Werner Keym komponierte für Frederic Friedel ein weiteres Geburtstagsproblem. Es wurde am 1. August 2020 in der *Stuttgarter Zeitung* veröffentlicht.

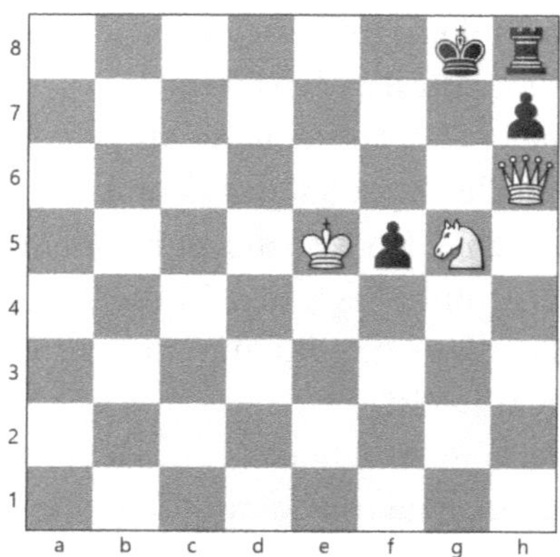

Nr. 5197 Werner Keym: *Frederic Friedel zum 75. Geburtstag gewidmet. Matt in zwei Zügen (3 + 4) - Schach 960*
Bei der heutigen Ausgabe sind erneut die speziellen Rochaderegeln des Schach 960 zu beachten: Solange König und Turm noch nicht gezogen haben, darf rochiert werden, danach stehen bei der kurzen Rochade die Könige auf g1/g8 und die Türme auf f1/f8 bzw. c1/c8 und d1/d8 bei der langen Rochade. Gewidmet ist die heutige Aufgabe dem ChessBase-Mitgründer und Computerschachpionier Ferederic Friedel, der am morgigen Sonntag seinen 75. Geburtstag begeht. Weniger bekannt ist, dass Friedel zugleich ein Freund des Problem- und insbesondere auch des Retroschachs ist.

Und auch für mich, der ich am 2. 8. 2020 meinen 60. Geburtstag feierte, komponierte Werner Keym ein personalisiertes Geburtstagsproblem. Das wurde in der *Stuttgarter Zeitung* vom 31. Oktober 2020 veröffentlicht.

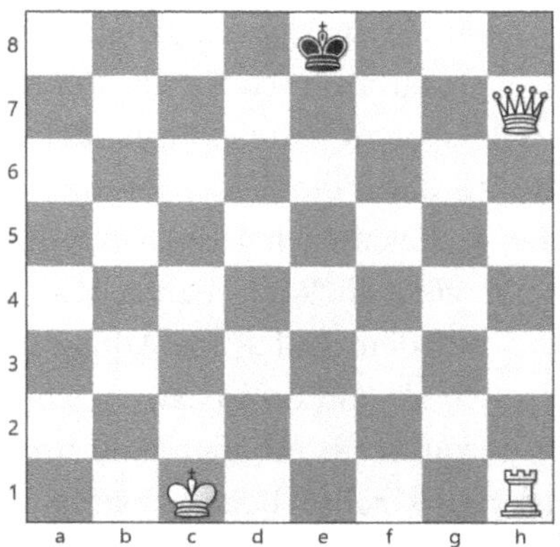

***Nr. 5210 Werner Keym** Matt in wie viel Zügen? Wie viele Lösungen? Schach 960! Dieses Problem ist dem Schachliebhaber Christian Hesse, seines Zeichens Statistik-Dozent an der Uni Stuttgart, gewidmet. Daher noch zwei mathematische Fragen: Welches ist sein Geburtsdatum, wenn Geburtstag (= Zahl der Züge) mal Geburtsmonat (= Zahl der Lösungen) mal Geburtsjahr (letzte zwei Stellen) 960 ergibt? Welche Zahl erhält man, wenn man die Anfangsbuchstaben seines Vor- und Zunamens (c, h, h, e) durch ihre Ordnungszahlen im Alphabet (3 für c, 8 für h usw.) ersetzt und diese multipliziert?*

Die Lösung war am 7. November 2020 ebenfalls in der *Stuttgarter Zeitung* zu lesen:

Lösung Nr. 5210: Matt in zwei Zügen, und neben den sieben trivialen Lösungen gibt es 1.0-0! (Kc1-g1 und Th1-f1 nach den Rochade-Regeln von Schach 960). 960:2:8 ergibt 60, also wurde Christian Hesse am 2.8.60 geboren. Die Linien c, h, h, e, auf denen die vier Figuren stehen, symbolisieren die Anfangsbuchstaben seines Namens Ch He. Es sind die 3., 8., 8., 5. Buchstaben im Alphabet, und 3x8x8x5 ergibt ebenfalls 960. Offenbar ist Christian Hesse seit Geburt Mathematiker und Schach960-Liebhaber!

Werner Keym beschreibt, welche Rolle der Zufall (oder das Glück) bei dieser Schachkomposition spielte: »Jedenfalls hat dieses Problem eine seltene Besonderheit. Vermutlich wird es niemals ohne Bezug zu Ihnen nachgedruckt werden. Das unterscheidet es von vielen Geburtstagsaufgaben. Dabei können Sie nichts für Ihr Geburtsdatum noch für Ihren Namen. Für mich war es das Material. Geplant hatte ich irgendetwas mit 2 und 8. Zusätzlich konnte ich dann die Felder auf den Linien c, h, h, e erreichen. Geschenkt bekam ich jedoch das Produkt aus den Ordnungszahlen. So viel Glück hat man selten.«

Und wie ist das mit dem Zufall im Alltag? Wir stellen fest: Auch da ereignen sich ab und an so extrem unwahrscheinliche Dinge, dass man sie kaum für möglich hält. Im legendären Casino von Monte Carlo rollte beispielsweise am Abend des 18. August 1913 die Kugel am Roulettetisch sechsundzwanzigmal hintereinander auf Schwarz. Oder nehmen wir die frühere Mathematik-Professorin Joan Ginther aus Texas. Die amerikanischen Medien bezeichneten sie als »glücklichste« Frau der Welt. Sie gewann zwischen 1993 und 2010 mit Rubbellosen viermal den Texas Jackpot, insgesamt mehr als 20 Millionen Dollar. Die Chance dafür liegt bei 1 zu 18 Quadrillionen. Quadrillion bedeutet in der Mathematik 10^{24}.

Was mir an diesem Beispiel besonders gut gefällt, ist die Tatsache, dass Joan Ginther einen Doktortitel von der Stanford-Universität hat und auf mathematische Statistik spezialisiert ist. Hatte sie etwa den Algorithmus geknackt, mit dem die Lottogesellschaft die Verteilung der Gewinnzahlen auf die Rubbellose vornimmt? Die Texas Lottery Commission konnte jedenfalls nichts Irreguläres feststellen.

Statistiker wissen aber ein paar Dinge über den Zufall und seine Gesetze, die andere Menschen nicht wissen. Auch mein Doktorvater, Professor Hermann Chernoff von der Harvard University in Cambridge, Massachusetts, befasste sich einst wissenschaftlich mit der Staatlichen Lotterie. Im Jahr 1981 publizierte er in einer wissenschaftlichen Zeitschrift den Beitrag *How to beat the Massachusetts numbers game* und konnte mit seinem System eine mittelgroße Geldsumme bei der Lotterie gewinnen.

Wenn es irrsinnig großes Glück im Spiel gibt, dann liegt auf der Hand, dass es auch irrsinnig großes Pech geben muss. Oder wie anders soll man das bezeichnen, was der Amerikanerin Maureen Wilcox passierte? Irgendwann im Jahr 1980 kaufte sie zwei Lotterietickets. Eines für die Lotterie von Rhode Island und eines für die Lotterie in Massachusetts. Natürlich um etwas zu gewinnen. Vielleicht wie alle Lottospieler auch mit der insgeheimen Hoffnung auf den Jackpot. Sogar mit der geradezu astronomischen Hoffnung, den Jackpot zweimal zu gewinnen, in beiden Bundesstaaten. Das Aberwitzige wurde Realität: Maureen Wilcox hatte die richtigen Zahlen. Sie muss wohl ihren Augen nicht getraut haben, als die Zahlen gezogen wurden und sie ihre Tickets betrachtete. Es waren die richtigen Zahlen, dieselben Zahlenreihen, die gezogen worden waren. Aber irgendetwas stimmte nicht. Die Zahlen waren über Kreuz. Die richtigen Zahlen für Massachusetts standen auf dem Rhode-Island-Tippzettel. Und die richtigen für Rhode Island auf dem Massachusetts-Schein. Selbst Stephen King hätte keinen solch gruseligen Lotto-Horror-Thriller schreiben können.

Kein Romanautor kann Derartiges in eine Alltagsgeschichte einbauen. Die Leser würden es als ein an den Haaren herbeigezogenes Fantasieszenario auffassen, das jeder Handlungslogik widerspricht. Die Realität aber kümmert sich nicht um eine stimmige Handlungslogik. Sie baut dreiste Zufälle in ihre Choreografien ein. Man muss es einfach einmal sagen: Die Realität ist zeitweise sehr unrealistisch. Bisweilen verhält sie sich wie Science-Fiction. Die Wirklichkeit ist also nicht immer wirklichkeitsnah.

Doch kehren wir in die Welt des Schachs zurück. Nachdem wir eingangs das Geburtstagsparadoxon besprochen haben, allgemein und ganz persönlich, wollen wir ein ähnliches Phänomen auf dem Schachbrett betrachten.

Angenommen, eine gewisse Zahl von Schachspielern wählt, jeder für sich und unabhängig voneinander, ein Feld auf dem Schachbrett, schreibt es auf einen Zettel und faltet diesen zusammen. Wie viele Spieler braucht es, damit wir eine Fifty-fifty-Wahrscheinlichkeit haben, dass auf zwei Zetteln dasselbe Feld steht? Man braucht nur zehn. Wieder hat man mit viel mehr notwendigen Teilnehmern gerechnet.

Nennen wir dieses Paradoxon das Schachbrettparadoxon. Es ist eine analoge Situation zu den Geburtstagen, außer dass wir statt 365 Möglichkeiten für Geburtstage jetzt 64 mögliche Felder haben. Während eine Fifty-fifty-Chance beim Geburtstagsparadoxon mit 23 Teilnehmern zustande kommt, so sind es bei unserem eigenen Beispiel nur noch 10.

Es gibt übrigens eine Faustformel für die Anzahl benötigter Personen, die man für eine Fifty-fifty-Wahrscheinlichkeit benötigt. Dazu muss man lediglich aus der Anzahl der Möglichkeiten die Wurzel ziehen, die entstehende Zahl dann mit 1,19 multiplizieren und runden. Diese Näherungsformel ergibt für 365 verschiedene Geburtstage genau 23 und für 64 Felder genau 10 Personen.

Wir können die Formel auch beim Lotto 6 aus 49 prüfen. Sehen Sie, wie das Geburtstagsproblem auftaucht? Man kann sich etwa fragen, wie viele Lottoziehungen es braucht, bis mit fünfzigprozentiger Wahrscheinlichkeit zweimal dieselben sechs Gewinnzahlen auftauchen. Das dürften sehr viele sein, denn es gibt 13.983.816 Möglichkeiten, die Sechserreihe auszufüllen. Unsere Faustformel liefert hier 4450 Lottoziehungen, die man für diese halbwegs sichere Doppelung der Lottozahlen braucht. Die exakt berechnete Antwort ist 4404. Die einfache Faustformel ist demnach auch bei großen Zahlen nicht schlecht.

Sie fragen sich vielleicht, wie viele Lottoziehungen es bisher in der Bundesrepublik Deutschland überhaupt gegeben hat. Die allererste fand am 9. 10. 1955 statt. Seit Anfang Juni 1986 gibt es sogar jeweils mittwochs und samstags eine Ziehung. Am 1. Mai 2021 war die 6000. Ziehung. Für eine Doppelung ist die Fifty-fifty-Marke also schon um einiges überschritten. Und tatsächlich kam bereits eine identische Ziehung vor. Am 21. Juni

1995 und am 20. Dezember 1986 kullerten dieselben sechs Lottozahlen aus der Lottotrommel, nämlich 15, 25, 27, 30, 42, 48. Das war eine Wiederholung innerhalb der ersten 3016 Ziehungen. Alles im grünen Bereich also.

Doch was soll man zu folgender Geschichte sagen? In Bulgarien, wo es die Lotterie 6 aus 42 gibt, kam es nach nur vier Tagen zu einer solchen Wiederholung. Am 6. September und am 10. September 2009 gab es beide Male die Gewinnzahlen 4, 15, 23, 24, 35, 42. Es war fast ein bisschen so wie am Silvesterabend der Jahre 1985 und 1986, als das deutsche Fernsehen versehentlich zweimal dieselbe Neujahrsansprache von Bundeskanzler Helmut Kohl ausstrahlte. Dabei handelte es sich allerdings um ein Versehen.

In Bulgarien dachte man zunächst an Betrug und eine Manipulation des Ziehungsgerätes. Eine vom zuständigen Minister eingesetzte Untersuchungskommission konnte aber keine Unregelmäßigkeiten finden. Ihr Abschlussbericht bestätigte, dass alles mit rechten Dingen zuging. Es war einfach nur einer dieser riesigen Zufälle. Die Wahrscheinlichkeit dafür liegt bei 1 zu 5 Millionen. Diese Bewertung basiert allerdings auf einer falsch formulierten Frage.

Die richtige Frage lautet: Bei der enormen Zahl von Lotterien weltweit und der sehr großen Zahl von Ziehungen ist die Wahrscheinlichkeit gar nicht so klein, dass so etwas irgendwann, irgendwo, bei irgendeiner Lotterie passieren wird.

Ähnlich wie die Dauerserie im Casino von Monte Carlo von 26 Mal hintereinander Schwarz. Die Wahrscheinlichkeit dafür ist atemberaubend gering. Doch wenn man bedenkt, dass es weltweit im 20. Jahrhundert rund 100 Millionen Ereignisse gab, in denen die Rahmenbedingungen für genau so einen Zufall geschaffen werden, dann wird dieses Monte-Carlo-Extremszenario zu einem Ereignis, das pro Jahrhundert etwa einmal erwartet werden kann. Das Jahrhundertereignis traf ein und kam im 20. Jahrhundert nur einmal vor. Ein Unikat.

Lange Schachpartien sind ebenfalls Unikate. Auch dabei gibt es bisweilen sensationelle Zufälle. Ein solcher Zufall wird in dem Buch von Mark Dworezki *School of Chess Excellence I. Endgame Analysis* erwähnt. Dort beschreibt er zwei ausgesprochen ähnliche Spielverläufe. In der Welt des kompetitiven Wassersports gibt es das Synchronschwimmen, hier könnte man von Synchronspielen sprechen. Die 1931 gespielte Partie von Mir Sultan Khan gegen Savielly Tartakower ist fast identisch mit der Partie von Sergei Dolmatov gegen Milan Drasko, die im Jahr 1988 gespielt wurde. »Ein erstaunlicher und extrem seltener Zufall«, nennt es Dworezki.

Mir Sultan Khan vs. Savielly Tartakower

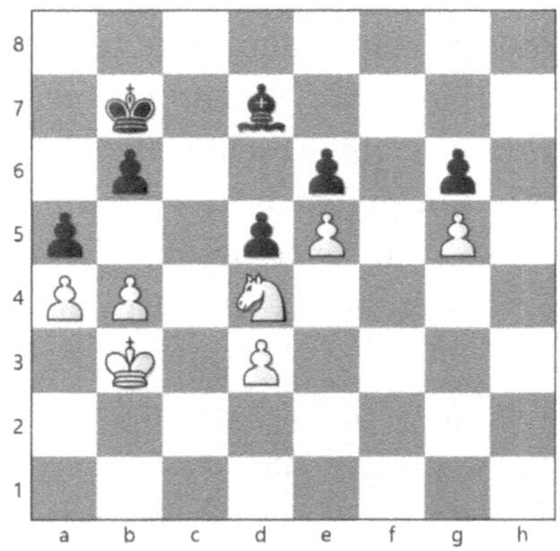

Stellung nach 46…Ld7

Es folgten die Züge **47.Ka3 Ka6 48.Sb3 Lc8 49. bxa5 bxa5 50. Sc5+ Kb6 … 87. Se5 1:0.**

Sergei Dolmatov vs. Milan Drasko

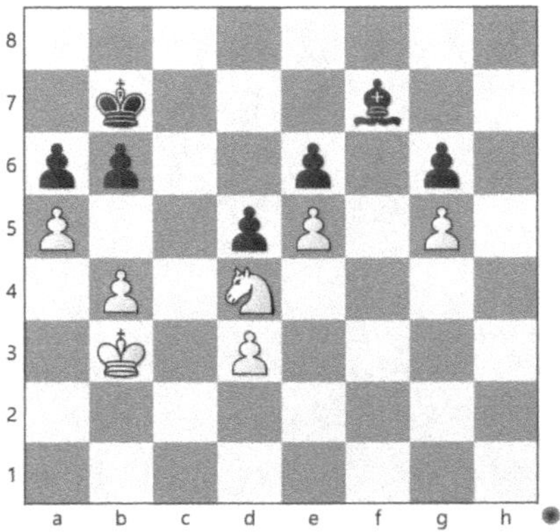

Stellung nach 46.Kb3

Es folgten die Züge **46...Kc7 47.Ka3 Kb7 48.Sb3 Lg8 49. axb6 Kxb6 50. Ka4 Lf7 ... 74.Se8+ 1:0**

In der Dolmatov-Drasko-Partie hatte sich Geschichte wiederholt, wenn auch nicht ganz deckungsgleich. Geschichte wiederholt sich nie vollständig, aber sie reimt sich manchmal auf sich selbst, wie Mark Twain einst bemerkte. Insofern reimt sich die eine Partie auf die andere.

Manchmal reimt man sich auch auf sich selbst. Wenn es um Höchstleistungen geht, ist das natürlich höchst erstrebenswert. Doch bei der Verstrickung in schachliche Katastrophen ganz und gar nicht. In diesem Sinne ist es fast noch erstaunlicher, dass Akiba Rubinstein, ein Weltklassespieler der 1930er-Jahre, im Abstand von zwei Jahren in der gleichen Stellung gegen zwei unterschiedliche Gegner in exakt dieselbe Falle tappte.

Euwe – Rubinstein, Bad Kissingen 1928

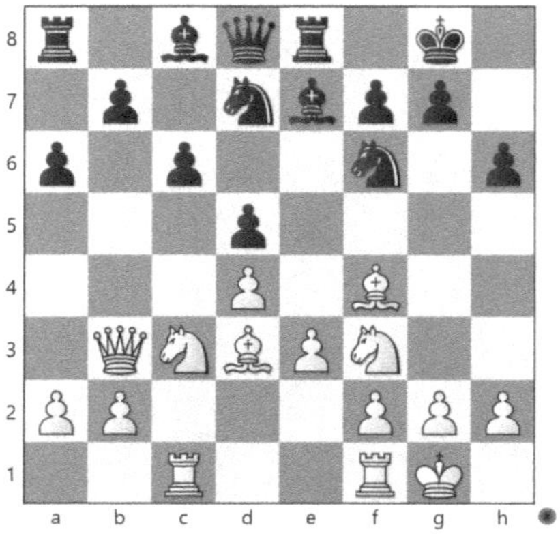

Stellung nach 12. Lf4

Rubinstein wittert keine Gefahr und zieht **12...Sh5?** Doch die Gefahr ist schon da. Er verlor nach der Anfängerfalle **13.Sxd5!** einen Bauern, da 13... cxd5?? 14.Lc7 das größere Übel herbeiführen würde.

Zwei Jahre später spielte ebendieser Rubinstein in San Remo mit Schwarz gegen Aljechin. Nach **12.Lf4** war diesmal folgende Stellung auf dem Brett:

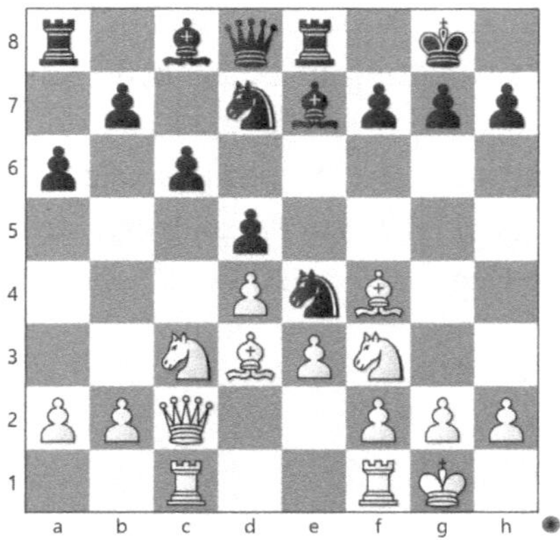

Rubinstein hätte diese Stellung bekannt vorkommen sollen. Er zog **12...f5.** Wieder witterte er keine Gefahr. Abermals folgte **13.Sxd5!** Die Geschichte wiederholte sich mit ähnlichem Ergebnis.

Unser nächster Programmpunkt bezieht sich auf einen wirklich spektakulären Zufall in der Welt des Schachs. Diesmal geht es um zwei Schachstudien bei einem Kompositionsturnier. Das sind Turniere, bei denen die Teilnehmer selbst komponierte Schachprobleme einreichen. Es gab sie schon vor mehr als hundert Jahren.

Besonders bemerkenswert ist das 8. Kompositionsturnier der *Brighton Society*, das im Jahr 1898 stattfand. Die *Brighton Society* war keine Schachgesellschaft und kein Schachklub, sondern vielmehr eine britische Zeitschrift für die High Society, die eine eigene Schachspalte pflegte und so zur Schachkultur beitrug.

Bei dem erwähnten Kompositionsturnier stammte eines der eingereichten Probleme von dem Lehrer Arthur Ford Mackenzie (1861 bis 1905). Der Mann lebte auf Jamaika, war dort geboren und aufgewachsen. In seinem ganzen Leben verließ er die Insel nicht ein einziges Mal. Mehr noch, er lebte so zurückgezogen, dass er nie weiter von seiner Geburts- und Heimatstadt Kingston wegkam als bis zur 26 Kilometer entfernten Spanish Town. Diese Ortstreue war unter anderem der Tatsache geschuldet, dass er fast sein ganzes Leben an Gesundheitsproblemen litt und im letzten Lebensjahrzehnt vollständig erblindet war.

Er gilt heute als einer der größten Komponisten von Schachproblemen in der Zeit um die Jahrhundertwende. Auf ihn geht der Satz zurück: »Es ist viel einfacher, ein Schachproblem zu komponieren, als es zu lösen.«

Zum 8. Kompositionsturnier der *Brighton Society* reichte er das folgende Schachproblem ein, das er komponiert hatte, als er schon erblindet war.

A. F. Mackenzie

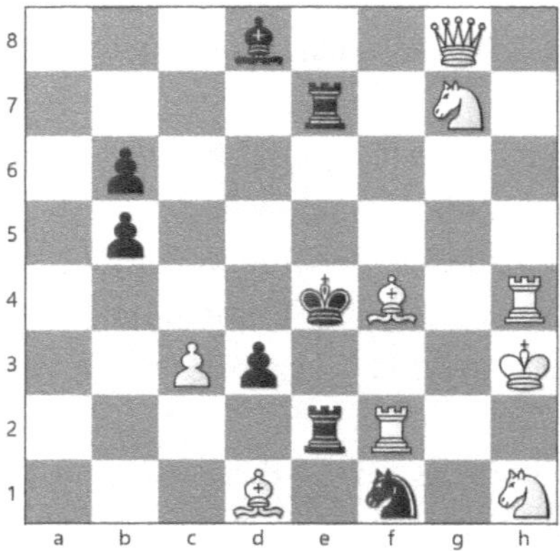

Matt in zwei Zügen!

Arthur Ford Mackenzie betrachtete seine Blindheit übrigens nicht als einen Nachteil. In einem Brief schrieb er einmal: »Ich bin zu der Ansicht gelangt, dass die Komposition von Studien eine rein geistige Tätigkeit und die Verwendung von Schachbrett und Figuren dafür in vielerlei Hinsicht störend ist. Jedenfalls sind die Dreizüger, die ich komponiert habe, seit ich erblindet bin, insgesamt betrachtet unendlich viel besser als jene, die ich davor komponiert habe. … Ich arbeite rein geistig und führe keine Aufzeichnungen über meine Arbeiten. Sie werden erst dann in einem Diagramm erfasst, wenn mein Bruder sie verschickt. Ich muss leider sagen, und Sie werden vielleicht überrascht sein, dass ich keine Exemplare der Studien besitze, die ich seit meiner Erblindung komponiert habe.«

Die Lösung des obigen Problems:

Da2 b4 2.Dc4#

d2 2.Lc2#

Lc7 2.Da8#

Te1 2.Lf3#
Tc2 2.Lf3#
Tb2 2Lf3#
Tb7 2.De6#
Tf7 2.De6#
Te8 2.Da8#
Td2 2.Lf3#
Txf2 2.Sxf2#
Te3+ 2.Lg3#
Td7 2.De6#
Te6 2.Dxe6#
Te5 2.Lg5#
Sd2 2.Sg3#
Sg3 2.Sxg3#
Se3 2.Sg3#
Txa2 2.Lf3#
Txg7 2.De6#
Sh2 2.Sg3#

Eine elegante Komposition mit einer anmutigen, kunstvollen Lösung. So weit der erste Teil unserer Geschichte.

Nun ergab es sich, dass beim erwähnten Kompositionsturnier auch ein gewisser H. W. Lane eine Komposition einreichte. Es muss als extremer und erstaunlicher Zufall gewertet werden, dass die von ihm eingereichte Studie eine fast identische Ausgangsposition hat wie die von Mackenzie. Dabei wurden beide völlig unabhängig voneinander komponiert. Noch dazu war der Schlüsselzug derselbe und der gesamte, vielfältige Ideengehalt bei den Haupt- und Nebenvarianten identisch. Last but not least und kaum zu glauben: Auch H. W. Lane war blind. Hier ist seine Komposition. Prüfen Sie selbst.

H. W. Lane

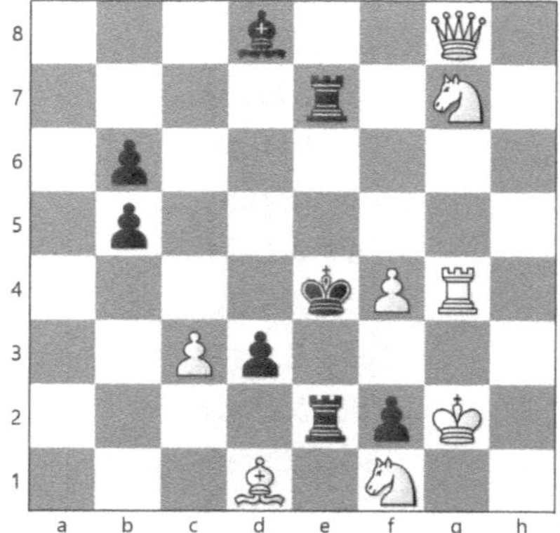

Matt in 2 Zügen!

Die Lösung lautet:

Da2 Te3 2.Sd2#
Te5 2.f5#
b4 2.Dc4#
d2 2.Lc2#
Lc7 2.Da8#
Te1 2.Lf3#
Td2 3.Lf3#
Tc2 2.Lf3#
Tb2 2.Lf3#
Td7 2.De6#
Tb7 2.De6#
Tc7 2.De6#
Ta7 2.De6#
Tf7 2.De6#
Te8 2.Da8#

Te6 2. Dxe6#
Txa2 2.Lf3#
Txg7 2.De6#

Trotz extrem großer Ähnlichkeit wurden die Kompositionen von der Jury unterschiedlich bewertet. Mackenzies Problem gewann den ersten Preis, während das von Lane nur den dritten Preis erreichte, zwischen beide schob sich eine Komposition von P. F. Blake. Einer der Juroren erklärte den Bewertungsunterschied bei Mackenzie und Lane und gibt auf diese Weise interessante Einblicke, mit welcher Akribie die eingereichten Schachstudien beurteilt wurden: »Es sind praktisch zwei Ausgaben desselben Problems, und es war ein Fotofinish, aber das von Mackenzie gewinnt nach meiner Einschätzung gerade so. Was die reine Ökonomie betrifft, steht es etwas besser da mit 3,44 Bauern pro Matt im Vergleich mit 3,46 und bei der Verteidigung mit 2,03 Bauern pro Matt, verglichen mit 2,29 Bauern. Die zweifache Einarbeitung des Läufer-Abzugs (ein einzigartiger Aspekt) hilft ihm, und obwohl das Schachgebot mit dem Turm schlecht ist, führt diese Studie am Ende mit einem Punkt.«

So viel zur Wahrscheinlichkeit von Doppelungen und Unikaten.

Ein Fall von unbekannter Identität

Der Zenmeister zeigt drei von seinen Schülern – Li, Tong und Feng – ein Schachproblem, über dessen Lösung er nachgedacht hat.

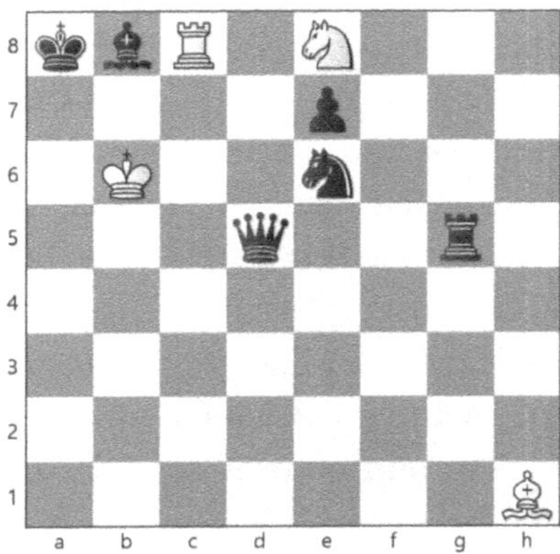

Weiß am Zug hält Remis

Er sagt ihnen, dass eine der Figuren im Verlauf der Lösung eine geniale Zugfolge ausführen wird. Selbst nach langem Nachdenken können seine Schüler nicht herausfinden, um welche Figur es sich handelt, obwohl sie alle drei tadellose Logiker sind. Doch Logik hilft ihnen nicht so recht weiter.

Der Zenmeister gibt einen Hinweis: »Ich werde Li mitteilen, auf welcher der Linien a bis h die Figur steht, Tong werde ich verraten, um welchen Typ von Figur es sich handelt, und Feng, welche Farbe die Figur hat.« Der Zenmeister flüstert ihnen die Angaben ins Ohr. Dann fragt er Li: »Weißt du, welche Figur es ist?« Li bejaht. Danach wendet er sich an Tong: »Weißt du, welche Figur es ist?« Tong bejaht. Zum Schluss fragt er Feng: »Weißt du, welche Figur es ist?« Feng bejaht. Wissen Sie, welche Figur es ist?

So sieht der Weg zur Lösung aus: Da Li weiß, um welche Figur es sich handelt, muss ihm der Zenmeister eine Linie genannt haben, auf der nur eine einzige Figur steht. Also eine der Linien a, c, d, g, h.

Tong kann als perfekter Logiker aus der Antwort von Li entnehmen, dass es eine Figur auf einer der genannten fünf Linien sein muss. Da er vom Zenmeister die Information über den Figurentyp erhält und danach Bescheid weiß, kann es zweifelsohne nur ein Typ von Figur sein, der auf den Linien a, c, d, g, h lediglich einmal vorkommt. Für uns bedeutet dies, dass es entweder der schwarze König auf der a-Linie, die schwarze Dame auf der d-Linie oder der weiße Läufer auf der h-Linie sein muss. Der Turm als Figurentyp kommt zweimal vor, auf den Linien c und g, kann also ausgeschlossen werden.

Feng hat dieselben Überlegungen angestellt wie wir. Er erhält vom Zenmeister die Information über die Farbe. Da anschließend auch er im Bilde ist, muss ihm eine Farbe genannt worden sein, die unter den verbleibenden drei Figuren – schwarzer König, schwarze Dame, weißer Läufer – nur einmal vertreten ist. Wir sehen sofort, dass es sich um den weißen Läufer auf h1 handeln muss.

Bei dem Schachproblem, über das der Zenmeister nachgedacht hat, handelt es sich um die Zwischenstufe einer Studie von Anatoli Kusnezow & B. Sacharow aus dem Jahr 1955. Aus der Diagrammstellung heraus vollführt der Läufer auf h1 einen filigran choreografierten Stepptanz mehrerer kleiner Schritte:

6.Lg2! Tf5 7.Lf3! Te5 8.Le4! Txe4 9.Sc7+ Sxc7 10. Txb8+ Kxb8, und Weiß hält Remis durch Patt.

Auch die Anfangsstellung der Studie soll Ihnen nicht vorenthalten werden:

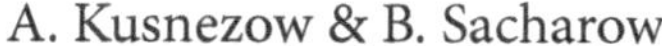

A. Kusnezow & B. Sacharow

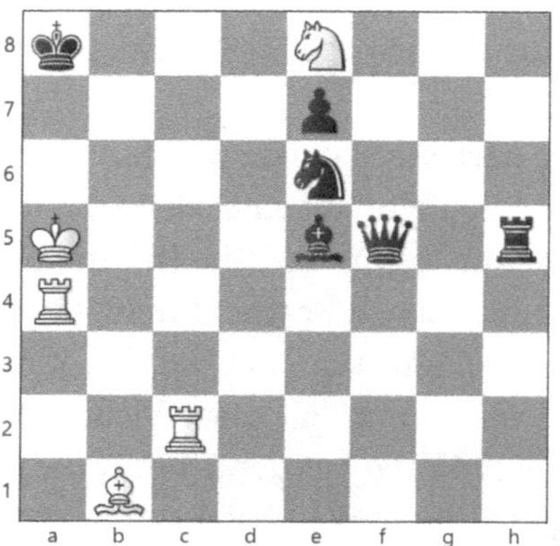

Weiß zieht und hält Remis!

Die Lösung lautet. **1.Kb6+ Kb8 2.Ta8+ Kxa8 3. Tc8+ Lb8 4.Le4 Dd5+ 5.Lh1!** (5.Lg2? Tg5 6.Lf3 Te5! 7.Lh1 Te4!) **5…Tg5.** Das ist die Ausgangsstellung für die Studie.

Magnus Carlsen – immenses Talent und großer Kampfgeist

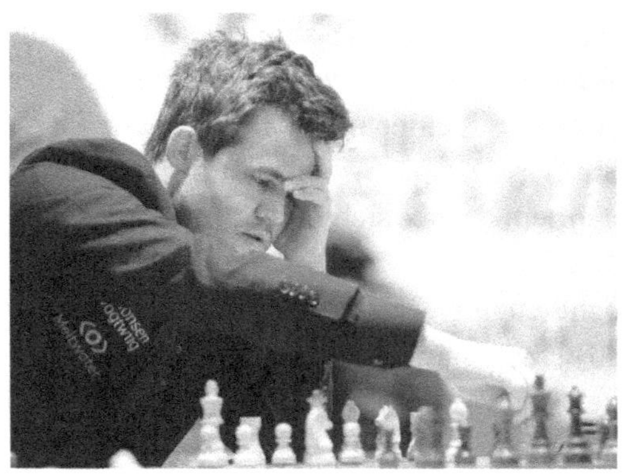

Wann ich dem Jungen zum ersten Mal begegnet bin, kann ich gar nicht mehr genau sagen. Er war dreizehn oder vierzehn Jahre alt. Für mich war wunderbar zu sehen, wie er Schach auf einem Niveau spielte, das in seinem Alter eigentlich niemand erreichen sollte. Ich neige dazu, mich für solche jungen Leute sehr zu begeistern, und belästigte Garri Kasparow immer wieder damit. Der hatte im März 2004 in Reykjavík gegen den 13-jährigen Sven Magnus Øen Carlsen einige Partien Schnellschach gespielt und ernsthafte Probleme gehabt, in der ersten Runde Remis zu halten. Trotzdem war Garri skeptisch: »Er ist ohne Zweifel sehr stark, aber es gibt keine Garantie, dass er es ganz nach oben schafft«, sagte er mir. Ich bat ihn, eines seiner Bücher zu signieren und es Magnus zu schicken. »Um den Jungen zu inspirieren.« Garri winkte ab: »Ich kann nicht jedem jungen Schachtalent, von dem du mir erzählst, Bücher schicken«, sagte er. »Du kennst zu viele.«

Ein paar Monate später fragte ich Garri in einem Gespräch: »Also hast du Magnus kein Buch geschickt?« – »Doch, ich habe getan, was du wolltest«, antwortete er. »Aber denkst du, ich hätte eine Antwort bekommen, ein Wort des Dankes? Gar nichts!« – »Warte, lass mich das überprüfen«, meinte ich.

Ich rief Magnus und seinen Vater Henrik an und fragte nach. Sie bestätigten mir, dass sie tatsächlich ein Buch mit einer Widmung erhalten hätten. »Das war eindeutig ein Streich«, sagte Henrik. »Es kam von einer unbekannten Adresse in New York. Warum sollte Garri Kasparow uns plötzlich ein Buch schicken?« Ich erklärte ihnen, dass es sich nicht um einen Scherz gehandelt habe.

Eine Woche später erzählte mir Henrik, Magnus habe daraufhin das Buch in sein Zimmer genommen und es von vorne bis hinten gelesen. Und dass Magnus' Großvater ein Jahr jünger geworden war, als er herausfand, dass es wirklich von Garri Kasparow kam.

Ich bedrängte Garri weiter: »Du könntest ihn trainieren«, sagte ich und schlug das auch Magnus vor. Doch da gab es ein unüberwindbares Problem. »Wenn er etwas von mir will, muss er fragen«, meinte Garri. Und Magnus? »Ich kann den legendären Weltmeister nicht einfach bitten, mir Unterricht zu geben.«

Eines Tages traf ich mich dann mit beiden auf Skype. Unter einem Vorwand brachte ich ein Konferenzgespräch zustande. Dann tat ich so, als wäre jemand an der Tür, und ließ sie allein miteinander. Ein paar Tage später rief Garri an: »Wir haben uns geeinigt, wir werden zusammenarbeiten.«

Diese Zusammenarbeit begann im Jahr 2009. Die beiden Spieler trafen sich in Norwegen, Kroatien und Marokko. Außerdem beriet Garri Magnus telefonisch bei Veranstaltungen. Er beurteilte den jugendlichen Schachstar folgendermaßen: »Mit seinen gerade einmal achtzehn Jahren steht Magnus Carlsen bereits fast an der Spitze der Schachwelt. In den sechs Monaten der Zusammenarbeit habe ich in ihm viele Qualitäten der großen

Champions gesehen. Mit so vielen Siegen, die ihm mit seinem immensen Talent und seinem Kampfgeist relativ leicht zufallen, wird unermüdliche Arbeit die letzten Endes entscheidende Zutat sein, die seinen Platz an der Weltspitze garantiert.«

In diesem Zeitraum habe ich mich besonders mit Magnus' Vater Henrik angefreundet, mit dem ich viele wunderbare Gespräche geführt habe. In der Politik waren wir uns nicht einig, aber in fast allem anderen. Egal, ob Wissenschaft, Philosophie oder Kunst. Unsere Gin-Tonic-Treffen nach Mitternacht wurden legendär, und irgendwann stieß auch mein Co-Autor Christian Hesse dazu.

Ein paar Jahre später lernte ich den Rest der Familie kennen. Ich entdeckte, dass Henrik vier schöne Frauen zu Hause hatte, seine Frau Sigrun und drei bezaubernde Töchter. Die Familie besaß eine Blockhütte in einem abgelegenen Waldgebiet in Norwegen. Doch anstatt dort einen erholsamen Urlaub mit seinen Lieben zu genießen, musste Henrik seine Zeit oft in Hotels in irgendeiner tristen europäischen Stadt verbringen und bei einem Turnier auf seinen Sohn aufpassen. Irgendwann habe ich ihm ein Angebot gemacht: Ich kümmere mich bei ein paar Turnieren um Magnus, und du gehst in die Blockhütte und machst Urlaub. Magnus stimmte diesem Arrangement bereitwillig zu.

Das erste Mal begleitete ich den jungen Mann, glaube ich, im August 2008 zu einem Turnier in die Schweiz, nach Biel. Nach der letzten Partie nahmen wir sofort einen Zug nach Deutschland, wo Magnus am selben Abend bei der Mainzer Chess Classic spielte. Er sollte im Zug etwas Schlaf nachholen. Stattdessen haben wir uns in eine ziemlich intensive Diskussion verstrickt.

In Biel hatte Magnus einen aufblasbaren Globus geschenkt bekommen, der uns Gesprächsstoff lieferte. Ich bat ihn, die Größe und Entfernung des Mondes zu schätzen, bei gleichem Maßstab wie der Globus, den er in den Händen hielt. Magnus schätzte die Größe des Mondes auf eine Apfelsine, die in ungefähr einem Meter Entfernung den Globus umkreist. Die richtige

Lösung war ein Schock für den Jungen: Der Mond wäre so groß wie ein Tennisball und über sieben Meter weit weg. Am anderen Ende des Zugabteils.

Was ich danach wissen wollte, war noch schwieriger: Wie groß ist in diesem Maßstab die Sonne und wie weit von der Erde entfernt? Die Antwort: Sie hätte etwa einen Durchmesser von 30 Metern und läge etwa drei Kilometer weit entfernt. Als Nächstes diskutierten wir maßstabsgetreue Modelle des Sonnensystems. Der am weitesten entfernte Planet, Pluto, wäre fünf Zentimeter groß und läge 120 Kilometer von der Sonne. Und der nächste Stern? In diesem Maßstab befände sich Alpha Centauri, mit seinen 35 Metern Durchmesser, fast eine Million Kilometer von uns entfernt.

Magnus fand das alles im höchsten Maße faszinierend. Er beugte sich vor, folgte jedem Wort und starrte mir mit großer Intensität in die Augen. Es gab einen Grund, warum ich das erwähne. »Okay, du bist also kein Autist«, stellte ich fest. »Das glaube ich nicht. Warum fragst du?«, wollte Magnus wissen. Ich sagte ihm, dass es Gerüchte gäbe, die in diese Richtung gingen, weil er oft wegschaute, wenn er mit Leuten sprach. Im Zugabteil starrte er mir in die Augen, und ich war es, der zuerst wegsah. Kein Autist könnte das.

In diesem Gespräch mit Magnus entdeckte ich also, dass er nicht autistisch war, sondern nur allergisch gegen dumme Bemerkungen oder sinnlose Fragen. Er neigte dazu, verblüfft und verlegen wegzuschauen, wenn er mit solchen Dingen konfrontiert wurde. Ich habe versucht, ihm beim Umgang damit zu helfen. Beispielsweise, wenn ein Journalist ihn interviewen muss, aber absolut keine Ahnung von Schach hat. Dann müsse er mit Fragen rechnen wie: »Was ist Ihre Lieblingsfigur?« Davon dürfe er sich nicht verwirren oder verärgern lassen. Solche Fragen verlangten nach keiner tiefschürfenden Antwort. Stattdessen weicht man lieber aus: »Das ist eine interessante Frage. In meinem bevorstehenden Turnier wird der stärkste Spieler Vishy

Anand sein, und ich werde in der ersten Runde gegen ihn antreten … Sprich einfach über ein Thema, das dich zurzeit beschäftigt. Die werden es nicht einmal merken. Das funktioniert wunderbar bei Politikern, und es wird auch für dich funktionieren.«

Ich fand, dass Magnus ein sehr aufgeweckter junger Bursche war, der seine Intelligenz hauptsächlich auf Schach konzentrierte. Seine eigene Einschätzung über Intelligenz kommentierte er 2010 in einem Interview mit dem Nachrichtenmagazin *Der Spiegel.* Man fragte ihn, ob er »wahnsinnig klug« sei. Seine Antwort? »Das wäre schrecklich. Natürlich ist es wichtig, dass sich ein Schachspieler gut konzentrieren kann, es kann aber auch eine Last sein, wenn man zu intelligent ist. Es kann einen behindern. Ich bin überzeugt davon, dass der Engländer John Nunn nie Weltmeister wurde, weil er zu schlau dafür ist. Nunn hat mit 15 angefangen, in Oxford Mathematik zu studieren, er war der jüngste Student seit 500 Jahren und hat mit 23 in Algebraischer Topologie promoviert. Er hat so furchtbar viel im Kopf. Einfach zu viel. Sein enormes Auffassungsvermögen und sein ständiger Wissensdurst haben ihn vom Schach abgelenkt. Ich bin ein völlig normaler Kerl. Mein Vater ist wesentlich intelligenter als ich.«

Das bereits erwähnte Turnier in Mainz im August 2008 gestaltete sich für mich trotz der interessanten Zugfahrt etwas unangenehm. In der Spielhalle stand ich mit Magnus auf der einen Seite des Publikums und wartete auf den Beginn der Partie. Auf der anderen Seite erblickte ich Anand mit seiner Frau Aruna. Sie schauten herüber, und ich konnte es an ihren Gesichtern erkennen: Solltest du nicht hier bei uns stehen? Es fühlte sich an wie Verrat.

Einige Monate zuvor waren wir – Anand, Aruna, Magnus und ich – alle zusammen beim GM-Turnier in Morelia in Mexiko gewesen. Ich verbrachte jeden Abend mit Anand und Aruna in einem schönen kleinen Restaurant. Nachdem Vishy Magnus in Runde drei besiegt hatte, fragte ich ihn, ob wir den Jungen zum Abendessen einladen könnten. »Sicher«, sagte Anand. Vorsichtshalber bereitete ich Magnus auf etwas vor: »Er nennt dich ›Maggie‹. Ist das in Ordnung?« Seine Antwort: »Komm schon, Fred, er ist Weltmeister. Er kann mich nennen, wie er will.«

Also aßen wir mindestens zweimal zusammen zu Abend. Bei einem dieser Abendessen rezitierten Anand und Magnus ausführlich Monty-Python-Dialoge. Übrigens fehlerlos. Beide sind große Fans.

Auch Garri erwies sich am Ende als dominierender Betreuer. Das habe ich erfahren müssen, als ich Magnus 2009 in Dortmund betreute. Die beiden haben sich telefonisch beraten, jeden Abend und in den Stunden vor jedem Spiel. Meine Aufgabe war es, Magnus als Butler zu dienen, das Frühstück auf einem Tablett zu holen und es in sein Zimmer zu bringen, wenn er aufwachte, lange nach der regulären Frühstückszeit.

Dortmund litt damals unter einer Hitzewelle, und eines Morgens sah Magnus ziemlich erschöpft aus. Er erzählte mir, dass er nicht richtig schlafen konnte, und außerdem einige Stunden damit verbracht hatte, eine Mücke zu jagen, die ihn plagte. Er zeigte mir den Blutfleck an der Wand, wo er sie schließlich erwischt hatte. Ich erzählte Garri davon und kassierte den Anschiss meines Lebens. Warum hatte ich nichts unternommen? Warum hatte ich zugelassen, dass mein Schützling unter erdrückender Hitze und Insektenangriffen leiden musste? Er befahl mir, sofort zumindest einen Tischventilator zu besorgen. »Und kümmere dich in Zukunft um Himmels willen richtig um ihn.«

Garri hatte mich damals gewarnt, nicht zu schnell zu viel zu erwarten. »Es wird einige Jahre dauern, aber wir werden ihn an die Weltspitze bringen.« Magnus hatte jedoch nicht die nötige Geduld. Wenige Monate später hatte er die höchste Wertungszahl der Welt erreicht, und mit einer kurzen Unterbrechung, in der sich Anand den Platz eroberte, hat er seinen Status als Nr. 1 seither behalten.

In einem Interview sprach er über seine Arbeit mit Kasparow: »Ihm verdanke ich, dass ich eine ganze Klasse von Stellungen besser zu verstehen begann. Das war eine einzigartige Erfahrung für mich.« Danach gewann er die Weltmeisterschaft und hat sie bisher fünfmal erfolgreich verteidigt. Er hat auch ein Schachunternehmen, *Play Magnus,* gegründet, das mehrere zehn Millionen Dollar wert ist.

Magnus ist sicherlich einer der stärksten Schachspieler in der Geschichte des Spiels.

Die Logik aller Schachturniere

Der Zenmeister hat seine Schüler versammelt und will mit ihnen über Logik und Zen von Turnieren sprechen. Bevor wir uns als Mithörer dazugesellen, möchte ich einen Ausflug in die Schachgeschichte machen. Es gibt da nämlich ein Einladungsschreiben zum ersten deutschen Schachturnier, das 1467 in Heidelberg stattfand. Diese Einladung gefällt mir ganz besonders gut.

Den ehrsamen, weisen, unsern besondern und guten Freunden: dem Bürgermeister, Rat und Gemeinde zu Nördlingen entbieten wir, die Gesellschaft des Schachzabelspiels zu Heidelberg, unsern freundlichen, willigen Dienst und alles Gute zuvor.
Wir tun Euch zu wissen, daß wir von dem durchlauchtigen hochgeborenen Fürsten und Herrn: Friedrich, Pfalzgrafen bei Rhein, Herzog in Bayern, des heiligen römischen Reiches Erztruchseß und Kurfürst, unserm gnädigen, lieben Herrn, erworben haben eine Gesellschaft und ein Schachzabelspiel vorzunehmen (dieser Name ist auch aus anderen süddeutschen Städten wie Frankfurt, Nürnberg, Regensburg belegt; anderwärts: Schachzabel, Schachzagel, Schachtafel) und darin mit seinen Gnaden (dem Fürsten) mit Euch und andern guten Freunden und Gesellen zu üben. Und von denselben seinen fürstlichen Gnaden haben wir erlangt, daß seine Gnade zum voraus ein Kleinod oder 22 Gulden Wert dazu geben; auch das sie denen, die also zu dem Schachzabelspiel kommen und um das Kleinod ziehen werden, Futter und Mahle die Zeit über, die das Spiel währen wird, geben und auch allen denselben in seiner Gnaden Land und Gebieten seiner Gnaden sicheres Geleit in einem be-

sonderen Brief zuschicken will. Demnach bitten wir Euch mit freundlichem Ernst, Ihr wollet auch denjenigen in Eurer Stadt, sie seien edel oder unedel, die Schachzabelspiel und gute Gesellschaft pflegen und üben wollen, solches offenbaren und auch Euren Nachbarn bei Euch herum zu wissen tun, daß sie sich her gegen Heidelberg verfügen, auf den nächsten St. Matthäustag (21. September) hier zu sein, um auf den andern Tag eins zu werden, wie es mit dem Ziehen gehalten werden soll. Wie dann die Gesellen, die ziehen wollen, sich miteinander vereinen, sämtliche oder der größere Teil, das soll also geschehen und auf denselben Tag anfangen. Und zu den Kleinoden, die unser gnädiger Herr zum voraus geben wird, soll von einem jeglichen Zieher ein Gulden eingelegt werden oder mehr, wie sich des die Gesellen oder der größere Teil miteinander vertragen. Und was man also eingelegt, soll man zu Gaben machen, so daß möglichst viele Gaben daraus werden mögen, auf das nicht allein die Meister, sondern auch die Mittelmäßigen und andere Gewinner auch zu Gewinnen und Gaben kommen mögen. Und wollet zu solchem Abenteuer und Spiel nicht ausbleiben, auf das Ihr unserm gnädigen Herrn [der offensichtlich selbst mitspielen wollte] Euern guten Willen dazu beweiset. Das wollen wir zur Beweisung guter Gesellschaft freundlich und williglich gern verdienen. Gegeben und versiegelt unter unseren Diethers von Wilar, Marschalls usw., Hansen von Bubenhofen und Konrads von Lamersheim, Insiegeln von unser aller wegen auf Montag nach Assumptionis Mariae [d. h. nach dem 15. August] anno domini 1467.
(Aus Joachim Petzold: Schach. Eine Kulturgeschichte, Edition Leipzig 1986)

Zurück zu unserem Zenmeister und seinen Schülern. Die Schüler des Zenmeisters haben seit dem letzten Treffen verschiedene Turniere als Zuschauer besucht oder als Spieler daran teilgenommen. Der Zenmeister bittet sie, von ihren Erfahrungen zu berichten. Und wie es im Zen nun einmal üblich ist, sollen sie dies in Form eines logischen Rätsels tun, das die anderen zum Meditieren anregt.

Der erste Schüler berichtet von einem Spiel Best of Seven zwischen den Schachmeistern Andras Adorjan (A) und Bela Bartok (B), bei dem jedes Remis als Sieg für Schwarz gewertet wurde. A gewann mit 4:3. Wer in der ersten Partie Weiß hatte, wurde ausgelost. Danach ging es abwechselnd weiter. Schwarz gewann dreimal. Wer hatte in der ersten Partie Weiß?

Einer der Zenschüler hat die Antwort. Da es insgesamt sieben Spiele waren, muss einer der beiden Großmeister viermal Weiß gehabt haben, der andere nur dreimal.

Angenommen, A hatte viermal Weiß, und B hatte x Schwarzsiege. Dann hat A insgesamt 4 – x Mal mit Weiß gewonnen und 3 – x Mal mit Schwarz, weil es in der Summe drei Schwarzsiege gab. Somit hätte A insgesamt

$$(4 - x) + (3 - x) = 7 - 2x$$

Partien gewonnen. Das Ergebnis ist eine ungerade Zahl. Doch das kann nicht sein, da er ja vier Partien gewonnen hat. Also kann es auch nicht sein, dass A viermal Weiß hatte, was die Ausgangsannahme dieses Gedankengangs war. Er muss demnach dreimal Weiß gehabt haben. Damit hatte B viermal Weiß, auch in der ersten Partie.

Ein anderer Schüler ergänzt einen zu dieser Lösung passenden Verlauf des Zweikampfs:

B Weiß, A gewinnt mit Schwarz
A Weiß, A gewinnt
B Weiß, B gewinnt
A Weiß, B gewinnt mit Schwarz
B Weiß, B gewinnt
A Weiß, A gewinnt
B Weiß, A gewinnt mit Schwarz

Der Lieblingsschüler des Zenmeisters berichtet anschließend von einem kuriosen Turnier, bei dem ein jeder Spieler mit Weiß genauso viele Partien gewonnen hat – auch hier wird jedes Remis als Sieg für Schwarz gewertet –, wie alle anderen Spieler zusammen mit Schwarz gewonnen haben. Für einen Sieg gibt es einen Punkt, sonst keine Punkte. Einer der Spieler hat sechs Partien gewonnen. Wie viele Partien haben die anderen Teilnehmer gewonnen?

Nach längerem Nachdenken der Gruppe ergreift der jüngste Schüler des Meisters das Wort: Man betrachte die Punktausbeute irgendeines beliebigen Spielers X und nehme an, dass er W Partien mit Weiß gewonnen hat und S Partien mit Schwarz. Diese Summe von W + S Punkten ist für alle Spieler dieselbe, nicht nur für Spieler X. Denn die Summe der Schwarzsiege aller anderen Spieler, außer X, ergibt ebenfalls W. Somit ist die Gesamtzahl der Schwarzsiege aller Spieler, einschließlich X, insgesamt W + S. Diese Summe ist unabhängig vom ursprünglich gewählten Spieler X und für jeden anderen Spieler gleich groß. Somit hat jeder der Spieler insgesamt sechs Partien gewonnen.

Der Zenmeister will nun seinen Schülern die Einsicht nahebringen, dass im Zen Sieg und Niederlage eins sind und das eine gegenüber dem anderen keinen höheren Wert hat. Er tut dies mit einer Geschichte.

Bei einem Schachturnier wird statt der klassischen Punktvergabe von einem, einem halben und null Punkten bei Gewinn, Remis oder Verlust auf das System beim Fußball umgestellt. Das heißt, es gibt entsprechend drei, eins und null Punkte. »Ist es nun möglich«, so fragt der Meister, »dass jemand nach dem neuen Punktsystem Turniersieger wird, während er bei denselben Partie-Ergebnissen aller Turnierteilnehmer nach dem klassischen Punktsystem Letzter geworden wäre?«

Diesmal antwortet der älteste Schüler des Meisters. »Ein solcher Fall kann tatsächlich eintreten«, bemerkt er. Und dann erklärt er, warum das so ist.

Er nimmt als Beispiel ein Turnier mit 13 Spielern, bei dem jeder einmal gegen jeden spielt. Angenommen, Spieler X gewinnt fünf Partien, verliert sieben, und alle anderen Partien im Turnier enden remis. Dann ist seine Punktausbeute nach der neuen Wertung

$$5 \times 3 = 15 \text{ Punkte}$$

Jeder der anderen zwölf Spieler erreicht aber nicht mehr als

$$11 \times 1 + 3 = 14 \text{ Punkte}$$

Damit ist Spieler X Turniersieger. Nach der alten Wertung hätte X dagegen nur

$$5 \times 1 = 5 \text{ Punkte}$$

erzielt. Und jeder der anderen Spieler hätte mindestens

$$11 \times 0{,}5 = 5{,}5 \text{ Punkte}$$

erreicht. Dann wäre Spieler X Tabellenletzter. Das Punktsystem kann also über die Platzierung entscheiden.

Turnier-Platzierungen und Partieresultate lassen sich bisweilen aus nur sehr wenigen Informationen herleiten. Dazu noch ein Beispiel. Vor einiger Zeit nahmen die Schüler Kato und Toshi zusammen mit zwölf anderen Spielern an einem Schachturnier teil, bei dem jeder einmal gegen jeden spielte. Wie üblich gab es einen Punkt für einen Sieg, einen halben für ein Remis und keinen Punkt für eine Niederlage. Kato berichtet: »Am Ende hatten alle Teilnehmer verschiedene Punktzahlen, und der Zweitplatzierte hatte mindestens zwei Punkte mehr als die fünf Tabellenletzten zusammen. Ich war auf Platz zehn, und Toshi landete einen Platz vor mir.« – »Hm«, meint der Zenmeister nachdenklich. »Dann weiß ich, wie die Partie zwischen euch ausgegangen sein muss.« Wissen Sie es auch?

Man muss nur wieder konsequent detektivisch kombinieren und aus kleinen Informationshäppchen simple Schlüsse ziehen. Dazu schauen wir uns zunächst einmal die fünf Spieler an, die die letzten fünf Plätze belegt haben. Sie haben

$$4 + 3 + 2 + 1 = 10 \text{ Partien}$$

untereinander gespielt. In diesen zehn Partien wurden zehn Punkte vergeben. In der Summe haben sie also mindestens diese zehn Punkte erreicht. Daraus lässt sich schließen, dass der Zweitplatzierte, der ja mindestens zwei Punkte mehr hat als diese Fünfergruppe zusammen, zwölf oder mehr Punkte eingeheimst haben muss.

Wenn wir nun hypothetisch annehmen, er hätte 13 Punkte erreicht, dann erkennen wir nach kurzem Nachdenken, dass das nicht sein kann, denn mit dieser Punktzahl wäre er nicht der Zweitplatzierte, sondern der Turniersieger. Denn 13 ist die maximal erreichbare Punktzahl, und keine zwei Spieler haben dieselbe Punktzahl.

Ähnlich kann man sich überlegen, dass der Zweitplatzierte auch nicht 12,5 Punkte erreicht haben kann. Denn in dem Fall müsste der Erstplatzierte 13 Punkte erreicht haben, was aber nur möglich ist, wenn er alle seine Partien gewonnen hätte, insbesondere auch die Partie gegen den Zweitplatzierten. Dann aber hätte der Zweitplatzierte nicht auf seine Punktzahl von 12,5 kommen können.

Somit können wir also auf jeden Fall schon einmal sagen, dass der Zweite zwölf Punkte hatte und die fünf letzten insgesamt zehn Punkte. Da die letzten fünf Spieler schon in den Partien untereinander so viele Punkte ausspielen, können sie folglich in Partien gegen die anderen Teilnehmer keine Punkte gewonnen haben. Das aber bedeutet, dass jeder der letzten fünf jede seiner Partien gegen die Spieler auf den Plätzen eins bis neun verloren haben muss. Insbesondere muss der Spieler auf Platz zehn gegen den Spieler auf Platz neun verloren haben. Auf diesen Plätzen sind aber Kato und vor ihm Toshi. Deshalb muss Toshi ihre Partie gewonnen haben. Eine brillante Überlegung, die auch einem Sherlock Holmes Ehre machen würde.

Noch ein Logical zu diesem Thema. Der Zenmeister hatte im letzten Monat unter seinen Schülern ein Turnier organisiert. Jeder seiner Schüler hatte zuvor höchstens gegen drei andere Schüler gespielt. Das ist nicht viel, dennoch wollte der Zenmeister seine Schüler in zwei Gruppen einteilen. Und zwar so, dass innerhalb jeder Gruppe jedes Gruppenmitglied höchstens gegen ein Mitglied derselben Gruppe zuvor gespielt hat. Geht das überhaupt? Lassen Sie uns gemeinsam nach der Antwort suchen.

Betrachten wir alle möglichen Einteilungen der Schüler in zwei Gruppen. Für jede Einteilung zähle man die Fälle N, in denen ein Mitglied schon gegen ein anderes derselben Gruppe gespielt hat. Die Einteilung, für welche diese Zahl am kleinsten ist, leistet das Gewünschte. Denn wenn man hypothetisch annimmt, diese Einteilung würde nicht das Gewünschte leisten, dann muss mindestens ein Schüler in einer der Gruppen schon mindestens gegen zwei andere Schüler seiner Gruppe gespielt haben.

Man betrachte einen dieser Schüler. Er hat höchstens gegen ein Mitglied der anderen Gruppe gespielt. Also könnte man ihn einfach in die andere Gruppe transferieren und dadurch die Zahl N verkleinern. Das aber ist ein Widerspruch, da diese Zahl N als minimal angenommen wurde. Also leistet die vorgenommene Einteilung, die N minimiert, das Gewünschte.

Der Zenmeister will im laufenden Monat wieder ein Schachturnier organisieren – mit denselben Teilnehmern wie beim Turnier im letzten Monat. Er bittet deshalb den Neuzugang unter seinen Schülern, Nano, eine Liste aller Teilnehmer zu erstellen. Der Zenmeister teilt Nano nur mit, dass beim letzten Turnier jeder einmal gegen jeden antrat, jedes Remis als Sieg für Schwarz und Verlust für Weiß gewertet wurde, und dazu den Namen des Turniersiegers. Das ist alles.

Da Nano nicht weiß, wer die anderen Teilnehmer waren, legt er sich eine Strategie zurecht, um alle Teilnehmer zu ermitteln. Er kontaktiert als Erstes den Turniersieger und fragt nach den Namen aller Spieler, die er besiegt hat. Dann kontaktiert er jeden dieser vom Turniersieger benannten Spieler und fragt nach den Namen aller Spieler, die jeder von ihnen besiegt hat. Er denkt, dass er auf diese Weise die Namen aller Turnierteilnehmer bekommen hat. Ist das richtig? Das ist nun eine Frage an Sie.

Es ist in der Tat richtig. Aber wie kann man das begründen und nachvollziehen? Ein Ansatzpunkt besteht wieder in einer Art von Gegenteilsüberlegung: Nehmen wir fiktiv an, es gebe einen Turnierteilnehmer X, dessen Namen Nano durch seine Vorgehensweise nicht genannt bekommt. Dies kann nur bedeuten, dass der Spieler X weder gegen den Turniersieger verloren hat noch gegen irgendeinen der Spieler, die der Turniersieger besiegt hat.

Aha, demnach hätte Spieler X alle diese Begegnungen gewonnen. Das bedeutet, er hätte mindestens eine Begegnung mehr gewonnen als der Turniersieger. Eine solche Person gibt es natürlich nicht. Insofern kann es auch keinen Turnierteilnehmer X geben, den Nano mit seinem ausgeklügelten Verfahren nicht genannt bekommen hat. Seine Methode liefert demnach eine Liste aller Turnierteilnehmer des letzten Turniers.

Auch bei diesem Problem kommen wir mit reiner Logik ganz schön weit, oder?

Judit Polgár und ihre Schachfamilie – bis heute unübertroffen

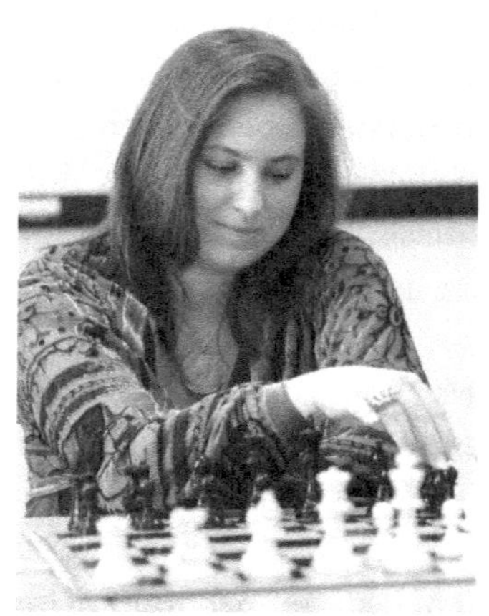

Judit Polgár ist eine ungarische Schachspielerin und, Stand Mai 2022, die stärkste Spielerin aller Zeiten. Sie erreichte den Großmeistertitel im Alter von fünfzehn Jahren und vier Monaten und brach damit den Rekord des ehemaligen Weltmeisters Bobby Fischer. Außerdem war sie die einzige Frau, die jemals um die offene Schachweltmeisterschaft kämpfte. Das war 2005. Die Ungarin erreichte damals eine Spitzenbewertung von 2735 Elo und landete damit als erste und bisher einzige Frau unter den Top Ten aller Schachspielenden. Judit blieb bis zum Ende ihrer aktiven Karriere 2014 die am höchsten bewertete Frau der Schachgeschichte. Hou Yifan, die im Augenblick stärkste Spielerin, belegt mit 2650 Elo Platz 94 der Weltrangliste.

Die Familie Polgár traf ich zum ersten Mal vor fast vierzig Jahren in Budapest. Eigentlich besuchte ich sie, um mit der 14-jährigen Zsuzsa zu sprechen. Diese galt als der aufstrebende

Star des Frauenschachs. Zur Familie gehörten László Polgár, der Vater, der den Schachboom in der Familie initiiert hatte, seine Frau Klara, die viele Sprachen spricht, und die beiden jüngeren Töchter, Sofi und Judit.

Das Treffen fand 1983 während der Microcomputer-Schachweltmeisterschaft statt. Ich fragte Zsuzsa nach ihren kleinen Schwestern: »Spielen sie auch Schach?« Sie lächelte nur: »Ja, sicher.«

Später lud ich Zsuzsa zu einer Partie gegen eines der damals stärksten Schachprogramme der Welt ein. »Lass meine Schwestern spielen«, sagte sie. Das machten wir dann auch. Die Mädchen spielten gegen den Fidelity-Computer, der später die Micro-WM gewann. Ich wurde weggerufen, bevor das erste Spiel zu Ende war. Nach der zweiten Partie kehrte ich zurück und fragte die Fidelity-Programmiererin Kathe Spracklen mit einem Augenzwinkern, ob die Mädchen den Computer geschlagen hätten.

»Natürlich nicht«, antwortete sie. »Sie haben ihn nicht geschlagen. Wie kannst du so etwas denken? Sie sind nur Babys. Nein, sie haben ihn nicht geschlagen, sie haben ihn ermordet, sie haben ihn zerfetzt, sie haben ihn zerkaut und die Stücke ausgespuckt, sie haben das Ding massakriert!« Niemals zuvor oder danach habe ich einen Schachprogrammierer gesehen, der so vor Freude über die Niederlage seines eigenen Programms strahlte.

»Deine Schwestern sind also sehr stark?«, fragte ich danach Zsuzsa. »Ja, vor allem die Kleine«, antwortete sie. »Pass auf sie auf, sie wird die Stärkste von uns dreien werden.«

In den folgenden Jahren besuchte ich Budapest mehrmals und wohnte meistens in der Wohnung der Polgárs. Ich erkannte, dass Judit wirklich etwas Besonderes war. Einmal, spätnachts, analysierte Zsuzsa mit einem Trainer, einem starken IM, eine Partie. Sie erreichten ein Endspiel und konnten nicht herausfinden, wie man es spielen sollte. »Es gibt hier einen Trick«, sagte der IM. Also weckten sie Judit und trugen das Mädchen in den

Trainingsraum. Judit, noch im Halbschlaf, rieb sich die Augen, zeigte ihnen, wie man gewinnen konnte, und wurde wieder in ihr Bett gebracht.

Ein anderes Mal besuchten wir den FIDE-Präsidenten Florencio Campomanes in seiner Hotelsuite in Budapest. Die Polgárs hatten viel Ärger mit dem ungarischen Schachverband, sodass das Treffen mit einem gereizten Unterton verlief. Um das Eis zu brechen, schlug »Campo« vor, ein paar Blitzpartien zu spielen. Er war ein ziemlich starker Blitzer.

László Polgár bot Campo als Gegnerin seine jüngste Tochter an. Judit saß mit dem Rücken zum Brett und streckte die Hand hinter sich aus, um die Uhr zu bedienen. László diktierte Judit Campos Züge. Auf diese Weise spielten sie zwei oder drei Partien. Wenn Sie das Ergebnis wissen wollen, lesen Sie das denkwürdige Zitat von Kathe Spracklen anlässlich der Mikrocomputer-Schachweltmeisterschaft weiter oben.

Die drei Polgár-Mädchen waren auch begeisterte Tischtennisspielerinnen. Als ich das erste Mal gegen Judit spielte, konnte ich sie schlagen. Ihr Gesichtsausdruck war eindeutig: »Ich komme zurück und bring dich um, Kumpel!« Sie fing an, Unterricht bei einem Profi zu nehmen, und als ich ihr das nächste Mal gegenüberstand, hatte sie einen verheerenden Topspin. Das Ergebnis? Siehe oben.

Eines Tages im Mai 1989 besuchten mich die vier Polgár-Frauen, also Klara und ihre Töchter, in Hamburg. Judit strahlte mich an: »Ich kann jetzt Englisch sprechen, Frederic.« Sie sprach ein unkompliziertes, ausdrucksstarkes Englisch, was mir die Verständigung sehr erleichterte. Seitdem sind wir enge Freunde geworden.

Zum Zeitpunkt dieses Besuchs besaß mein Sohn Martin eine weiße Ratte namens Basil. Sie war ein sanftes Geschöpf, aber alle Polgárs hatten Angst vor ihr – außer Judit. Sie nahm die Ratte hoch und brachte sie zu ihren Schwestern und der Mutter, um sie von ihnen streicheln zu lassen.

Basil war an bestimmte Rituale gewöhnt. Jeden Morgen, wenn Martin zum Frühstück herunterkam, gab er Basil eine kleine Rattendelikatesse – ein Stück übrig gebliebene Pizza, eine Scheibe Salami oder einen Kartoffelchip. Basil wartete gespannt auf das Leckerli und lief erwartungsvoll im Käfig auf und ab. Eine Sorge hatte das Tier allerdings: dass sein Besitzer eines Tages das Futter in den Käfig stecken und es sich dann plötzlich anders überlegen könnte. Wenn also etwas durch die Gitterstäbe gesteckt wurde, packte Basil sofort mit beiden Vorderpfoten und den Zähnen zu. Er legte sich sogar auf den Rücken, bis Martin sich entfernte und die Luft rein war. Dann drehte sich die Ratte um und genoss den Leckerbissen.

Eines Morgens kam Judit als Erste herunter. Sie ging zu Basil und steckte mit den Worten: »Hello, kleine Ratte«, ihren Finger in den Käfig. Der Rest ist ziemlich grausam. Judit klebte sich ein Pflaster auf die Wunde und war überzeugt, dass sie sterben müsste. Aber sie hat niemandem erzählt, was passiert war. Erst am nächsten Tag, als klar war, dass sie überleben würde und der Biss nicht so schlimm war, rückte sie mit der Geschichte heraus.

Zum Schluss noch eine interessante Episode aus dem Jahr 1993. Judit spielte auf einem Notebook gegen eine frühe Version von *Fritz*, während der spätere Weltmeister Anand zuschaute. Sie schaffte es, eine der Partien zu verlieren, woraufhin der indische GM mich packte und mich mit seinem ganzen Körpergewicht auf den Boden drückte. Ich rief: »Drück Strg-S, drück Strg-S!« Sie sollte die Partie speichern. Anand dagegen rief: »Schnell, Judit, drück Strg-N.« Das ist der Befehl für ein neues Spiel. Leider hat sie auf ihn gehört, sodass die Partie für immer verloren ging.

Judit hat immer darauf bestanden, auf Männerturnieren zu spielen, mit dem klaren Ziel, den Weltmeistertitel zu holen. Nie bemühte sie sich um den Weltmeistertitel der Frauen, den ihre Schwester Zsuzsa gewonnen hatte. Alle führenden Spieler der Welt haben früher oder später gegen Judit Polgár verloren, darunter auch der ehemalige Weltmeister Garri Kasparow. Im Jahr 2003 wurde sie beim Corus-Schachturnier der Kategorie 19 in Wijk aan Zee klare Zweite, ungeschlagen und nur einen halben Punkt hinter Viswanathan Anand und einen ganzen Punkt vor dem amtierenden Schachweltmeister Wladimir Kramnik.

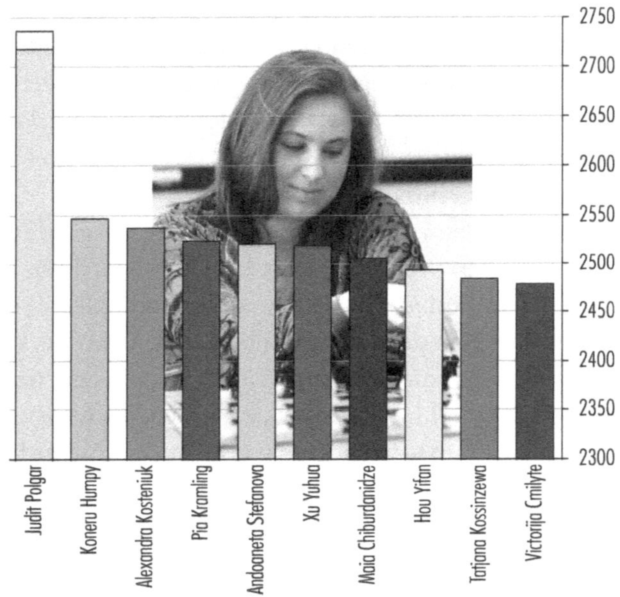

Die obige Grafik zeigt die Bewertung von Judit Polgár im Jahr 2014, bevor sie sich aus der Schachwelt zurückzog. Man sieht ihre höchste Bewertung (heller Bereich oben) im Vergleich zu den anderen damaligen Top-Spielerinnen der Welt.

Ihr Rücktritt im Alter von 38 Jahren resultierte aus ihrem Wunsch, sich mehr ihrem Mann, ihren zwei Kindern und anderen interessanten Dingen im Leben zu widmen. Der Welt des Schachs ist sie jedoch bis heute z. B. als Trainerin und Kommentatorin von Turnieren verbunden geblieben.

Unlogik des Umkehrens

Vor einem halben Jahrhundert begann in Großbritannien eine umfangreiche Studie über die Auswirkungen des Rauchens auf die Sterberate von Frauen. Anfang der 1970er-Jahre wurden in England 1314 Frauen befragt, ob sie rauchten oder nicht. Diese Befragung wurde 20 Jahre später wiederholt. Zu Beginn der Studie waren 242 Frauen bereits älter als 64. Ausgewertet wurde insgesamt und nach Altersgruppen.

Alle Altersgruppen

	Rauchen	Nicht-Rauchen	Insgesamt
Gestorben	139	230	369
Am Leben	443	502	945
Insgesamt	582	732	1314

Frauen bis 64 Jahre

	Rauchen	Nicht-Rauchen	Insgesamt
Gestorben	97	65	162
Am Leben	436	474	910
Insgesamt	533	539	1072

Frauen älter als 64 Jahre

	Rauchen	Nicht-Rauchen	Insgesamt
Gestorben	42	165	207
Am Leben	7	28	35
Insgesamt	49	193	242

Von den 582 rauchenden Frauen (533 bis 64 Jahre alt, 49 älter als 64) hatten 443 die beiden Jahrzehnte bis zur Kontrolle überlebt. Dies entspricht einer Gesamtquote von 76 Prozent Überlebenden. Von den 732 nicht rauchenden Frauen (539 bis 64 Jahre, 193 älter als 64) hatten insgesamt 502 überlebt, das sind nur 69 Prozent. Überraschenderweise scheint uns die Studie zu sagen, dass Rauchen gut für uns ist und unser Leben verlängert.

Werden die Daten jedoch nach der Altersverteilung der beiden Gruppen aufgeschlüsselt, zeigt sich ein anderes Bild. Von den 1072 (533 rauchenden und 539 nicht rauchenden) Frauen im Alter bis zu 64 Jahren überlebten 436 der 533 Raucherinnen (82 Prozent) mindestens 20 Jahre, ebenso wie 474 der 539 Nichtraucherinnen (88 Prozent) in dieser Altersgruppe. Die Nichtraucherinnen schnitten also besser ab.

Bei den 242 Frauen (49 Raucherinnen, 193 Nichtraucherinnen), die älter als 64 Jahre waren, überlebten 7 der 49 Raucherinnen (14 Prozent) zwei Jahrzehnte, ebenso wie 28 der 193 Nichtraucherinnen (15 Prozent). Auch hier schnitten die Nichtraucherinnen besser ab.

Zusammenfassend lässt sich festhalten, dass die Überlebensrate der Nichtraucherinnen bei getrennter Betrachtung beider Altersgruppen jeweils höher war als bei den Raucherinnen. Dies ist genau das Gegenteil von dem, was uns die kombinierten Daten aus beiden Gruppen zuvor gesagt hatten.

Das ist ein gutes Beispiel für das sogenannte Umkehr-Paradoxon. Es tritt auf, wenn ein eindeutiger Trend, der in zwei oder mehr Gruppen vorkommt, sich in das Gegenteil verkehrt, wenn die Daten aus den Gruppen kombiniert werden.

Bis zu diesem nicht ganz rauchfreien Beispiel dachten Sie vielleicht, dass so etwas nie und nimmer sein kann. Aber jetzt, da sich der Rauch verzogen hat, wissen wir, dass es möglich ist. Die Realität hat sich wieder einmal als komplexer erwiesen als ohnehin für möglich gehalten. Das Umkehr-Paradoxon wirft äußerst wichtige Fragen auf, die sich darum drehen, die richtigen Schlüsse aus Datensätzen zu ziehen. Entscheidend dabei ist die Beantwortung der Frage: Welche Aussage trifft zu? Sollen wir den Ergebnissen aus dem kombinierten Datensatz glauben oder den Erkenntnissen aus den verschiedenen Untergruppen?

Wenn das Umkehr-Paradoxon auftritt, ist es nicht möglich, allein anhand der nackten Zahlen zu erkennen, ob die Gesamtpopulation oder die Untergruppen die wahre Beziehung abbilden. Um dies herauszufinden, muss man sowohl den Kontext, auf den sich die Daten beziehen, als auch den Grund für die Umkehrung untersuchen. Beides kann eine große Herausforderung sein.

Wenn ein Datensatz das Paradoxon zeigt, liegen in der Regel zwei Bedingungen vor. Erstens gibt es einen verborgenen Faktor, der sich stark auf die Ergebnisvariable auswirkt, die hier die Überlebensrate ist. Zweitens ist diese versteckte Variable meist sehr unterschiedlich auf die Untergruppen verteilt.

In der Studie rauchender Frauen entsteht das Paradoxon durch die unterschiedliche Zusammensetzung der beiden Altersgruppen. In England war das Rauchen in den 1950er- und 1960er-Jahren unter Frauen nicht weit verbreitet. Erst in den 1970er-Jahren wurde es bei Frauen populär, allerdings nicht so sehr bei älteren Frauen über 64. Aus diesem Grund ist die Stichprobe der Raucherinnen stark in Richtung der jüngeren Frauen verzerrt. Tatsächlich weisen die Daten aus, dass 50 Prozent der

Frauen in den unteren Altersgruppen rauchen, aber nur 20 Prozent der über 64-Jährigen.

Darüber hinaus steht der Einflussfaktor *Alter* in engem Zusammenhang mit der Überlebensrate. Jüngere Frauen, ob sie nun rauchen oder nicht, hatten nur eine geringe Wahrscheinlichkeit, den 20-jährigen Zeitraum nicht zu überleben, über den sich die Studie erstreckte. Die älteren Frauen rauchten zwar nur in geringer Zahl, hatten aber allein aufgrund ihres Alters eine hohe Wahrscheinlichkeit, die 20 Jahre des Kontrollzeitraums nicht zu überleben.

Zusammenfassend lässt sich sagen, dass die in den einzelnen Altersgruppen festgestellten Trends die richtigen sind, was die unterschiedlichen Sterblichkeitsraten von Raucherinnen und Nichtraucherinnen betrifft. Beide Gruppen zu kombinieren, läuft darauf hinaus, Äpfel mit Birnen zusammenzutun. Dafür gibt es keine gute Begründung, da die Gruppen in Bezug auf Alter, Rauchgewohnheiten und Sterblichkeit sehr unterschiedliche Eigenschaften aufweisen.

Das Umkehr-Paradoxon ist also keine abstrakt konstruierte mathematische Kuriosität. Selbst im Alltag ist es häufig zu beobachten. Wann immer die Ergebnisse zweier getrennter Studien zu einem beliebigen Thema kombiniert werden, um daraus Schlüsse auf Grundlage einer größeren Datenmenge zu ziehen, muss man sich vor dem Umkehr-Paradoxon in Acht nehmen. Wenn es auftritt, gerät die Datenanalyse in eine Krise, weil oft nicht klar ist, welchen Ergebnissen man glauben soll – denen der Untergruppen oder denen der gesamten Gruppe von Probanden.

Die Kombination verschiedener Datensätze kann also alle Trends von einer Richtung in die Gegenrichtung verkehren. Mit anderen Worten: Was lokal überall als wahr befunden wurde, ist global gesehen falsch. Oder umgekehrt: Was lokal überall falsch war, kann plötzlich auf globaler Ebene wahr sein. Dieser letzte Fall tritt ein, wenn nur der vollständige Datensatz zur Wahrheit führt.

Es liegt auf der Hand, dass unser Verständnis der Welt und die Art und Weise, wie wir dies mit der Interpretation von Daten erreichen können, durch die Möglichkeit einer paradoxen Umkehrung erschwert wird. Das Umkehr-Paradoxon zeigt uns, dass der Gewinner jeder einzelnen Disziplin nicht unbedingt auch der Gesamtsieger sein muss.

Das Paradoxon ist nicht leicht zu verstehen. Es ist eine echte Herausforderung, seine Logik zu entschlüsseln und zu verinnerlichen. Wir werden nun versuchen, Schach als Werkzeug dafür zu verwenden. Interessanterweise lässt sich das Paradoxon nämlich gut auf einem Schachbrett visualisieren.

Betrachten wir einmal die folgende Stellung, die von einem befreundeten Großmeister, Karsten Müller, speziell für dieses Kapitel gemäß der von mir errechneten Figurenverteilung in den diversen Brettbereichen komponiert wurde.

Karsten Müller

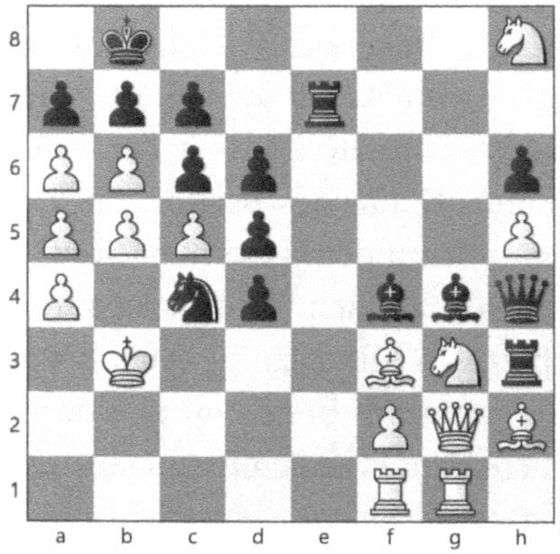

Weiß am Zug hält Remis

Weiß hat noch alle 16 Figuren, also acht Bauern und acht Offiziere. Sechs Bauern und ein Offizier stehen in der oberen Hälfte des Brettes (Reihen 5 bis 8) und zwei Bauern und sieben Offiziere in der unteren Hälfte (Reihen 1 bis 4). Schwarz besitzt alle Figuren bis auf eine. Es fehlt ein Springer. Er hat sieben Bauern und zwei Offiziere auf der oberen Hälfte des Brettes und einen Bauern und fünf Offiziere auf der unteren Hälfte. Können Sie sehen, wie diese Stellung das Umkehr-Paradoxon visualisiert?

Berechnen wir zunächst den Prozentsatz der schwarzen und weißen Bauern auf der oberen und unteren Hälfte des Brettes. In der oberen Hälfte machen die Bauern 86 Prozent der weißen Figuren aus (sechs von sieben) und nur 78 Prozent der schwarzen Figuren (sieben von neun). Der Anteil der Bauern ist also bei den weißen Steinen größer. In der unteren Hälfte des Brettes sind 22 Prozent der weißen Figuren Bauern und 17 Prozent der schwarzen Figuren. Auch hier ist der Anteil der Bauern bei Weiß größer.

Betrachtet man jedoch das gesamte Brett, so liegt der Anteil der Bauern bei Weiß nur bei 50 Prozent, bei Schwarz dagegen bei 53 Prozent. In der auf das gesamte Brett mit allen Figuren gerichteten Perspektive ergibt sich also eine Umkehrung!

Wieder stellt sich die Frage: Welche Farbe, Schwarz oder Weiß, hat den größeren Anteil an Bauern? Geben die Untergruppen, d. h. die prozentualen Anteile der Bauern auf der oberen und der unteren Hälfte des Brettes, die richtige Antwort? Oder eher die Figuren auf dem gesamten Brett?

Hier ist die Antwort einfach. Und sie ist anders als beim Beispiel vom Rauchen. Um die richtige Antwort zu finden, muss man natürlich das gesamte Brett und alle darauf befindlichen Figuren berücksichtigen. Eine Schlussfolgerung, die sich auf die obere und die untere Hälfte des Brettes bezieht, würde zu einem falschen Ergebnis führen.

Halten wir fest: Weiß gewinnt sowohl in der oberen als auch in der unteren Bretthälfte den Wettbewerb um den höchsten Bauernanteil. Aber auf dem ganzen Brett gewinnt Schwarz.

Wenn Sie eine Vorliebe für Paradoxien haben, können Sie diese also auch im Schach finden. Sogar in doppelter Ausführung in ein und derselben Studie. Anstatt das Brett in die obere und untere Hälfte zu teilen, kann man es auch in die linke und rechte Hälfte teilen. Das Umkehr-Paradoxon könnte wieder auftauchen. Und die Figurenverteilung wurde so vorgenommen, dass das Paradoxon mit genau denselben Bauernanteilen auftritt. Das Paradoxon verschwindet dagegen, wenn man die Bauernanteile in der Studie oberhalb bzw. unterhalb der Diagonalen von a1 bis h8 betrachtet, also ohne den schwarzen Bauern auf d4 und den weißen Springer auf h8.

Apropos Studie – was ist die Lösung?

Zunächst hat es den Anschein, dass Weiß sogar gewinnen kann, und zwar mit 1.Sg6 Lxf3 2.Dxf3 Sd2+ 3.Kb2 Sxf3 4.Sxh4 Sxg1 5.Sg6 Txh2 6.Sxe7, und Weiß besitzt großen Vorteil. Die Figur, die Schwarz fehlt und die Weiß mehr hat, nämlich ein Springer, würde dann die Schlüsselzüge machen und dadurch zum Gamewinner avancieren. Doch nach 1.Sg6? zwingt uns der nicht leicht zu sehende Konter 1...Df6!! zu einer Umkehrung dieser Einschätzung. Nach diesem bärenstarken Damenzug gewinnt nämlich Schwarz aufgrund seines Freibauern d4. Eine Variante ist 2.Lxd5 Txg3 3.Lxg3 Sxa5 4.Ka3 d3 mit der entscheidenden Drohung Dc3+. Der einzige und sehr schmale Pfad zum Remis besteht für Weiß in dem unscheinbaren **1.Ka2!!** Dann führt zum Beispiel **1... Txh2 2.Sf5 Txg2 3.Sxh4 Te3 4.Txg2 Ta3+ 5.Kb1 Tb3+ 6.Ka2** zum Dauerschach.

Hou Yifan – Frauen auf dem Vormarsch

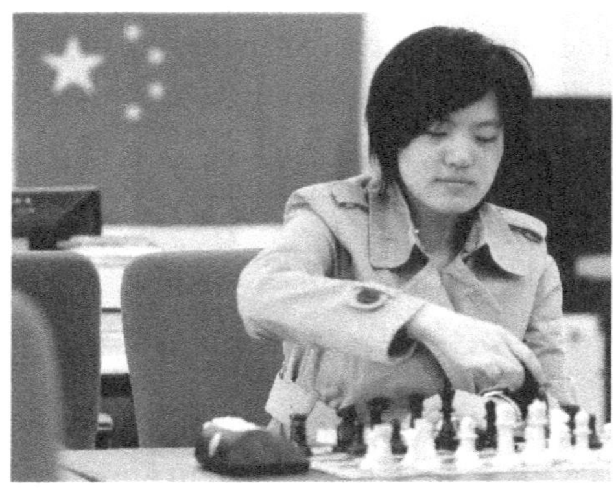

Die Frauen sind im Schach offensichtlich auf dem Vormarsch. Nicht nur in aufregenden Streaming-Serien, sondern auch auf der Weltrangliste. Nach Judit Polgár begann bald die nächste junge Frau ihren Siegeszug.

Im Jahr 2005 fand in Jinan, China, der Three Arrows Cup statt. Ali Nihat Yazici, damals Präsident des Türkischen Schachverbandes, schickte mir Berichte und Bilder.

Unter anderem schrieb er: »Ich muss deine Aufmerksamkeit auf eine junge Dame lenken, Hou Yifan. Ich stelle dir eine zukünftige Weltmeisterin der Frauen vor. Yifan ist erst elf Jahre alt, und ihre offizielle Wertung liegt bei 2158. Aber ihre Leistung in Jinan lag bereits bei 2400. Sie ist ein großes Talent, und ich sage voraus, dass sie bald der jüngste Großmeister der Welt werden könnte. Nicht Großmeisterin, sondern Großmeister!«

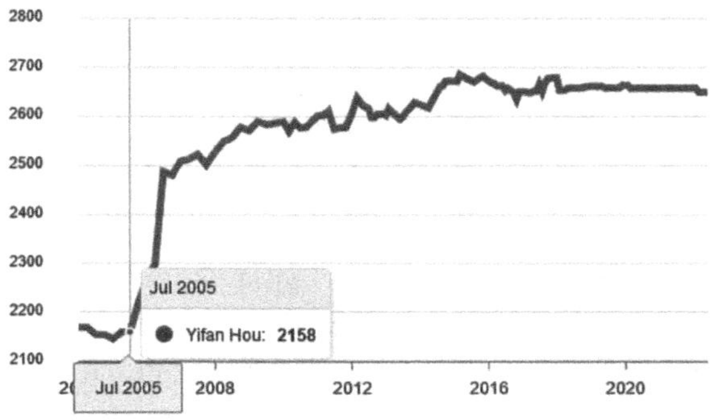

Eine gewagte Vorhersage, die sich aber als hundertprozentig richtig herausstellte. Mit zwölf Jahren war Hou Yifan die jüngste Spielerin, die jemals an einer Frauen-Weltmeisterschaft und einer Schacholympiade teilgenommen hatte. Sie wurde die jüngste chinesische Meisterin aller Zeiten. Bereits 2008, im Alter von 14 Jahren und sechs Monaten, war sie der elftjüngste Großmeister der Geschichte, Männer und Frauen zusammengenommen. Mit sechzehn gewann sie die Frauen-Weltmeisterschaft 2010. Damit wurde sie die jüngste Weltmeisterin aller Zeiten. Heute ist sie mit Abstand die stärkste aktive Spielerin der Welt, und nach Judit Polgár die zweitstärkste in der Geschichte des Schachs.

Ich habe Yifan kennengelernt, als sie gerade dreizehn geworden war. Das Turnier fand in Holland statt. Gespannt wartete ich darauf, dieses Schach-Wunderkind endlich kennenzulernen. Im Presseraum sagte ich zu ihr: »Du bist eine sehr starke Spielerin?« Sie antwortete: »Jaa …« Ich meinte: »Spielst du Schach wirklich sehr gern?« Sie sagte wieder gedehnt: »Jaa …« Ich sagte: »Du verstehst kein Wort von dem, was ich sage?« Ihre Antwort: »Jaa …«

Es war klar, dass sie nichts verstand. Ich ging zu ihrem Trainer, auf den mich ein Organisator hingewiesen hatte. Ich fragte ihn, ob er Hou Yifan betreute. »Nein. Ich habe den Namen noch nie gehört«, sagte er. Mit einem Fingerzeig auf die junge Frau meinte ich: »Mir wurde gesagt, Sie wären ihr Trainer?« Er sagte: »Sie meinen Ho Iifan! Ja, sicher!« Offensichtlich hatte ich den Namen nicht richtig ausgesprochen.

Lassen Sie mich das erklären. Chinesisch ist eine Tonhöhensprache, bei der die Tonhöhe zur Unterscheidung von Bedeutungen verwendet wird. Das Wort »ma« kann je nach Tonfall, steigend oder fallend, vier verschiedene Bedeutungen haben – Mutter, Hanf, Pferd und Schelte. Hou Yifan, geschrieben 侯逸凡 auf Chinesisch, wird ungefähr *ho-ii? fan!* ausgesprochen. Man muss die ersten beiden Silben mit steigender Tonhöhe aussprechen, als ob man eine Frage stellen würde, die dritte mit fallender Tonhöhe. Außerdem ist Yifan der Vorname und wird *iifan* ausgesprochen. Jedenfalls war meine Aussprache in gleichbleibender Tonlage für ihren Trainer völlig unverständlich.

Nach dem Überwinden der Anfangsprobleme habe ich mich eine Weile mit Yifan unterhalten, wobei der Trainer übersetzte. Am Ende ließ ich ihr eine große Bitte übermitteln. Sie könne ruhig neunzig Prozent ihrer Zeit mit Schach verbringen, möge aber bitte zehn Prozent auf das Englischlernen verwenden. Er übersetzte, und sie schenkte mir noch ein leises: »Jaa …«

Nach diesem Zusammentreffen sah oder hörte ich zehn Monate lang nichts von ihr. Dann, am Heiligabend desselben Jahres, erhielt ich eine E-Mail von Yifan: »Hallo, lieber Frederic, ich habe deinen Rat befolgt und angefangen, Englisch zu lernen. Ich besuche einen Kurs …« Sie lernte Englisch! Ich musste fast weinen.

Einige Jahre später gewann Yifan die Weltmeisterschaft der Damen – insgesamt viermal. Zweimal, 2012 und 2015, wurde sie entthront. FIDE hatte in jenem Jahr das Format auf K.-o.-Runden geändert, wobei 64 Spielerinnen versammelt waren, um paarweise zwei Partien auszuspielen. Die Verliererin schied aus. Die Weltmeisterschaft wurde dadurch zu einem Glücksspiel, bei dem die neue Weltmeisterin manchmal nicht aus den Top Ten kam.

2016 entschied sich Yifan als amtierende Weltmeisterin, aus dem FIDE-Zyklus auszusteigen und sich stattdessen auf ihr Studium der Internationalen Beziehungen zu konzentrieren. Im Oktober desselben Jahres kam sie mich in Hamburg besuchen, und wir sprachen über ihre Zukunft. Mein hartherziger Rat: »Setze deine Hoffnungen nicht darauf, die offene Schachweltmeisterschaft für Männer und Frauen zu gewinnen. Das würde bedeuten, alles aufzugeben – Studium, Familie, Hobbys –, und du wirst es garantiert nicht schaffen.«

Yifan war inzwischen 22 Jahre alt. Ich schlug ihr vor, ein paar Partien gegen einen 13-jährigen Jungen meiner Wahl zu spielen, einen, dessen Schachkarriere noch völlig am Anfang stand. So würde sie sehen, was auf sie zukäme, wenn sie versuchen wollte, den Titel zu holen.

Wir haben auch Wladimir Kramnik über Skype konsultiert. Er war meiner Meinung: »Wenn sie nichts tut, wird sie die beste Spielerin bleiben. Wenn sie ihr volles Potenzial ausschöpfen will, muss sie sich ausschließlich auf Schach konzentrieren.« Yifans Meinung dazu: »Ich würde gerne ganz nach oben kommen, aber ich muss auch ein Leben haben.«

Also riet ich ihr, sie solle sich stattdessen darauf konzentrieren, eine hervorragend ausgebildete junge Frau zu werden. Sie hat daraufhin den kühnen Plan entwickelt, ein Rhodes-Stipendium in Oxford zu beantragen. Wir verfassten eine Bewerbung und verschickten die Unterlagen gleich aus Hamburg per E-Mail – ohne große Hoffnung, dieses berühmte Stipendium tatsächlich zu bekommen. Doch sie wurde angenommen und verbrachte ein Jahr damit, Staatswissenschaften (Public Policy) am St. Hilda's College in Oxford zu studieren.

Danach erhielt sie mit unserer Unterstützung ein Praktikum bei der Breakthrough Foundation des Milliardärs Yuri Milner. Nach China zurückgekehrt, wurde Yifan 2020 im Alter von

26 Jahren die jüngste Professorin aller Zeiten der Shenzhen University. Ich hege größte Bewunderung für diese bemerkenswerte junge Dame, die immer noch aktiv am Schachleben teilnimmt.

Scannen Sie den beigefügten QR-Code mit Ihrem Mobiltelefon, um einen Großteil der obigen Geschichte von Yifan selbst zu hören.

Wenn Unmögliches möglich wird

Nicht alles ist möglich. Manches ist logisch oder von Natur aus unmöglich. Im Bürgerlichen Gesetzbuch des Bundesstaates Kalifornien steht zu lesen: »Als möglich gilt alles, was nicht von Natur aus unmöglich ist.« Man wollte sich offensichtlich nicht zu sehr festlegen.

Denn manches scheint zwar unmöglich zu sein, erweist sich aber trotzdem irgendwann als möglich. Etwa dadurch, dass es die Realität als die große Möglichkeiten-Ermöglicherin irgendwann in ihre Wirklichkeit einbaut.

Alle hier versammelten Problemstellungen haben gemeinsam, dass sie unmöglich erscheinen. Entweder denkt man, dass die angegebene Lösung unmöglich richtig sein kann. Oder man kann nicht glauben, dass das Verlangte oder Gesuchte mit der verfügbaren Information erlangt oder gefunden werden kann. Eher zieht man in Betracht, dass man sich verhört oder verlesen hat.

Bei unserem ersten Problem handelt es sich um eine sehr spezielle West-Side-Story: Ziehen Sie einen Bauern aus einem Beutel mit einem weißen und einem schwarzen Bauern. Entscheiden Sie dann mit einem Münzwurf, ob Sie den Bauern auf die rechte (East-Side-Bauer) oder auf die linke Bretthälfte (West-Side-Bauer) stellen. Anschließend geben Sie den gezogenen Bauern zurück in den Beutel, um die Ausgangssituation wiederherzustellen. Dann ziehen Sie abermals einen Bauern und bestimmen mit der Münze, ob er ein East-Side- oder West-Side-Bauer wird.

Jetzt stelle ich Ihnen folgende Frage: Wenn einer der beiden gezogenen Bauern weiß und zudem ein West-Side-Bauer ist, wie wahrscheinlich ist es dann, dass auch der andere gezogene Bauer weiß ist? Oder vielmehr: Begründen Sie, dass diese Wahrscheinlichkeit nicht fifty-fifty ist. Das ist kaum zu glauben. Alles andere als fifty-fifty ist als Lösung nicht nur extrem ungewöhnlich, sondern erscheint zunächst sogar absurd.

Das extrem Ungewöhnliche tritt aber hier tatsächlich ein. Um das Ganze verständlich zu machen, tasten wir uns schrittweise voran. Es gibt offensichtlich 16 verschiedene Möglichkeiten für die Kombination der beiden Bauern:

Weiß West & Weiß West
Weiß West & Weiß East
Weiß East & Weiß West
Weiß East & Weiß East
Schwarz West & Schwarz West
Schwarz West & Schwarz East
Schwarz East & Schwarz West
Schwarz East & Schwarz East
Schwarz West & Weiß West
Schwarz West & Weiß East
Schwarz East & Weiß West
Schwarz East & Weiß East
Weiß West & Schwarz West
Weiß West & Schwarz East
Weiß East & Schwarz West
Weiß East & Schwarz East

Weil der Beutel einen schwarzen und einen weißen Bauern enthält und wir von einer ungezinkten Münze ausgehen, sind alle 16 Möglichkeiten gleich wahrscheinlich. Jeder der 16 Fälle hat somit ursprünglich eine Wahrscheinlichkeit von 1:16.

Aufgrund der Information aus der Aufgabenstellung, dass einer der Bauern weiß und zudem ein West-Side-Bauer ist, fallen von den ursprünglich 16 Möglichkeiten aber einige weg. Es sind die in obiger Auflistung fett markierten. Diese kommen nicht mehr infrage. Es sind genau neun Möglichkeiten, somit verbleiben sieben. Unter diesen sieben Möglichkeiten sind in dreien beide Bauern weiß. In vier Möglichkeiten ist der andere Bauer schwarz. Damit ist die gesuchte Wahrscheinlichkeit 3:7. Und nicht 1:2.

Das Ergebnis erscheint uns völlig paradox. Es trifft uns wahrscheinlichkeitstheoretisch wie ein Blitz aus heiterem Himmel, dass wir hier keine Fifty-fifty-Situation haben. Was hat die Tatsache, dass der benannte Bauer ein West-Side-Bauer ist, damit zu tun, dass er weiß ist? Eigentlich nichts. Trotzdem ändert dieses Wissen die Wahrscheinlichkeit, dass der andere Bauer auch weiß ist, auf 3:7.

Lassen Sie uns versuchen, dieses widersinnige Ergebnis mit etwas zusätzlicher Logik zu erfassen. Der Grund für die Paradoxie ergibt sich aus der Möglichkeit, dass keiner der beiden Bauern irgendeine der bezeichneten Eigenschaften hat (also beide weder weiß sind noch auf der West Side stehen). Dieser Gegenteilsfall muss zusätzlich ausgeschlossen werden und mindert die Wahrscheinlichkeit von 4:8 auf – genau! – 3:7.

Es gibt noch eine zweite knifflige Fragestellung für dasselbe Beutel-Münze-Szenario. Ein Bauer ist ein West-Side-Bauer. Wie wahrscheinlich ist es, dass der andere auch ein West-Side-Bauer ist?

Die ursprünglichen Möglichkeiten sind klar:

East & East
East & West
West & East
West & West

Die erste Möglichkeit entfällt wegen der Ausgangslage. Von den drei verbleibenden ebenfalls wieder gleich wahrscheinlichen Möglichkeiten ist in nur einem Fall der zweite Bauer auch ein

West-Side-Bauer. Die gesuchte Wahrscheinlichkeit ist also 1:3 und wieder nicht 1:2. Der Fall East & East, der durch die gegebene Information ausscheidet, ist der gegenteilige Fall, bei dem keiner der Bauern die Vorgabe erfüllt.

Wir können tatsächlich die Wahrscheinlichkeit für die gesuchte Möglichkeit umso näher an 1:2 heranbringen, je kleiner die Wahrscheinlichkeit für den gegenteiligen Fall wird.

Nehmen wir an, wir entscheiden nicht mit einer Münze, ob der Bauer East oder West platziert wird, sondern mit einem achtseitigen Würfel, auf welche der acht Linien von a bis h wir ihn stellen.

Unsere Frage lautet dann: Wenn einer der Bauern weiß und zudem ein a-Bauer ist, wie wahrscheinlich ist es dann, dass der andere Bauer auch weiß ist? In diesem Setting gibt es

16 x 16 = 256 Möglichkeiten

Davon entfallen 225 Möglichkeiten aufgrund der Vorgaben für den Bauern (weiß und auf der a-Linie). Bei den verbleibenden 31 Möglichkeiten sind in genau 15 Fällen beide Bauern weiß, in 16 Fällen ist der andere Bauer schwarz. Somit ist die Wahrscheinlichkeit für einen zweiten weißen Bauern genau 15:31. Wieder ist die richtige Antwort nicht 1:2, aber diesmal sehr nahe daran.

Auch der uns schon gut bekannte Zenmeister hat ein Faible für unlösbar erscheinende Problemstellungen. An seinem Geburtstag sitzt er mit seinen Schülern am Tisch und hat soeben die Matt-Kombination in der Schachstudie gefunden, die ihm von seinem ältesten Geburtstagsgast präsentiert wurde.

»Weißt du, wie alt die drei Besucher sind, die mir heute früh gratuliert haben?«, fragt der Zenmeister den Schüler, mit dem er das Abendessen teilt. »Nein, Meister, das weiß ich nicht«, antwortet der Schüler. »Das Produkt ihrer Lebensalter in Jahren ist 6006 und deren Summe übersteigt die Gesamtzahl der Felder auf einem Schachbrett um die Anzahl der Figuren in dieser Studie, die mir präsentiert wurde.« Der Schüler zählt die Anzahl der Figuren in der Studie, stellt einige Berechnungen an und sagt: »Verehrter Meister, das ist nicht genug Information.« – »Ich wünsche mir«, sagt der Meister geistesabwesend, »dass die drei Gäste uns wieder besuchen, bevor der Älteste mein Alter erreicht.« – »Jetzt weiß ich, wie alt die drei Gäste waren«, ruft der Schüler erfreut aus.

Daraus ergeben sich für Sie folgende Fragen: Wie alt ist der Zenmeister? Kennt sein Schüler das Alter des Zenmeisters? Wie alt sind die drei Besucher des Zenmeisters? Aus wie vielen und welchen Figuren besteht die Studie? Sie meinen, das kann keiner wissen? Nicht so schnell! Denn es gibt eine Lösung.

Zugegeben, es ist mehr als erstaunlich, dass die Antworten auf alle Fragen aus den vorhandenen Informationen gewonnen werden können. Doch es geht tatsächlich.

Zuerst zerlegt man die genannte Zahl 6006 in ein Produkt aus Primzahlen. Das geht nur auf eine einzige Weise, nämlich mit den Primzahlen 2, 3, 7, 11, 13 als Faktoren:

$$6006 = 2 \times 3 \times 7 \times 11 \times 13$$

Die möglichen Lebensalter der drei Besucher ergeben sich aus der Reduktion der obigen fünf Primfaktoren auf nur drei Faktoren. Mögliche Alterskombinationen sind:

6, 13, 77
7, 11, 78
11, 13, 42
7, 26, 33
13, 14, 33
11, 21, 26
7, 13, 66
7, 22, 39

26, 3, 77
6, 11, 91

Alle anderen Möglichkeiten kommen nicht infrage.

Die Summe der ersten beiden Alterskombinationen (d.h. 6, 13, 77 und 7, 11, 78) ist 96. Die Summe der nächsten beiden (d.h. 11, 13, 42 und 7, 26, 33) ist 66. Nur in diesen Fällen haben wir unter den wenigen möglichen Alterskombinationen zweimal die gleichen Summen (d.h. zweimal 96 und zweimal 66). Das ist wichtig, weil der Schüler sagt: »Das ist nicht genug Information.« Seine Aussage kann nur bedeuten, dass zwei Alterskombinationen der drei Besucher zur gleichen Summe führen, nämlich der Anzahl der Felder auf dem Schachbrett plus der Anzahl der Figuren in der Studie.

Wir können jedoch die beiden Alterskombinationen ausschließen, die beide die Summe 66 ergeben. Denn das würde bedeuten, dass die Studie nur aus zwei Figuren besteht, nämlich den beiden Königen. Das ist nicht möglich, weil es in der Einleitung des Rätsels sinngemäß heißt, dass der Zenmeister die Matt-Kombination in der Studie gefunden hat. Es muss also mindestens eine dritte Figur auf dem Brett geben.

Daraus folgt, dass die Summe der Altersangaben der drei Besucher 96 sein muss und dass es für die korrekten Altersangaben zwei Möglichkeiten gibt: 6, 13, 77 oder 7, 11, 78. Der Schüler konnte sich ohne zusätzliche Informationen nicht zwischen diesen beiden Möglichkeiten entscheiden. Als dann aber der Zenmeister sagt: »Ich wünsche mir, dass die drei uns wieder besuchen, bevor der Älteste mein Alter erreicht«, weiß der Schüler plötzlich, welche Alterskombination die richtige ist. Aus der plötzlichen Erkenntnis des Schülers lässt sich erstens ableiten, dass er das Alter des Zenmeisters kennt. Schließlich ist es ja dessen Geburtstag. Zweitens muss der Zenmeister 78 Jahre alt sein. Wäre der Zenmeister nämlich älter als 78, könnte der Schüler aus den Worten des Zen-Meisters nicht erkennen, ob der älteste

Besucher 77 oder 78 Jahre alt war. Und ganz offensichtlich kann der Zenmeister auch nicht jünger als 78 sein, denn dann würde seine letzte Bemerkung keinen Sinn ergeben.

Okay, jetzt wissen der Schüler und auch wir, dass die drei Besucher 6, 13 und 77 Jahre alt sein müssen und der Zenmeister seinen 78. Geburtstag feiert.

Aber was ist mit der Schachstudie? Die Summe der Lebensjahre der drei Besucher ist 96. Dies übersteigt die Anzahl der Felder auf dem Schachbrett um 32. Die Schachstudie besteht also aus 32 Figuren. Aus dieser Erkenntnis kann man leicht schließen, dass die Studie aus allen 32 Figuren besteht, die schon zu Anfang auf dem Brett sind. Es wurde keine Figur geschlagen und kein Bauer verwandelt, da die Bauern nicht aneinander vorbeikommen können.

Das war's. Alle Fragen sind durch akribische Logik Schritt für Schritt beantwortet worden. Ich hoffe, Sie hatten Spaß an dieser langen Deduktionsfolge. Sie hat dazu geführt, dass wir aus fast nichts eine ungeahnte Menge an Informationen ableiten konnten.

Ähnlich verhält es sich mit dem nächsten Problem. Der Zenmeister hat fünf Paare aus dem nahe gelegenen Dorf zu einem Abend mit Meditation und besinnlichem Schach eingeladen. Während des Abends spielen einige der Gäste eine Freundschaftspartie miteinander, andere halten sich vom Brett fern. Der Zenmeister spielt nicht mit, sondern schaut zu und stellt fest, dass keines der Paare eine Partie miteinander spielt und je zwei der Besucher höchstens eine Partie miteinander spielen. Beim gemeinsamen Abendessen fragt einer der Gäste, eine Frau namens Priti, die anderen neun Gäste, wie viele Partien jeder gespielt hat. Sie erhält neun verschiedene Antworten.

Das erzählt der Zenmeister am nächsten Tag seinen Schülern. Er fragt sie: »Wie viele Partien hat Pritis Mann gespielt?« Finden Sie die Lösung?

Man kann sich dem Problem und seiner Lösung wie folgt annähern: Die größte Anzahl von Partien, die jeder Gast gespielt haben kann, ist acht. Da Priti neun verschiedene Zahlen als Antworten von neun Personen erhalten hat, muss es sich bei diesen Zahlen um die Ziffern Null bis Acht gehandelt haben. Nennen wir die Person, die Pritis Frage mit der Aussage »Ich habe k Partien gespielt« beantwortet hat, abkürzend »Person k«.

Infolgedessen hat Person 8 mit allen anderen Gästen außer ihrem eigenen Partner gespielt. Anders ausgedrückt: Person 0 ist der einzige Gast, der nicht mit Person 8 gespielt hat. Die beiden müssen also ein Paar sein.

Betrachten wir nun Person 7. Da sie sieben Partien gespielt hat, schließt das die Partien gegen alle Gäste ein – mit Ausnahme von Person 0 und Person 1. Denn Person 1 muss ihre einzige Partie mit Person 8 gespielt haben, wie wir soeben festgestellt haben. Da Person 0 der Partner von Person 8 ist, muss Person 1 der Partner von Person 7 sein. Das ist also das zweite Paar, das wir zuordnen können.

Mit genau den gleichen Überlegungen kann man feststellen, dass die Personen 6 und 2 ein Paar sind und ebenso die Personen 5 und 3. Übrig bleibt Person 4, und die muss der Partner von Priti sein. Und Person 4 muss – wie wir aus seinem »Namen« schließen können – vier Spiele gespielt haben.

Erstaunlich, wie wenig Informationen man braucht, um mit filigraner Logik scheinbar unbeantwortbare Fragen beantworten zu können!

Der lauteste Flüsterer

Eines Tages, als der Zenmeister seine jüngsten Schüler versammelt hat, spricht er über das Aufeinandertreffen von Gegensätzen. Wie zum Beispiel die lauteste Stille und der leiseste Lärm. Schließlich fragt er sie, ob die lauteste Stille leiser oder lauter ist als der leiseste Lärm laut. Und ob der kleinste Riese größer oder kleiner als der größte Zwerg ist.

Da es für die Novizen nicht leicht ist, ihre Gehirnwindungen um diese vertrackte Denkübung zu winden, bittet er die 16 versammelten Schüler, sich in vier Reihen zu je vier Schülern nebeneinander aufzustellen. Man kann es sich auch als vier Spalten mit je vier Schülern vorstellen. Anschließend gibt er seinen Schülern die folgende Aufgabe: »Nennen wir den Größten in jeder Reihe den Riesen. Der Kleinste dieser vier Riesen sei der Zwerg-Riese. Und umgekehrt sei der Kleinste in jeder Spalte der Zwerg. Der Größte dieser vier Zwerge sei der Riesen-Zwerg. Wenn nun der Zwerg-Riese und der Riesen-Zwerg nicht dieselbe Person sind, wer von beiden ist dann größer?«

Die Schüler sinnieren über die Frage des Meisters. Ein Schüler gibt zu bedenken, dass Riesen generell größer sind als Zwerge. Vom Substantiv aus betrachtet ist auch der größte Zwerg letztlich immer noch ein Zwerg, der kleinste Riese aber immer noch ein Riese. Insofern müsste selbst der kleinste Riese größer sein als der größte Zwerg.

Ein anderer Schüler vertritt die gegenteilige Ansicht, indem er den Gedankengang vom Adjektiv aus betrachtet. Ein zwergenhafter Riese sei eben nun einmal zwergenhaft, aber ein riesiger Zwerg wohl riesig. Und jeder, der riesig ist, ist größer als jeder, der zwergig ist. Der riesigste Zwerg müsse deshalb also der Größere der beiden sein.

Das sind zwei plausible Denkweisen, die zu entgegengesetzten Ergebnissen führen. Diese sprachlichen Zusammenhänge bringen die Zenschüler also nicht weiter. Mit Sprachlogik lässt sich die Frage nicht entscheiden. Aber mit Vergleichslogik!

Haben Sie jetzt eine Idee, wie das Problem zu lösen ist? Es ist gar nicht so kompliziert.

Hier ist der Weg, der am schnellsten zur Lösung führt: Stehen der Riesen-Zwerg und der Zwerg-Riese in derselben *Spalte* der aus 4 x 4 Personen bestehenden Aufstellung, dann ist der Riesen-Zwerg kleiner, denn Zwerge sind die Kleinsten in jeder *Spalte*. Stehen der Riesen-Zwerg und der Zwerg-Riese in derselben *Reihe*, dann ist der Riese größer als der Zwerg, denn die Riesen sind die Größten in jeder *Reihe*. Diese beiden Fälle sind also ziemlich leicht einzuordnen.

Stehen der größte Zwerg und der kleinste Riese aber in verschiedenen Spalten und verschiedenen Reihen, dann müssen wir anders vorgehen, um zu einer Lösung zu kommen. In dem Fall suchen wir die Person, die in derselben Spalte wie der größte Zwerg und in derselben Reihe wie der kleinste Riese steht. Nennen wir sie den *Mittler*.

Der Mittler steht also zum einen in derselben Spalte wie der größte Zwerg, ist aber größer als dieser, da der als Zwerg der Kleinste in seiner Spalte ist. Zum anderen steht der Mittler in derselben Reihe wie der kleinste Riese, ist also kleiner als dieser, da jeder Riese der größte in seiner Reihe ist. Im Größenvergleich kommt demnach zuerst der größte Zwerg, dann der Mittler, und der kleinste Riese ist größer als beide. Somit ist der Mittler mindestens so groß wie der größte Zwerg und höchstens so groß wie der kleinste Riese. Damit ist in allen Fällen der Riesen-Zwerg kleiner als der Zwerg-Riese. Hätten Sie das gedacht?

Das Problem ist also gelöst. Der Zenmeister stellt seinen Schülern nun die Aufgabe, bis zum nächsten Treffen eine dazu passende Schachstudie zu komponieren, bei der 4 x 4 = 16 Figuren ebenso wie die Schüler in vier Reihen und Spalten aufgereiht sind, und zwar im unteren linken Quadranten des Brettes mit den Eckfeldern a1, a4, d4, d1.

Figuren vom selben Typ sind gleich groß, aber Figuren von verschiedenem Typ nicht. Bauern sind kleiner als Türme, Türme kleiner als Springer, Springer kleiner als Läufer, Läufer kleiner als Könige und Könige kleiner als Damen. Die Damen sind also die größten Figuren, die Bauern die kleinsten.

In jeder Spalte identifiziere man jeweils die kleinste Figur, den Zwerg. Die größte dieser jeweils kleinsten Figuren ist der Riesen-Zwerg.

Anschließend schaut man sich die Reihen an. In jeder Reihe identifiziert man jeweils die größte Figur, den Riesen. Die kleinste dieser jeweils größten Figuren ist der Zwerg-Riese.

Beim Riesen-Zwerg und Zwerg-Riesen soll es sich um verschiedene Figuren handeln, und in allen Zeilen und Spalten sind die Riesen und Zwerge jeweils eindeutig bestimmt. Die Studie soll ein Duell zwischen Zwerg-Riese und Riesen-Zwerg sein, das der Größere von beiden gewinnt. Das ist die Riesen-Zwerg-Challenge.

Einer der bekanntesten Studienkomponisten unserer Zeit, Werner Keym, hat sich dieser Herausforderung gestellt und sie auf charmante Weise kompositorisch umgesetzt.

Werner Keym

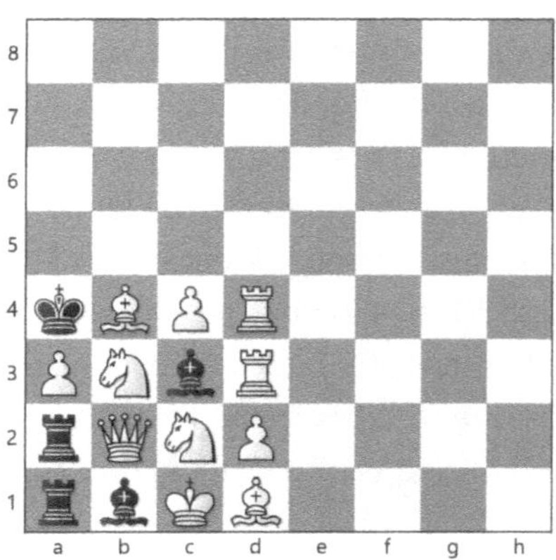

Matt in einem Zug

Werner Keym kommentiert seine Studie so:

»Die Zwerge sind die kleinsten Figuren auf den senkrechten Linien: Ba3 Sb3 Bc4 Bd2. Unter diesen ist der Sb3 am größten. Mit ihm allein kann Weiß in einem Zug matt setzen: 1.Sc5#

Die Riesen sind die größten Figuren auf den waagrechten Reihen: Kc1 Db2 Lc3 Ka4. Unter diesen ist der Lc3 am kleinsten. Mit ihm allein kann Schwarz in einem Zug matt setzen: 1. Lxb2#

Also ist der größte Zwerg (S) kleiner als der kleinste Riese (L).

Doch wer setzt matt, der wS oder der sL? Da Schwarz nicht zuletzt gezogen haben kann (auch nicht Ka5/Kb5-a4), zieht er an und setzt matt mit 1.Lxb2#. Also ist der größte Zwerg (S) nicht nur kleiner als der kleinste Riese (L), sondern auch schwächer.«

Dank

Wir danken dem Droemer Verlag für das Vertrauen in unsere gemeinsame Idee, unsere *Schachgeschichten* in dieser neuen Form zu erzählen. Ferner danken wir allen Personen, die uns in irgendeiner Form bei der Fertigstellung dieses Projekts unterstützt haben. Unser besonderer Dank gilt:
Garry Kasparow, für seine Bereitschaft, ein Vorwort beizusteuern;
Harald Lesch, Vishy Anand, Magnus Carlsen, Vladimir Kramnik, Judit Polgár, Hou Yifan und Helmut Pfleger, die sich mit Teilen des Manuskripts beschäftigt und uns durch ihre positiven Einschätzungen zusätzlich motiviert haben;
Werner Keym und Karsten Müller für die Komposition von Schachstudien als thematische Maßanfertigungen eigens für dieses Buch;
Jeroen van den Belt, für die Programmierung und Erzeugung neuer Diagramme, exklusiv für die Schachpositionen dieses Buches;
Svitlana Demchenko und Noah Pläsier, für die kritische Durchsicht der Manuskripte (Deutsch und Englisch), Unterstützung bei der Übersetzung sowie für stilistische und inhaltliche Verbesserungsvorschläge;
Martin Friedel, für die Programmierung, Erzeugung und Verwaltung der QR-Codes und Nachspielbretter;
Emil Vlasak, für die erfolgreiche Suche passender Schachstudien nach bestimmten positionellen Erfordernissen;
Claudia Krader, für die einfühlsame und gewissenhafte Redaktion des Manuskripts;
Markus Röleke, für seine wertvolle Hilfe bei der Redaktion der Abbildungen;

Jürgen Bolz, für das exzellente Lektorat und die stets erfreuliche Zusammenarbeit.
Unser größter Dank gilt unseren Familien, für alles Mögliche und einiges Unmögliche. Ihnen ist dieses Buch gewidmet: Ingrid (F.F.), Andrea, Hanna und Lennard (C.H.).

Editorische Notiz

Die Geschichten über die Schach-Großmeister und die Schach-Weltmeister in diesem Buch stammen aus der Feder von Frederic Friedel. Die Beiträge rund um die Themen Schach, Mathematik und Logik hat Christian Hesse verfasst.

Verwendete und weiterführende Literatur

Bell, Jordan und Stevens, Brett (2009): A survey of known results and research areas for n-queens. Discrete Mathematics, 309, 1, 1-31.

Czepiel, Scott (2022): 52 Factorial. https://czep.net/weblog/52cards.html

Deschauer, Stefan (2021): Das macht nach Adam Riese. Das berühmte Rechenbuch des Adam Ries. Anaconda Verlag.

Dvoretzky, Mark (2002): School of Chess Excellence I. Endgame Analysis. 3. Auflage. Edition Olms.

Fibonacci Quarterly (1963-2022): https://www.fq.math.ca

Jelliss, George (2022): Knight`s Tour Notes.
https://www.mayhematics.com/t/t.htm

Petzold, Joachim (1986): Schach – Eine Kulturgeschichte. Edition Leipzig.

Posamentier, Alfred, S. und Lehmann, Ingmar (2007): The Fabulous Fibonacci Numbers. Prometheus Books, Amherst, New York.

Bildnachweis

S. 13 Frederic Friedel; S. 19 picture alliance/Design Pics; S. 22 picture alliance / Sven Simon; S. 31 picture alliance / ZB / Ernst Ludwig Bach; S. 39 Archiv Christian Hesse; S. 47 Frederic Friedel; S. 52 picture alliance / Everett Collection; S. 64 picture-alliance / Sven Simon; S. 66 Frederic Friedel; S. 73; 74 picture alliance / Photo12 / Archives Snark; S. 79 liskalissa / Shutterstock.com; S. 80, 81 le-tex publishing services GmbH; S. 87 picture alliance / KEYSTONE; S. 97 picture alliance / dpa; S. 127 Frederic Friedel; S. 169 picture alliance / SvenSimon; S. 188, 191; 193 le-tex publishing services GmbH; S. 195 picture alliance / Xinhua News Agency; S. 237 picture alliance / NurPhoto; S. 252 picture-alliance / dpa EPA/PETER SCHNEIDER; S. 256 Frederic Friedel; S. 264 picture alliance/Photoshot; S. 265 Frederic Friedel
Schachbrett-Grafiken: Jeroen van den Belt
QR-Codes: Martin Friedel

CHRISTIAN HESSE,
KARSTEN SCHWANKE

VON GLÜCKSZAHL BIS GEHEIMZAHL

Mit Mathe die Rätsel des Alltags lösen

Welcher ist der riskanteste Tag des Jahres? Wie funktionieren die Geheimzahlen am Geldautomaten? Warum sammeln sich immer so viele Münzen im Geldbeutel an? Was hat es mit dem Code des Kamasutra auf sich? Wie finden sich zwei Menschen wieder, die sich im Kaufhaus aus den Augen verloren haben? Mathematik-Professor Christian Hesse und Wetter-Moderator Karsten Schwanke beantworten diese und viele andere Alltagsfragen – und zeigen, wie unterhaltsam und anschaulich Mathematik sein kann! Noch nie hat Mathe so viel Spaß gemacht!

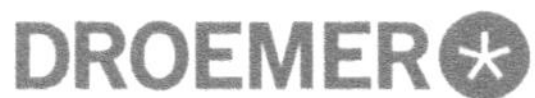

CHRISTIAN HESSE

ALLES KEIN ZUFALL

Liebe, Geld, Fußball –
so berechnen Sie den Erfolg

Einfach den Zufall überlisten

Ständig müssen wir Entscheidungen treffen, Alternativen abwägen, Schätzungen abgeben. Doch wie sicher können wir sein, dass auch eintritt, was wir erhoffen? Und wie können wir Zufälle ausschließen? Christian Hesse, der Experte für Wahrscheinlichkeitsrechnung, weiß, wie es geht. Seine Tipps und Tricks bieten eine unterhaltsame Entscheidungsgrundlage für alle Lebensbereiche: von der Liebe bis zur Geldanlage, vom Wert der Schwarmintelligenz bis zur Kunst, mit drei Zahlen die Welt zu vermessen – nie war Mathe so lebenstauglich!

»Dieser Mann ist ein Phänomen.
Er ist in der Lage, uns für Mathe zu begeistern.«
kulturbuchtipps.de

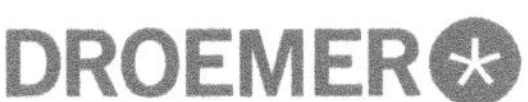

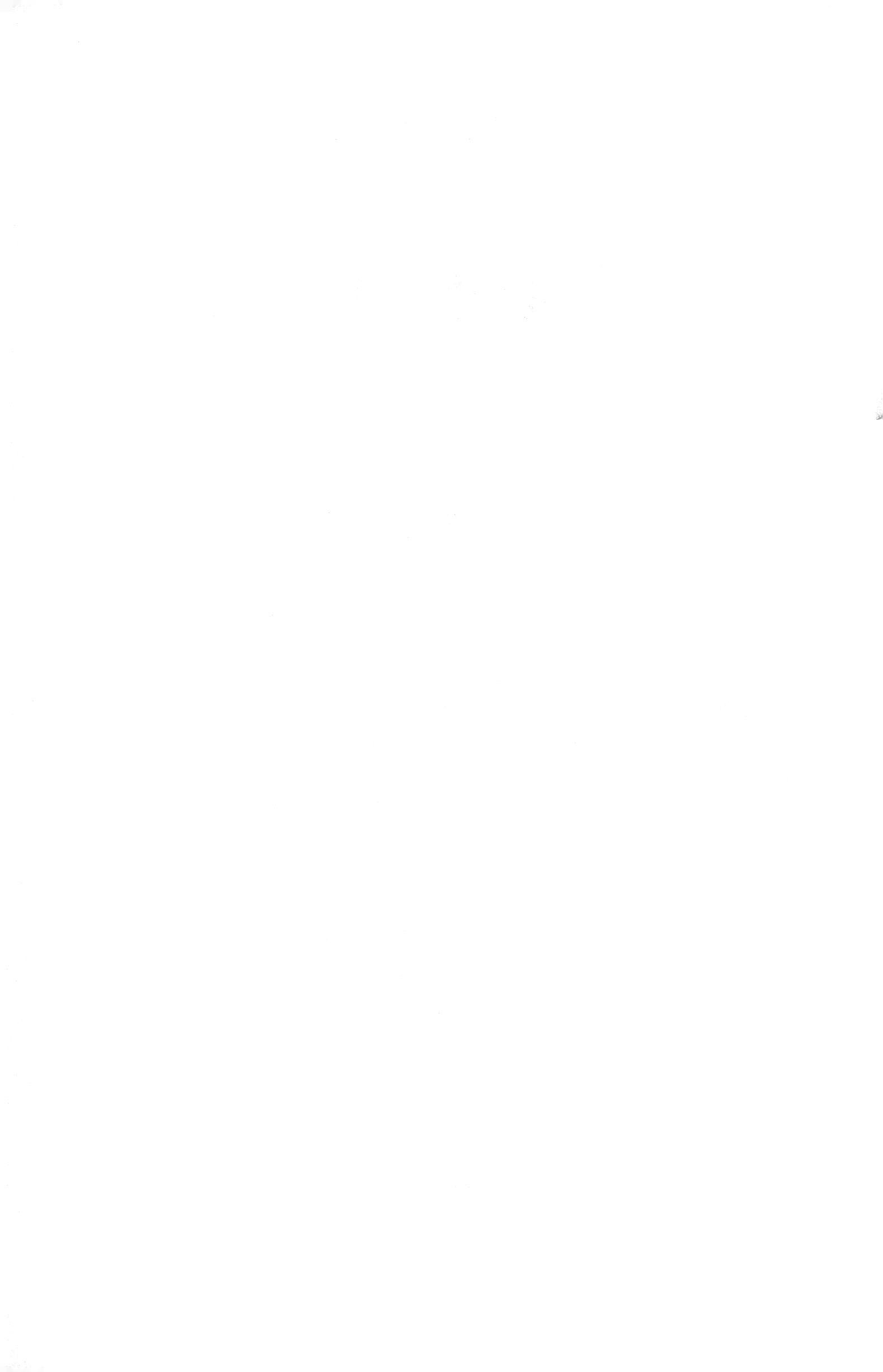